August Friedrich Boek

Geschichte der Eberhard Karls Universität zu Tübingen

August Friedrich Boek

Geschichte der Eberhard Karls Universität zu Tübingen

ISBN/EAN: 9783741119781

Manufactured in Europe, USA, Canada, Australia, Japa

Cover: Foto ©ninafisch / pixelio.de

Manufactured and distributed by brebook publishing software (www.brebook.com)

August Friedrich Boek

Geschichte der Eberhard Karls Universität zu Tübingen

August Friedrich Böks,
Prof. der Philosophie,

Geschichte
der
herzoglich Würtenbergischen
Eberhard Carls Universität
zu
Tübingen
im Grundrisse.

Tübingen,
bey Johann Georg Cotta, 1774.

Vorrede.

Diese auf höchsten Befehl verfaßte Schrift ist in der Gestalt, worinn sie hier vor dem Publikum erscheint, von Seiner herzoglichen Durchlaucht mit den huldreichsten Versicherungen der höchsten Zufriedenheit genehmiget worden. Ich habe die gegenwärtige Einrichtung derselben nach dem Zwek, der aus der Einleitung erhellet, für die beste gehalten, und die vorhandene Materialien zur akademischen gelehrten Geschichte Tübingens so geordnet, daß diese nunmehro mit leichter Mühe weiter berichtiget, ergänzt, und von der Epoche Carls an mit aller Vollständigkeit den Nachkommen überliefert werden kann. Die Kürze des Vortrags ist um so mehr mein Hauptaugenmerk gewesen, als in einer Schrift dieser Art immer gewisse Umstände

ſtände mit vorkommen müſſen, die auſſer den Gränzen des Vaterlandes ganz unintereſſant ſind. Die Auswahl, die ich unter den ältern Lehrern gemacht, iſt nicht nach der größten Strenge geſchehen. Es war der Billigkeit gemäs, das Andenken mehrerer, auf verſchiedene Art verdienter, Männer aus jedem Fache, bey meinen Landesleuten zu erneuren, und hier und da bey einem vorzüglich merkwürdigen Gelehrten dem künftigen Biographen Würtenbergs einen Wink zu geben. Wenn diejenige, die ich genannt habe, im Lichte ihrer Zeit, und nach dem damals herrſchenden Geſchmak, betrachtet werden, ſo glaube ich von der Wahrheit mich nicht entfernt, und die Hize des Patriotismus, welche die Ausdrüke des Lobes leicht verſtärken kann, gemäſſiget zu haben. Ich wünſche nur, daß die hier Studierende, und beſonders meine Landesleute, durch das Andenken ſo vieler würdigen Gelehrten zur edlen Nacheiferung gereizt werden, und von den neueren Anſtalten des groſſen Fürſten den rechten Gebrauch machen mögen, deſſen erhabnes Verdienſt um die Erziehung der Jugend die ſpäteſte Nachwelt verehren wird. Tübingen, 1. März, 1774.

Einleitung.

Die Geschichte der Tübingischen hohen Schule, welche nun in ihrem Namen die verehrungswürdigste Namen ihres ersten und zweiten Vaters, **Eberhards** und **Carls**, glüklich vereiniget, ist ein nicht unbeträchtlicher Theil der Geschichte des gelehrten Teutschlandes. Sie ist mit der ersten Morgenröthe der Wissenschaften und Künste bey den Teutschen entstanden. Ihr Stifter war ein Herr, dem es weder an Genie noch an Muth fehlte, die Hindernisse seiner Zeit zu überwinden, und der von der göttlichen Fürsehung würdig geachtet ward, den Grund zu der jezigen Grösse des herzoglichen Hauses zu legen. Ihre innere Verfassung ist für die Unvergänglichkeit eingerichtet, und unterscheidet sich von manchen andern durch wesentliche Vortheile. Sie hatte bald nach ihrer Stiftung das Glük, für alle Gegenden Teutschlandes eine Pflanzschule grosser Männer zu werden, welche in allen Theilen der Gelehrsamkeit zum Nuzen ihrer Nation und zur Ehre ihres Jahrhunderts gearbeitet, und den Ruhm ihrer Verdienste bis in die entferntesten Provinzen ausgebreitet haben. Sie hat diesen Vorzug von einem Jahrhundert zu dem andern behauptet, und den Ruhm Würtenbergs, eine fruchtbare Mutter der fähigsten Köpfe zu heissen, ausnehmend befestiget. Eberhards würdige Nachfolger haben sie als ein kostbares Kleinod ihres Staats bewahret, geschüzt, verbessert; und gegen die Mitte des gegenwärtigen Jahrhunderts erwekt ihr der Himmel einen Fürsten, der die grossen Eigenschaften seines Geistes, womit er alle Theile seines Staats umfaßt und durchdringt, auf ihr wahres Heil anwendet, sie mit neuen Kräften unterstüzt, mit den besten Anstalten auszieret, mit seiner eigenen höchsten Gegenwart von Zeit zu Zeit belebt, und zu ihrem täglichen Wachsthum alles dasjenige mit Weisheit und Muth bewerkstelliget, was

un-

unsers aufgeklärteren Jahrhunderts, und des vereinigten Eifers der größten Prinzen Europens für die Aufnahme der Wissenschaften und Künste würdig gedacht werden kann. Diese vortheilhafte Beschaffenheit der Eberhard-Carls-Universität hat den Wunsch rege gemacht, eine Geschichte derselben abgefaßt zu sehen, worinn ihre wichtigste Anstalten, Veränderungen und Schiksale in einer guten Ordnung vorgetragen, das Verdienst ihrer vornehmsten Lehrer bemerkt, insonderheit aber von ihrem neuesten blühenden Zustande hinlängliche und zuverläßige Nachrichten ertheilet würden. Ihn scheinet die Vorstellung besonders zu rechtfertigen, daß diese hohe Schule nach wenigen Jahren mit dankvollen Empfindungen gegen den Beherrscher unsers Schiksals ihr viertes Jahrhundert antreten, das Andenken der verflossenen Zeiten erneuren, und die Namen ihrer verdientesten Männer mit Vergnügen wieder aufruffen wird. Seine herzogl. Durchlaucht, welche, als Herr und Vater, jede Anstalt mit dem thätigsten Eifer befördern, die so wohl zur lebhaften Aufmunterung der Studierenden, als auch vornehmlich zur Ehre der Eberhard-Carls-Universität bey den Auswärtigen gereichen kann, haben den Wunsch

ohne

ohne allen Verzug mit der nachdrüklichsten Huld zur Erfüllung kommen laſſen, und mir den gnädigſten Befehl gegeben, eine Geſchichte der hieſigen hohen Schule zu verfertigen, die, zur Erleichterung der Leſer, in der möglichſten Kürze, die merkwürdigſte Veränderungen und Schikſale derſelben erzählen, die berühmteſte Lehrer nach einigen Hauptzügen bezeichnen, und vornehmlich ihre gegenwärtige Verfaſſung, alle von Seiner herzogl. Durchlaucht zu ihrer weiteren Aufnahme gemachte Verordnungen und Anſtalten, auch alle izt lebende Lehrer mit einer vollſtändigen Anzeige ihrer Schriften und Vorleſungen enthalten ſoll. Aus dieſem Geſichtspunkt iſt das Werk anzuſehen und zu beurtheilen, deſſen eigentlicher Zwek auf die nähere Bekanntmachung des gegenwärtigen Zuſtandes unſerer hohen Schule gerichtet iſt, und das die ältere Geſchichte nur im Grundriſſe, mit Verweiſung der Leſer auf die Quellen und bewährteſte Schriftſteller, in den beygefügten Anmerkungen, vorlegen wird. Vier merkwürdige Epochen werden die Abhandlung in eben ſo viele Abſchnitte theilen. Der erſte wird die vornehmſte Begebenheiten und Veränderungen der Tübingiſchen hohen Schule **von ihrem Urſprung bis zur Reformation**

tion in Würtenberg; der zweite von der Reformation bis zum Westphälischen Friedensschluß; der dritte vom Westphälischen Friedensschlusse bis zu dem Antritt der Regierung des Durchlauchtigsten Herrn Herzog Carls, in die Kürze fassen. In dem vierten und lezten Abschnitt wird von ihrem neuesten Zustande, und vortheilhaften Einrichtung unter dem ruhmvollen Zepter dieses grosmüthigsten Beförderers der Wissenschaften und Künste eine ausführlichere Nachricht gegeben werden.

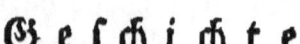

Geschichte
der
Eberhard-Carls-Universität.

Erster Abschnitt.
Von ihrem Ursprung bis zur Reformation in Würtenberg.
Vom Jahr 1477. bis 1535.

§. 1.

Der Ursprung der Stadt Tübingen verliert sich in dem entfernten Alterthum. Einige Schriftsteller haben sich mit der Bestimmung des eigentlichen Zeitpunkts, worinn sie entstanden, wie mit der Ableitung ihres Namens (*a*), ohne Grund und ohne Erfolg beschäftiget. Mit mehr Zuverlässigkeit läßt sich behaupten, daß Tübingen vom Kaiser Heinrich IV. belagert worden, und also bereits im eilften Jahrhundert eine befestigte Stadt gewesen (*b*).

(*a*) Zeb

(a) Zellers ausführliche Merkwürdigkeiten der Herzogl. Württenb. Universität und Stadt Tübingen, 8. Tüb. 1743. Kap. I. und II.

(b) Sattlers historische Beschreibung des Herzogthums Würtenberg, Th. II. S. 21. Er beruft sich auf das Zeugniß Hermanns, des Minoriten: Anno domini MLXXIX. Hainricus Imperator Sueviam vastavit & Tuwingen obsedit. Von dieser Chronik befinden sich zwo schäzbare Haudschriften im herzoglichen Archive zu Stuttgart, welche den Fleiß der Herren, Sattlers, Volzen, und Le Bret beschäftiget haben. S. Gatterers historische Bibliothek XVI. B. S. 3. u. f.

§. 2.

Die Stadt ist eine der volkreichsten und blühendsten des Herzogthums Würtenberg, einer Provinz Teutschlandes, die sich, wie bekannt ist, durch alles, was die Natur zur Nothdurft und zum Vergnügen der Menschen verschaffen kann, vor vielen auszeichnet. Sie liegt, drey Meilen von der ersten Haupt- und Residenzstadt, Stuttgart, theils an dem Abhang, theils an dem nordlichen Fusse eines Berges, der schon im Jahr 1450. von dem ostwärts gegen über stehenden Berge durch die Kunst getrennet worden. Reine Luft und gesundes Wasser, die Mannigfaltigkeiten der Natur, angenehme Thäler, die durch Bäche bewässert werden, der an der Mittagsseite der Stadt hart vorbeyfliessende Nekarstrom, fruchtbare Felder und Weinberge, vortrefliche Wiesen, wohl angelegte Gärten, die wohl eingerichtete öffentliche Landstrassen, nahe Waldungen, entfernte Geburge, benachbarte Dörfer, Bäder, machen die Lage der Stadt der Gesundheit nüzlich, und dem Auge reizend. Die Mittagsseite, an welcher die Universitätsgebäude liegen, stellt mit allen Abwechslungen der Natur dem Auge zugleich eine Reihe von Dörfern dar, und ist würdig, von Dichtern und Mahlern gesehen zu werden. (a)

(a) Zur Topographie von Tübingen gehören: BALTH. RAITHII *Diss. historico-topographica de Tubinga, sede sat commoda Musis. Tub. 1677. 4.* Wilh. Schikardo, Prof. zu Tüb. kurze Anweisung, wie künstliche Landtafeln aus rechtem Grund zu machen, Tüb. 1629. 4. zum zweitennial gedrukt, Tüb. 1669. und in lateinischer Sprache, 1674. Die Schrift enthält einen nach des Verf. eigenen sinnreichen Methode aufgenommenen Riß der Tübingischen Gegend. Von Bodenehr ist eine Landcharte derselben auf eine Meile vorhanden. S. Eberh. Dav. Haubers historische Nachricht von den Landcharten des Schwäbischen Kreises, und des Herzogthums Würtenberg, Ulm. 1724. 8. S. 110.

§. 3.

In dem Besiz der Stadt und des auf ihrer westlichen Seite damit verbundenen Bergschlosses, das

vor

vormals die Pfalz, (Palatium) und nachgehends Hohentübingen genennet ward, sind von sehr alten Zeiten her kaiserliche Pfalzgrafen gewesen. Die gehäufte Schulden der beeden Brüder, Gr. Gözen und Wilhelms, nöthigten diese, ihr Stammhaus, das Schloß und die Stadt, an den Grafen von Würtenberg, Ulrich IV. im Jahr 1342. zu verkaufen (a). Von dieser Zeit an blieb Tübingen beständig ein Eigenthum des Haußes Würtenberg, und hatte nach der Errichtung des Herzogthums das Glük, für die zweite Haupt- und Residenzstadt des Landes erkläret zu werden. Das Geschlecht der Pfalzgrafen von Tübingen (b), die sich noch einige Jahre nach dem Verkauf Pfalzgrafen, immer aber Grafen von Tübingen und Herren auf Lichteneck (c) schrieben, ist mit dem Tode des unvermählten Grafen, Georg Eberhards, im Jahr 1631. gänzlich erloschen.

(a) Der Kaufbrief, und die von den Pfalzgrafen zu Tübingen ausgestellte Anweisung ihrer Unterthanen an Graf Ulrichen zu Würtenberg, befinden sich in Sattlero ersten Fortsezung der Geschichte des Herzogthums Würtenberg unter den Grafen, Beyl. n. 100. und n. 101. S. 120. wie auch in des Freyherrn von Senkenberg *Selectis Jur. & Hist.* T. II. p. 232. und 235.

(b) D.

rung, Muth und Standhaftigkeit zur Ueberwindung der Hindernisse, Wohlwollen gegen Männer vom Verdienst, Herablassung und Wohlthätigkeit gegen die Unterthanen, Verehrung der Religion, als der Quelle der Glükseligkeit, und der Stüze des Staats: dieß sind die Hauptzüge im Bilde Eberhards (*a*), des Stifters der hohen Schule, und der herzoglichen Würde des Hauses Würtenberg; Züge, welche ihm die allgemeine Hochachtung seiner Zeit, und den bekannten Lobspruch K. Maximilians I. auf seinem Grabe zuwege gebracht haben: Hier liegt ein so kluger und tapferer Fürst, als ich keinen im Reich gehabt. Ich habe mich seines Raths öfters mit Nuzen bedienet.

(*a*) Gr. Eberhard, im Bart, ein Sohn Ludwigs, Gr. von Würtenberg, und Mechtilden, einer gebohrnen Pfalzgräfinn, warb geb. den 11. Dec. 1445. kam zur Regierung des obern Theils von Würtenberg 1457. reisete in das gelobte Land, 1468. mit K. Friedrich III. nach Venedig, 1469. vermählte sich mit der Prinzeßinn Barbara, einer Tochter Ludwigs, Marggrafen von Mantua, 1474. mit welcher er einen Sohn und eine Tochter zeugte, die ein frühes Schiksal entrieß; erhielt durch den Münsingischen Vertrag die Regierung über ganz Würtenberg, 1482. reisete in eben diesem Jahre, von einigen Gelehrten begleitet, nach Rom; wurde bey der Erneurung des Ordens vom goldnen
Vlies-

Bliesse von dem Erzherzog **Philipp** in denselben aufgenommen 1492. ohne sein Gesuch vom K. Maximilian I. zur herzoglichen Würde erhoben, 1495. starb zu Tübingen den 24. Febr. 1496. wurde in dem von ihm errichteten Stifte St. Peter zu Einsiedel, im Schönbuch, hernach aber im Jahr 1537. auf Befehl H. Ulrichs im Chor der Stiftskirche zu Tübingen beygesezt, wo noch sein Bildniß auf dem Grabmale zu sehen ist. Sein Leben ist von seinem Lehrer, **Joh. Nauklern**, dessen unten besonders gedacht werden soll, beschrieben worden, und stehet in dessen *Commentariis chronicis*, *Vol. II. P. II. Gener. L. p. 301.*

Ausser dem, was in der Sattlerischen Geschichte zum Lobe dieses Fürsten vorkommt, verdienen noch folgende Schriften im Andenken erhalten zu werden, welche zugleich die ältere Geschichte der Universität erläutern:

1) Oratio funebris & luctuosa per Magistrum Cunradum Summenhart *de Calw*, *Sacrae Theol. Professorem*, habita ad Universitatem Tubing. in officio exequiarum, quod eadem Universitas pro illustri Principe, Domino Eberhardo, primo Duce in Wurttemberg & Teck, tanquam sub Patrono & Fundatore, 7. Idus Martii A. C. MCCCXCVI. pie peregit; qui praeclarus Princeps paulo ante in Festo B. Matthiae Apostoli, hora vesperarum, eodem anno, diem clauserat extremum. Impressa in oppido Tubingensi per *Magistrum Johannem Othmar* A. C. MCCCXCVIII. 4. S. Christoph. Besoldi *Dissertatt. Juridico - polit.* p. 64. sqq.

2) Oratio dicta a D. Joachimo Camerario, cum Illustrissimi Principis Eberhardi, Ducis Württem-

tembergenſis &c. oſſa e Schœnbuchiano Cœnobio Tubingam allata & in Choro Templi humata eſſent, Ao. 1537. 4. *Ibid. p. 91. ſqq.*

3) Oratio de EBERHARDO, Duce Würtembergenſi, recitata a D. JOHANNE SCHNEIDEWEIN, Jcto, & inclutæ Wittembergenſis Academiæ Anteceſſore quondam celeberrimo, cum gradus decerneretur *D. Georgio Müllero*, Mansfeldenſi A. MDLII. 4. *Ibid. p. 82. ſqq.*

4) Oratio de laudibus illuſtris Academiæ Tubingenſis, X. Januar. A. MDCXI. Herrenbergæ, cum ibidem juridicum & medicum Collegium propter luem peſtiferam Tubingæ graſſantem hoſpitium haberent, publice recitata a JAC. ENINGERO, J. U. Cultore. Tub. 1615. 4. *Ibid. p. 145. ſqq.*

5) WILHELMI CHRISTIANI FABRI Eberhardus redivivus, Tub. 1619. 4.

6) JOH. HARPPRECHTI Oratio de vita &. obitu Ill. Principis ac Domini Eberhardi, cognomento Barbati — recitata d. 5. Jul. 1617. S. deſ, ſeu zuſammen gedrukte *Orationes*, *p. 716. ſqq.*

7) GEORGII CHRISTOPHORI A GOELNIZ Panegyricus Academiæ Tubingenſis — Tub. 1649. 4.

§. 6.

Mit dieſen Eigenſchaften des Geiſtes und des Herzens ausgerüſtet, ohne ſelbſt in ſeinen jüngern Jahren die Reize der Muſen gefühlt zu haben (*a*), zu einer Zeit, da die Unwiſſenheit und der damit verbundene Aberglaube noch die Oberhand hatte, bey dem

dem Besiz einer Macht, die noch weit von der nach*
maligen Grösse entfernt war, indem er nur die Hälf*
te des Landes besaß, beschäftigte sich Eberhard, aus
wahrer Liebe zur Gelehrsamkeit, und Fürsorge für
das allgemeine Beste *(b)*, mit dem edlen Entwurf,
eine hohe Schule zu Tübingen zu stiften, und brachte
diesen, von seiner würdigen Mutter unterstüzt *(c)*,
mit dem Rath und Beystand einsichtsvoller Männer
versehen *(d)*, bereits im J. 1476. durch die von dem
damaligen Pabste Sixtus IV. erhaltene Bestätigungs*
bulle *(e)* glüklich zu Stande.

(*a*) Joh. Nauclerus in *Vita Eberhardi:* Erat autem Puer indolis eximiæ, cui ego primas literas
tradens prohibitus sum, ne eum latinum facerem,
satis esse ducentibus, si vernaculam linguam legere didicisset & scribere, quod ille Vir factus
tulit molestissime.

(*b*) In dem der neuen Universität ertheilten Freyheits*
briefe brükt er sich also aus: So haben wir der guten
Meinung helfen zu graben den Brunnen des Lebens,
daraus von allen Enden der Welt ohnersichtlich ge-
schöpft mag werden tröstliche und heilsame Weisheit
zu Erlöschung des verderblichen Feuers menschlicher
Unvernunft und Blindheit, uns auserwählt und für*
genommen, eine hohe gemeine Schul in unsrer Stadt
Tübingen zu stiften und aufzurichten —

(*c*) Diese

(c) Diese Prinzeßinn hatte schon 1456. bey ihrem zweiten Gemahl, Albert VI. Erzherzog von Oesterreich, die Stiftung der hohen Schule zu Freyburg befördert, und beförderte auch die Aufrichtung der Tübingischen nicht nur durch ihren Rath, sondern auch durch eine beträchtliche Schenkung. Sattlers Geschichte, 3te Fortf. S. 131. u. f. 4te Fortf. S. 69.

(d) Vornehmlich würdigte er die beeden Brüder Johann und Ludwig Vergenhansen (Naucleros), Gabr. Biel, und Joh. Reuchlin, seines Vertrauens.

(e) Eberhard bestimmte zur Gründung und Erhaltung der hohen Schule die Einkünfte des Stiftes zu Sindelfingen, und anderer Kirchen, über die ihm das Patronatrecht zukam, und ersuchte daher den Pabst um die Genehmigung dieser Veränderung. Er erhielt sie am 13 Nov. 1476. mit näherer Bestimmung der Einrichtung der hohen Schule, durch eine an den Abbt Heinrich Faber, zu Blaubeuren, wie auch die Pröbste zu Sindelfingen und Herrenberg gerichtete Bulle, welche hier unter den Beylagen, N. I. nach dem Original zu lesen ist. Sie stehet auch in CHRISTOPH. BESOLDI *Diff. de Majestate ejusque juribus*, *p.* 186. *fqq*. Mosers Sammlung Würtenbergischer Urkunden, I. Th. S. 48. u. f. Zellers Merkwürdigkeiten der Universität und Stadt Tübingen, S. 289. u. f. Von eben diesem Pabste erhielt, 1482. die medicinische Fakultät, durch ein besonderes Breve, sub Sigillo sacræ Pœnitentiariæ apostolicæ, die Erlaubniß, die Körper von hingerichteten Missethätern zu zergliedern.

§. 7.

Die später eingeloffene Bulle wurde hierauf, dem päbstlichen Auftrage gemäß, vom Abbt Heinrich,

zu

zu Blaubeuren, am 5. Merz 1477. zu Urach öffentlich bekannt gemacht, und mit einem Instrumente versehen (*a*), die Universitätsmatrikel am 14. Sept. eröfnet (*b*), die Vorlesungen der Professoren am 1. Okt. angefangen (*c*), und am 9. Okt. die erste Senatsversammlung gehalten, an welchem Tage auch der Stifter den Freyheitsbrief ausstellte (*d*), mit der Stadt Tübingen besiegelte (*e*), und der Abbt Heinrich, als apostolischer Kommissär, die Universität mit besonderen Statuten versah (*f*). Dieser Tag wird also mit Recht als ihr eigentlicher Geburtstag angesehen.

(*a*) S. die Beylage, I.

(*b*) Die Universität besizt noch ihre Matrikeln vollständig.

(*c*) In Ansehung der akademischen gelehrten Beschäftigungen ist H. Häberlins Vemerkung richtig, daß die Tübingische Universität an einem Tage mit der Maynzischen eröfnet worden. S. Auszug der allgem. Welthistorie, Neue Hist. VIII B. S. 391.

(*d*) Beylage, II.

(*e*) Er suchte seinen Vetter, Gr. Ulrich, zur Mitbesieglung zu bewegen, der aber unerhebliche Einwendungen und Schwierigkeiten machte. Sattlers Geschichte, 3te Fortf. S. 132. 4te Fortf. S. 70.

(*f*) Dieser Umstand ist, meines Wissens, noch von keinem Würtenbergischen Geschichtschreiber angezeigt wor-

worben. Im Universitätsarchive befindet sich hievon, wie von allen hier bemerkten Urkunden, das Original, und zwar dieses auf Pergament, ¹⁄. fol. in lateinischer Sprache.

§. 8.

Die ertheilte Freyheiten sind Zeugen der vorzüglichen Huld und Großmuth ihres Stifters. Sie bekamen in der Folge, nach einigen Verhandlungen zwischen Gr. Eberhard und Ulrich, wegen ihrer Gültigkeit und Ausdehnung, von dem Stifter selbst eine weitere Erläuterung (a), und zulezt vom Herzog Fridrich, mit Einverständniß des akademischen Senats, die genaueste und deutlichste Bestimmung (b), und wurden nicht nur von allen durchlauchtigsten Nachfolgern Eberhards bey dem Antritt ihrer Regierung (c), sondern auch von den römischen Kaisern theils besonders, theils mit der übrigen Landesverfassung bestätiget (d).

(a) In den Jahren 1481. und 1491. S. Zellers Merkwürdigkeiten, S. 927. u. f.

(b) Vom 18. Febr. 1601.

(c) Von Eberhard II. Stuttgart, auf Mittwoch nach Látare, 1496. Ulrich, 1) Stuttg. auf den Samstag nach Kreuzerhöhung, 1498. 2) nach Wiedererlangung des Herzogthums und vorgenommenen Reformation, Stuttg. 3. Nov. 1536. Christoph, Tübin-

Tübingen, den 18. Jun. 1551. **Ludwig**, Stuttg. den 30. Jun. 1569. **Friedrich**, Stuttg. den 18. Sebr. 1601. **Johann Friedrich**, Stuttg. den 24. Apr. 1609. **Ludwig Friedrich**, als Obervormunder und Administrator, Stuttg. 16. Sept. 1628. **Julius Friedrich**, als Administrator, Stuttg. 8. Sebr. 1631. **Eberhard III.** Stuttg. 13. May, 1633. **Wilhelm Ludwig**, Stuttg. 2. Aug. 1674. **Friedrich Carl**, als Administrator, Stuttg. 15. Dec. 1677. **Eberhard Ludwig**, Stuttg. 4. Sebr. 1693. **Carl Alexander**, Stuttg. 26. Jan. 1734. **Carl Rudolph**, Administrator, Stuttg. 23. Nov. 1737. **Carl Friedrich**, Administrator, Stuttg. 1. Sept. 1738. von dem jezt regierenden durchlauchtigsten H. Herzog, **Carl**, Stuttg. 23. Merz, 1744.

(d) Nach der Vertreibung H. Ulrichs von Herrn Maximilian von Bergen, Herrn zu Siebenbergen, im Namen des damaligen römischen Königs, Carls V. Stuttgart, 9. Merz, 1520. Von diesem selbst, als Kaiser, und zugleich Besizer des Herzogthums, Worms, 1. Merz, 1521. Von **Rudolph II.** überhaupt mit der Landesverfassung, und noch besonders, durch zwo Urkunden, Prag, 5. Sept. 1600. Von Ferdinand III. überhaupt und besonders, Wien, 1. Dec. 1650. Von Leopold, Preßburg, 21. Oktob. 1659. Von **Carl VII.** Franffurt am Mayn, 4. Nov. 1743.

§. 9.

Nachdem die Universität wirklich errichtet war, und, dem Innhalt der päbstlichen Bulle gemäß, bereits einen erwünschten Fortgang hatte, so erhielt endlich auch der Stifter die kaiserliche Bestätigung (*a*), worinn nicht nur die in der päbstlichen Bulle enthaltene Vorrechte und Freyheiten bekräftiget, sondern auch besonders den Rechtslehrern die Macht ertheilet wurde, alle kaiserliche Geseze, Verordnungen und Rechte, was sie für Namen haben, öffentlich zu lehren und vorzutragen (*b*), worauf zulezt der Stifter über die der Universität einverleibte Kirchen und Kanonikate einen förmlichen Schenkungsbrief ausstellte (*c*).

(*a*) Von Kaiser Friedrich III. Grätz, den 20. Febr. 1484. S. unter den Beylagen N. III. wie auch in Besolds, Mosers, Zellers angezeigten Schriften.
(*b*) Vergl. Sattlers Geschichte, 4te Fortf. S. 71.
(*c*) Stuttgart, am St. Antonientage, 1486. Er stehet in Zellers Merkwürdigkeiten, S. 325. u. f.

§. 10.

Nach dem Innhalt der päbstlichen Bulle gehörten zu den ordentlichen Einkünften der Universität, 1) die Einkünfte der Kirchen zu Brakenheim, Stetten unter dem Heuchelberg, Asch, Ringingen und Eningen, unter der Bedingung, beständige Vikarien bey denselben hinlänglich zu unterhalten (*a*); 2) zehen von dem St. Martinsstifte zu Sindelfingen

gen zum neuen St. Georgenstifte zu Tübingen gezogene Kanonikate mit eben so vielen Präbenden, für zehen akademische Lehrstühle; 3) die Schenkungen der Prinzeſſinn Mechthildis. Es ward zugleich verordnet, daß vier von den vorgedachten Präbenden für vier Lehrer der freyen Künste bestimmet, der jedesmalige Probst der St. Georgen Stiftskirche Kanzler der Universität seyn, die Lehrer der Universität, als die neuen Kanonici, auf eben die Art, wie die Lehrer der Universität zu Heidelberg, als Kanonici der daſigen heiligen Geist Stiftskirche, von den kanonischen Verrichtungen freygesprochen werden, hingegen ihre Officien durch zwölf beständige Vikarien versehen laſſen sollten.

(a) Die Kirchen zu Feuerbach, Thailfingen und Grözingen kamen unter M. Heinrich Degen, Probst zu Sindelfingen, an das dasige Stift, und mit demselben nachgehends an die Universität. Sattlers historische Beschreibung des Herzogthums Würtenberg, II. Th. S. 66.

§. 11.

Wegen Einrichtung der Gebäude, und anderer Hinderniſſe, erschien vom Stifter erst 1481. die erste förmliche Ordnung und Verfaſſung der hohen Schule.

le (a). Es wird darinn die Anzahl der Lehrer auf drey in der heiligen Schrift, zween in den geistlichen Rechten, zween in den weltlichen, zween in der Arznepwissenschaft, und vier in den freyen Künsten festgesezt. Die übrige Verordnungen betreffen die Besoldungen und andere Einkünfte; die Lektionen, Disputationen, Repetitionen und Kollationen; die Aufsicht über die Artisten; die Strafen; die Rechnung; die Präsentationen auf die inkorporirte Pfarren; die Wahl der Professoren; die Ertheilung der akademischen Grade; das Verhalten der Professoren gegen einander; die Huldigung und den Eid der Treue; die Rechte und Pflichten des Kanzlers. Zehen Jahre hernach folgte auf der Universität Ansuchen die zwote (b), worinn, ohne der ersten mit einem Wort zu gedenken, manches aus derselben beybehalten, manches erweitert, näher bestimmet und deutlicher erkläret, besonders aber die Anzahl der Rechtslehrer um zween vermehret wurde. Auf diese zwote Verordnung beziehen sich auch die kaiserliche Bestätigungen, Carls V. und Rudolphs II.

(a) Tübingen, am St. Georgentage, 1481. gesiegelt von Gr. Eberhard, von dem Abbt Heinrich zu Blaubeuren, und zwar von diesem, als apostolischen
Kom-

Kommiſſär, vermöge päbſtlicher Vollmacht; von dem Rektor der Univerſität, auch dem Probſte und Kapitel des Stifts zu Tübingen.

(b) Urach, an St. Thomas Abend, 1491. geſiegelt von Gr. Eberhard, dem Stifter, wie auch von dem Rektor der Univerſität, und dem Kanzler, als Probſte des Stifts, mit den Univerſitäts- und Kanzellariats-Innſiegeln.

§. 12.

Man kannte und ſchäzte den Werth dieſer Verordnungen und Geſeze bald auch auſſer den Gränzen des Vaterlandes. Sie wurden der Univerſität zu Ingolſtadt auf Verlangen mitgetheilet (a), und nachdem ſie durch die edle Bemühungen der Durchlauchtigſten Herzoge, Ulrichs, Chriſtophs und Ludwigs, eine veränderte und verbeſſerte Geſtalt bekommen hatten, ſo erſuchte Herzog Julius zu Braunſchweig und Lüneburg den Herzog Ludwig um die Mittheilung derſelben, damit er von ihnen, als einem Muſter der Nachahmung, bey der neu errichteten hohen Schule zu Helmſtädt Gebrauch machen könnte (b).

(a) ANNALES ACAD. TUBING. *mſcpti*, ad A. 1507. *Scholae Tubingenſis Profeſſores liberaliter Ingolſtadienſibus omnia ſua, cum Univerſitatis, tum ſingularum Facultatum communicarunt ſtatuta, datis literis in Feſto Paſchatos.* Dieſe Annalen enthalten

halten übrigens nicht viel mehr, als was in Crusii *Annalibus suevicis* von der Universität vorkommt.

(b) Crusii *Annal. Suev. P. III. L. 12. C. 22. p. 578.*

§. 13.

Eine der nüzlichsten und bemerkenswerthesten Anstalten Eberhards, des Stifters, ist die frühe Errichtung eines mit der Universität verbundenen Pädagogii, worinn die beste Schriftsteller Griechenlandes und Roms erkläret, und diejenige, die nicht schon auf einer andern Universität zum Baccalaureat gelangt waren, in den gelehrten Sprachen und den freyen Künsten unterrichtet, auch zu den akademischen Vorlesungen, selbst der philosophischen Fakultät, nicht eher zugelassen wurden, als bis sie hier den nöthigen Grund in den Vorbereitungswissenschaften geleget hatten. Das Pädagogium bestand aus vier Klassen, und hatte eigene Lehrer, welche Classici genennet wurden, deren, meist sechse an der Zahl, über die drey untere Klassen, die Professoren der lateinischen und griechischen Sprache aber über die erste Klasse gesezt waren. Die leztern waren zugleich Mitglieder der philosophischen Fakultät, und hatten nebst dem Probste und dem Dekan der

Kirche

Kirche die eigentliche Aufsicht über das Pädagoglum, welches überhaupt dem Rektor und akademischen Senat unterworfen war. Zu diesem Ende ließ der Stifter ein ansehnliches Gebäude aufführen (a), das noch stehet, und den Namen Bursa, oder Contubernium academicum, bis auf den heutigen Tag beybehalten hat, in welchem sich nicht nur die Hörsäle der Klassen, sondern auch viele Zimmer für die Studierende befanden, deren hier mehr als hundert unter der Aufsicht der Magister ihre Wohnung hatten, und um einen sehr gemäßigten Preis die Kost genossen, indem jährlich von der Herrschaft und dem akademischen Senat gewisse Früchte für ihre Unterhaltung bestimmet waren.

(a) Im J. 1482. nach CRUSII *Annal. Suev. P. III. L. 8. C. 17. p. 465.* Die Anstalt des Pädagogii selbst ist der Universität gleich anfangs beygefüget, und sind von dem Stifter hiezu vier Häuser gemiethet worden.

§. 14.

Das Schiksal unterwarf diese wichtige Anstalt den unseligen Folgen des Krieges. Durch die unglükliche Vertreibung H. Ulrichs wurden die Zuflüsse zu ihrer Erhaltung merklich geschwächt. H. Christoph

stoph verfahe sie mit neuen Kräften, bis ihr endlich der dreyßigjährige Krieg das Ende bereitete. Indeſſen hat die preiswürdige Vorsorge der durchlauchtigſten Herzoge Würtenbergs diesen Abgang theils durch die schon um die Mitte des sechszehenden Jahrhunderts veranstaltete Verbesserung der Landschulen, theils durch die angelegte vortrefliche Klosterschulen, theils besonders durch das im J. 1685. unter der Vormundschaft H. Friedrich Carls, zu Stuttgart errichtete Gymnasium illuſtre reichlich ersezt; und noch gegenwärtig können die Studierende von dem akademischen Contubernio durch die herzogliche Gnade gewisse Vortheile ziehen, deren im vierten Abschnitt gedacht werden soll.

§. 15.

So war der erste Zustand dieser Universität beschaffen. Von einem der verehrungswürdigsten Fürsten seiner Zeit gestiftet, mit ansehnlichen Einkünften und Freyheiten begabt, nach weisen Gesezen eingerichtet, mit den tüchtigsten Männern versehen (a), verbreitete sie einen nicht geringen Theil des ersten wissenschaftlichen Lichtes über die barbarische Dunkelheit

heit Teutschlandes. Die Eigenschaften und Anstalten ihres Stifters bewunderten auch die angesehensten Gelehrte fremder Provinzen (b). Eine beträchtliche Anzahl von Studierenden versammlete sich zu dem neuen Musensize (c). Die Vorlesungen wurden mit Lebhaftigkeit fortgesezt, akademische Würden in allen Fakultäten ertheilet, und die Hälfte des ersten Jahrhunderts der hohen Schule war noch nicht verflossen, als sie schon dem Vaterlande viele gebildete Söhne als die brauchbarste Männer übergeben, und andere Provinzen Teutschlandes von ihrem Ueberflusse damit versehen hatte (d).

(a) Die vorzüglichste sollen am Ende des Abschnitts angezeigt werden.

(b) Unter andern der berühmte Marsilius Sicinus, der an ihn zween lesenswürdige Briefe schrieb, welche Crusius mittheilet. *Annal. Suev. P. III. L. 9. C. 6. p. 502.*

(c) Nach den *Annalibus Acad. Tubing. mscptis* und Crusii *Annal. Suev. P. III. L. 10. C. 11. p. 575.* belauft sich die Anzahl derer, die vom Jahr 1477. bis 1522. ihre Namen in die Universitätsmatrikel eingeschrieben haben, auf 4889.

(d) Vornehmlich die hohe Schule zu Wittenberg, welche D. Joh. Schneidewein in der §. 5. n. 3. angezeigten Rede auf H. Eberhard, ten Stifter, eine Kolonie von Tübingen nennet, indem Phil. Melanchthon, Wolfgang Stahel, Ambros. Volland,

land, Hieron. Schurpf, und andere dahin beruffen wurden.

§. 16.

Auf die kürze Regierung H. Eberhards II. (a) erwekten die erste Regierungsjahre H. Ulrichs, eines Prinzen von heroischen Eigenschaften, die angenehmste Hoffnung für ihre weitere Aufnahme. Desto empfindlicher mußte ihr das Schiksal seyn, diesen ihren rechtmäßigen Herrn und Beschüzer 1519. von dem schwäbischen Bunde vertrieben, und sich fünfzehen Jahre einer fremden Herrschaft unterworfen zu sehen. Wenn vielleicht ohne diesen widrigen Vorfall ihr Wachsthum verstärkt, und mehr beschleuniget worden wäre, so geben doch die theils von Seiten der kaiserlichen Administration (b), theils der Universität (c) gemachte Verfügungen zu erkennen, daß die akademische Beschäftigungen dennoch ihren beständigen Fortgang gehabt haben. Eben so wurden diese bey der wiederholten Zerstreuung der Universität wegen der Pest, an dem jedesmaligen Orte ihres Aufenthalts, so viel es die Umstände immer erlaubten, glüklich fortgesezt (d).

(a) Von ihm ist ein ernstlicher Befehl vom Anfang des Jahres 1498. gegen die Verschwendung vorhanden,
die

die damals unter den Studierenden einzureissen schien. Steinhofers **Würtenbergische Chronik**, Th. III. S. 678. **Sattlers Geschichte**, Th. I. S. 22.

(b) Erzherzog Ferdinand gab ihr im J. 1525. den 23. Oktober eine besondere Ordination.

(c) Jak. **Middendorp**, *de academiis universi terrarum orbis*, Col. 1583. 8. L. III. p. 541. *sq.* theilet ein Programm der Universität zur Zeit der kaiserlichen Administration vom 1. May, 1522. mit, dessen Beschluß so lautet: Universos igitur studiorum amatores, ubivis gentium agant, quos hactenus gravis forsan vel pro petendis vel percipiendis Insignibus expensarum deterruit jactura, uberrimos discendi fontes adire volentes, huc confluant hortamur, senectutis viatica, adversis rebus solatia, fortunatis ornamenta, gratis, libere, ac sine ulla mercede in hunc diem erogari solita Calendis Majis anni praesentis XXII. percepturi, idque ex Imperiali munificentia, hortatu suasuque Guilhelmi Truchsaess, Caesareae Majestatis in Ducatu Wurtenbergico Vicarii, Baronis nobilissimi, atque aliorum Regentium &c. Cf. Crusii *Annal. Suev.* P. III. L. 10. C. 11. p. 576.

(d) Sie wurde nach Rotenburg, Waiblingen, Dornstetten und Urach zerstreuet, 1482 — 83. nach Nagold und Dornstetten, 1502. Wenigstens ist, nach der Matrikel der philosophischen Fakultät, in diesen Städten ein Baccalaureat gehalten worden; nach Rotenburg am Nekar, 1520. theils nach Blaubeuren und Neuenbürg, theils, mit dem Rektor, nach Ofterdingen, 1530. Crusii *Annal. Suev.* ad hos annos; Zellers Merkwürdigkeiten, S. 609. u. f.

§. 17.

§. 17.

Aber einen wahren Verlust für die Gelehrsamkeit verursachte der unglükliche Brand, welcher im J. 1534. das sogenannte Sapienzhaus nebst einigen andern akademischen Gebäuden verzehrte. Mit der zahlreichen Bibliothek wurden viele Urkunden und Handschriften, wie auch die damals bewunderte mechanische Kunststüke des berühmten Mathematikers, Joh. Stöfflers, mit seinen Schriften, ein Raub der Flammen. Von Stöfflers Handschriften, welche freylich heut zu Tag denen Mathematikern entbehrlich sind, würde nichts übrig geblieben seyn, wenn nicht Seb. Münster, sein Schüler, verschiedene abgeschrieben, und in seinen eigenen Werken bekannt gemacht hätte (a).

(a) CRUSII *Annal. Suev.* P. III. L. II. C. 9. p. 626. L. 10. C. 5. p. 554. JO. JAC. MOSERI *Vitae Prof. Tub. theol. ordinis*, Dec. I. *Epist. nuncupator.* p. 10. Das Gebände, wie es noch gegenwärtig stehet, ist im J. 1547. ganz neu aufgeführet worden, und heißt das Universitätshaus, worinn ein grosser Hörsal, (Aula nova, zur Unterscheidung von Aula vetere, dem philosophischen Sommerhörsal der gerettet worden) die Senatsstube, einige andere Zimmer, die öffentliche Bibliothek, und das Archiv sich befinden. Unten bey dem Eingang in den grossen Hörsal sind zwo kurze Aufschriften angebracht, deren eine, zur linken Seite, die Abbrennung, die

ande-

andere, zur rechten, die Wiederherstellung des Gebäudes anzeiget. Der akademische Senat stehet im Begriffe, diesem alten Gebäude, das Seine jezt regierende Herzogliche Durchlaucht so oft mit Ihrer höchsten Gegenwart beehren, durch die nöthige Verbesserung und Verschönerung mehr Würde zu verschaffen.

§. 18.

Der damalige Zustand der Gelehrsamkeit überhaupt führet noch das Gepräge eines unaufgeklärten Jahrhunderts. Die scholastische Philosophie, welche die alten Vorurtheile ernährte, und rohe Sitten nicht verbesserte, war auch hier die Königinn der Wissenschaften. Sie formte den Vortrag der akademischen Philosophen und Theologen, und verwikelte die besten Köpfe in unnüze Spizfindigkeiten. Wenn es der Tübingischen hohen Schule heut zu Tag zu keiner Ehre gereichen kann, den nichtswürdigen Streit der Nominalisten und Realisten bey nahe ein halbes Jahrhundert unterhalten zu haben (a), so ist es doch für sie ein wahrer Vorzug, daß sie in einem Zeitalter, worinn die Finsterniß der Unwissenheit und Barbarey noch nicht zerstreuet war, eine nicht geringe Anzahl von Lehrern aufweisen kann, die von der Nachwelt noch

mit

mit Verehrung genennet zu werden verdienen, und als allgemeine Lehrer Teutschlandes zu ihrer Zeit in die darauf folgende glükliche Veränderungen einen wichtigen Einfluß gehabt haben (b).

(a) Vornehmlich in der Burſe: Erant tum ſtudia Philoſophiae, qua Theologia involvebatur, ſciſſa in duas partes praecipuas — Haec diſſidia & Tubingenſem Academiam invaſerant, *contubernio bonarum artium & Philoſophiae ſtudiis deſtinato, in duo quaſi caſtella diviſo*, ex quibus de opinione ſua factiones illae acerrime praeliantes inimicitias graves exercebant. JOACH. CAMERARIUS in *Vita Melanchthonis*, p. 21. ſq. Der Streit hörte mit dem Anfang der Reformation der hohen Schule auf: Ceſſarunt ſectae Realium & Nominalium. Philoſophi utriusque partis usque ad annum 1536. cum Philoſophiae Magiſtris quotidianis digladiabantur contentionibus, mutuisque ſe vexabant altercationibus, ut in apertam Academiae perniciem res ſpectare videretur; ſublatum proinde erat illud inter Philoſophos ſutile diſcrimen. *Annal. Acad. Tub. mſepti*, ad a. 1536.

(b) Erant Tobingae tunc (als Phil. Melanchthon daſelbſt ſtudierte,) & Theologi ut illis temporibus eximii. Erant Juriſconſulti, quorum nunc etiam nomina illuſtria & opera laudabilia in ore & manibus ſunt eorum, qui haec ſtudia tractant. Humaniorum autem ſtudiorum & Philoſophiae Profeſſores eos ſemper habuiſſe Tubingam conſtat, quorum eruditionem & ſcientiam totam Germaniam excoluiſſe ſcimus. JOACH. CAMERARIUS in *Vita Melanchth.* p. 13.

§. 19.

§. 19.

Es ist meinem Plan nicht gemäß, eine ausführliche Lebensgeschichte der Tübingischen Lehrer zu entwerfen, und dieses noch nicht genug angebaute Feld der Würtenbergischen gelehrten Geschichte hier zu bearbeiten. Für die erste Periode würde die Vollständigkeit überdieß eine unmögliche Sache seyn, wovon die Ursache in der damaligen Nachläßigkeit, die zu diesem Zwek brauchbare Umstände aufzuzeichnen, in der späteren Errichtung einer beständigen Buchdrukerey zu Tübingen (a), und vornehmlich in dem unglüklichen Brande zu suchen ist, der im J. 1534. die akademische Bibliothek verzehrte.

(a) M. Joh. Ottmar, ein Reutlingischer Bürger, drukte 1488. Gabr. Biels *Lecturam super Canone Missae*, wahrscheinlich zu Reutlingen, und zog 1498. nach Tübingen. Conr. Summenhardi oben angezeigte *Oratio funebris pro Principe Eberhardo*, und, *Oratio de duodecim abusibus monasticis ad Patres Benedictinos in Capitulo Hirsaugiensi,* nebst Pauli Scriptoris *explanatione in librum primum sententiarum Scoti,* sind die erste durch ihn 1498. hier gedrukte Schriften. Crusii *Annal. Suev. P. III. L. 9. C. 8. p. 509. Annal. Msc. ad a. 1498.* Moseri *Vitae Prof. Tub. Ord. theol. Dec. I. p. 32. & 68.* Zellers Merkwürdigkeiten, S. 715. u. f. Joh. Christ. Klemms Angedenken des dritten Jubelfestes der edlen Buchdrukerkunst auf
der

der Universität Tübingen, Tüb. 1740. 4. S. 71. Er beschreibet zugleich den Anfang und Fortgang der Buchdrukerkunst in Schwaben, bis 1540. Unter den ältern hier gedrukten Büchern sind diejenige besonders merkwürdig, welche durch die wohlthätige Veranstaltung des bekannten Freyherrn von Ungnad, und Beyhülfe H. Christophs und anderer Fürsten, vom J. 1561 — 1563. zur Ausbreitung der wahren Religion, in croatischer, cyrulischer und glagolischer Sprache, mit den ihnen eigenen Charakteren, aus Georg Gruppenbachs Presse gekommen. S. Sattlers Geschichte, IV. Th. S. 202. u. f. Joh. Leonh. Frischii *Progr. de origine characteris Sclavonici &c. Berol. 1727. 4. p. 12. 17. sq.* Eine nicht geringe Anzahl derselben verwahret die hiesige Universitätsbibliothek.

§. 20.

Von Schriften Würtenbergischer Gelehrten, welche in diesem Fache theils vorgearbeitet haben, theils zur Verfertigung einer ausführlicheren Lebensbeschreibung der Tübingischen Lehrer Hülfe leisten können, sind zu bemerken:

Crusii *Annales Suevici*, besonders mit dem Moserischen Anhang der teutschen Uebersezung: *Bibliotheca Scriptorum de rebus Suevicis.*

Erh. Cellii, Poët. & Hist. Prof. *Imagines Professorum Tubingensium, senatorii praecipue ordinis, qui hoc altero Academiae seculo a. 1577. inchoato, in ea & hodie a. 1596. vivunt ac florent, & interea mortui sunt. Tub.* 4.

Gedruk

Gedruckte lateinische Trauerreden, deren vom vorigen
Jahrhundert, und besonders vom 16ten, eine Menge vorhanden ist; akademische Programmen; Leichpredigten, die hier und da einen nützlichen Beytrag
enthalten.

M. LUD. MELCH. FISCHLINI, *Memoria Theologorum Würtenbergensium resuscitata*, *Ulm. P. I.
1710. P. II. 1709. cum Supplementis. 1710. 8.*

JOH. ULRICI PREGIZERI *Suevia & Würtenbergia
sacra, ed. a M.* GEORG. CONR. PREGIZERO, *Tub.
1717. 4.*

C. E. WEISMANNI *Introductio in memorabilia ecclesiastica historiae sacrae N. T. edit. 2da, 1746. 4.*
enthält gut gezeichnete Charaktere verschiedener Tübingischen Theologen.

JOH. JAC. MOSERI *Vitae Professorum Tubingensium
Ordinis theologici, Decas prima. Cum praefatione* C. M. PFAFFII, *Tub. 1718. 4.* eine Schrift, die
von ihm selbst, nach Maßgabe seines damaligen jugendlichen Alters, für die beste unter seinen Ausarbeitungen dieser Art gehalten wird. Eben desselben, *Würtenbergia literata viva, Dec. I. Tub.
1723. 8.* Erläutertes Würtenberg, I. und II. Th. Tüb.
1729. 8. Relationes von gelehrten Neuigkeiten, Tüb.
1730. 1731. 8. Lexikon der jetzt lebenden Rechtsgelehrten in Teutschland, Züllich. 1738. 8. ein ähnliches
der jetzt lebenden Theologen, Züll. 1740. Schwäbische Merkwürdigkeiten, Stuttg. 1756. 8. Würtenbergisches Gelehrten-Lexikon, 1772. 8.

Ge. Conr. Pregizero, Theol. & Hist. eccl. Prof.
honor. Gottgeheiligte Poesie, vom J. 1717. angefangen, und bis 1737. fortgesetzt. Tüb. 8. Es werden
darinn manche besondere Lebensumstände und Schriften der damaligen Professoren bemerkt.

In Andr. Christ. Zellers ausführlichen Merkwürdigkeiten

keiten der Universität und Stadt Tübingen findet man ein Verzeichniß aller Rektoren, Kanzler, und Professoren aus allen Fakultäten, und bey einigen eine kurze Anzeige ihrer vornehmsten Lebensumstände. S. 374—515.

Aug. Friedr. Böks Abhandlung von den Gelehrten Würtenbergs, welche sich um die Mathematik vorzüglich verdient gemacht haben. Tüb. 1767. 4.

Manche einzelne hieher gehörige Nachrichten und Bemerkungen sind in verschiedenen Schriften Würtenbergischer, und besonders Tübingischer Gelehrten aus allen Fakultäten zerstreut, auch zum theil in schäzbaren Handschriften anzutreffen.

Wochentliche gelehrte Neuigkeiten, Tüb. 8. vom J. 1735 —1740. **Tübingische Berichte von gelehrten Sachen**, Tüb. 8. vom J. 1752—1763.

§. 21.

Es erhellet hieraus, was in diesem Theil der vaterländischen gelehrten Geschichte, vornehmlich in Rüksicht auf die Rechtsgelehrte, Aerzte, Philosophen und Philologen, für eine Lüke noch zu ergänzen ist, welche einen zukünftigen Biographen Würtenbergs, der mit Gedult und Fleisse Beurtheilungskraft und guten Geschmak verbindet, zu dem Entschluß vermögen kann, für die Ehre seines Vaterlandes zu arbeiten. Ich will hier einige der merkwürdigsten Namen aus dem ersten Zeitalter nennen.

§. 22.

§. 22.

Theologen und Philosophen:

Gabr. Biel, aus Speyer, Prediger zu Maynz, und darauf Probst der Kirche zu Urach. Die Jahre sind ungewiß. Er war eines der ersten und nüzlichsten Werkzeuge Gr. Eberhards, des Stifters, bey der Errichtung der Universität. Sein Andenken ist daher einer dankbaren Erhaltung werth, wenn er auch sonst kein Verdienst gehabt hätte. Er begleitete denselben, mit einigen andern Gelehrten, nach Rom, 1482. ward Prof. der Theologie zu Tübingen, 1484. Rektor der Universität, 1486. 1489. Kanonikus des St. Peterstiftes zu Einsidel im Schönbuch, 1492. starb daselbst, 1495. Seine vornehmste Schriften sind: *Lectura super Canone Missae in Alma Universitate Tubingensi ordinarie lecta*, wobey er das Werk Egglingus Bekers, aus Braunschweig, zum Grund legte; verschiedene *Sermones; Collectorium, sive Epitome in Magistri sententiarum libros IV*. Er war unter den Scholastikern ein subtiler Sententiarius, und bey nahe der lezte in Teutschland, der sich durch Schriften bekannt gemacht hat. Die Tridentinische Kirchenversammlung richtete auf seine Lehrsäze, nach des Card. Pallavicini Zeugniß, ihre besondere Aufmerksamkeit. Luther selbst lobt die Simplicität seines Styls, und die Gabe, den Vortrag, unbeschadet der Deutlichkeit, ins kurze zu fassen. Er war aufrichtig genug, zu bekennen, was er andern Gelehrten zu danken hatte, und bescheiden, fremde Urtheile immer vor den seinigen gelten zu lassen. Von seinen weiteren Lebensumständen, und besonderen theologischen Lehrsäzen können nachgelesen werden: MOSERI *Vitae Theol. Tub.* p. 21. *sq.* M. HIER. WIGAND. BIEL *Dissertatio theol. de Gabrie-*

Gabriele Biel, celeberrimo Papista Antipapista, Vitemb. 1719. Von den bekannten, älteren und neueren Gelehrten=Lexicis wird hier, wie bey den folgenden Gelehrten, nach unsrem Zwek keine Anzeige erwartet werden.

Conr. Summenhard, geb. zu Calw; studierte zu Paris, und ward Prof. der freyen Künste zu Tübingen, 1478. der Theologie, 1484. schrieb: *Tractatum bipartitum, quod Deus homo fieri voluerit, quodque Messias in Lege & Prophetis promissus non solum homo, sed etiam Deus esse debuerit & debeat; Tractatulum bipartitum de decimis; Orationem de duodecim abusibus monasticis; Orationem funebrem, pro Principe Eberhardo; Septipertitum Opus de contractibus pro foro conscientiae atque theologico; Commentaria in universam Physicam; De usura, negotiationibus mercatorum* — Der Werth seiner Gelehrsamkeit wurde durch die vortreflichen Eigenschaften seines Herzens erhöhet, daher die Hochachtung gegen ihn allgemein war. Er verband mit vielen theologischen und philosophischen Kenntnissen, die in der damaligen Zeit selteuste, der hebräischen Sprache. Er war ein Feind der scholastischen Zänkereyen, und pflegte nach Joh. Staupizen, seines Schülers, Zeugniß öfters mit vieler Bewegung auszurufen: quis me miserum tandem liberabit ab ista rixosa Theologia! Moserus *l. c. p. 35. sq.*

Paul Scriptoris, aus der schwäbischen Reichsstadt Weil. Die Theologie studierte er zu Paris, begab sich in den Minoritenorden, kam nach Tübingen, wurde hier Gardian der Minoriten, und war der erste, der die mathematische Wissenschaften auf dieser Universität öffentlich lehrte. Bey seinen Vorlesungen über die Ptolemäische Cosmographie waren fast alle

alle Lehrer seine Zuhörer. Er erklärte auch seinen Freunden den Euklides, 1497. In dem Vortrage der Lehrsäze des Scotus, die er aus dem Grunde verstand, hatte er ungemein viele Zuhörer, und auch die hiesigen Augustinermönche. Er predigte öfters, auf Verlangen, zu Reutlingen und Horb bey den feierlichsten Gelegenheiten. Diese Ehre bereitete ihm sein Unglük. Seine Freymüthigkeit im Vortrage verursachte, daß er bey dem Provincial angeklagt, und endlich von dem Amte eines Lektors und Gardians abgesezt wurde. Von einer Reise mit seinem vertrautesten Freunde und Schüler, Conr. Pellikan, auf welcher er seine alte Lust zur hebräischen Sprache zu befriedigen Gelegenheit hatte, brachte er einen hebräischen Kodex nach Tübingen zurük, der damals als die gröste Seltenheit ein allgemeines Aufsehen machte. Auch der griechischen Sprache war er kundig. Nach verschiedenen Reisen und widrigen Schiksalen erhielt er einen Ruf nach Toulouse, die Theologie daselbst zu lehren, starb aber unterwegs in dem Kloster Kaysersberg, in der Schweiz, 1502. Er schrieb: *Explanationem in librum primum sententiarum s. Lecturam in Magistrum sententiarum; summulas Logices.* Ein glükliches und ausgebreitetes Genie, das Theologie, Philosophie, Mathematik und Sprachen mit einander verband, und beede leztere ohne Lehrmeister faßte; ein nüzlicher und verdienter Lehrer; ein Mann, der nach seiner Ueberzeugung öffentlich sprach, aber ein unglüklicher Gelehrter, der ein besseres Schiksal gehabt haben würde, wenn er seine Bemühungen auf die Philosophie und Mathematik, wozu er vorzüglich aufgelegt war, eingeschränkt hätte. Moserus *l. c. p. 60. sq.*

Mart. Plantsch, geb. zu Dornstetten, 1460. studierte zu Tübingen, 1477. ward Baccalaureus, 1478. Magister, 1483. und bald darauf Prof. der Philosophie;

sophie; Dekan der Fakultät der Künste, 1488. 1489.
Doktor und Prof. der Theologie, auch Prediger an
der hiesigen Stiftskirche, 1494. Er wohnte im J.
1523. auf Befehl des Bischofs zu Costanz dem Zü=
richschen Religionsgespräche bey, und vertheidigte die
Lehrsäze seiner Kirche gegen den Zwinglius. Die Ga=
be der Wohlredenheit besaß er in einem hohen Grad,
und war unstreitig einer der größten Prediger seiner
Zeit. Wenn er sich als Schriftsteller durch seine Ab=
handlung *de Sagis maleficis*, Tub. 1506. 4. kein vor=
zügliches Verdienst erworben hat, so hat er sich dage=
gen theils durch seine bey dem bekannten Baurenauf=
stande in Würtenberg, im J. 1514. und zu besorgen=
den Beytritt vieler Tübingischen Bürger glüklichst
angebrachte Beredsamkeit, theils durch eine ansehnliche
milde Stiftung, die bis auf den heutigen Tag man=
chen Studierenden beträchtliche Vortheile verschaft,
und in dem lezten Abschnitt näher angezeigt werden
wird, um sein Vaterland und die hohe Schule un=
sterblich verdient gemacht. MOSERUS *l. c. p. 47. sq.*

§. 23.

Rechtsgelehrte:

Vergenhans (Joh. Vergen), der unter dem verän=
derten Namen, Joh. Naukler, bekannter ist, aus
dem ritterlichen Geschlechte der Vergen, in der Herr=
schaft Justingen. Das Jahr seiner Geburt läßt sich
nicht genau bestimmen. Er ward Gr. Eberhards
Lehrmeister, 1450. Probst der Kirche zu Stuttgart,
1460. Probst zu Tübingen, Dekretalium Doktor,
erster Rektor der Universität, 1477. und zulezt der
zweite Kanzler; starb ungefehr 1510. Er hat sich
durch seine *Memorabilium omnis aetatis & omnium
gentium chronicos commentarios*, welche bis auf das
Jahr

Jahr 1500. gehen, und zuerst zu Tübingen auf Kosten einiger Bürger daselbst im J. 1516. in 2. Voll. fol. herausgekommen, das Verdienst eines brauchbaren Geschichtschreibers bey der Nachwelt erworben. Durch praktischen Verstand, Rechtschaffenheit der Gesinnungen, Fleiß, Treue und Klugheit in allen seinen Aemtern, ward er Eberhards Vertrauter, und das Gute, das er in dieser glüklichen Lage bey der Universität und dem Vaterlande stiftete, läßt seinen Namen nie ohne die größte Hochachtung nennen. Sein würdiger Bruder, Ludw. Naukler, Probst und Kanzler zu Stuttgart, gehöret ebenfalls unter die Zierden Würtenbergs. Dan. Guil. Molleri *Diss. de Jo. Nauclero, Altd.* 1697. 4. Zellers Merkwürdigkeiten, S. 433. u. f.

Georg Lamparter, und Vitus von Fürst waren zu ihrer Zeit gleichfalls berühmte Namen. Jener erlangte nachmals die Würde eines kaiserlichen geheimen Raths und Ritters, und dieser eines Gouverneurs von Modena.

§. 24.

Arzneygelehrte:

Joh. Widmann, (Möchinger genannt) von Möchingen. D. und Prof. der Arzneywissenschaft, Leibarzt Eberhards und seiner Gemahlinn. Er wurde öfters von seinem Herrn auf eine längere Zeit abgeruffen, durch den Gehalt und verschiedene Ehrenbezeugungen ausgezeichnet, und erhielt den Auftrag, die Hospitäler und Siechenhäuser in Würtenberg zu untersuchen. Ein Arzt, der sich über die Empiriker seiner Zeit erhob, und zugleich durch eine Schrift, von der Pest, berühmt machte. Sattlers Geschichte des H. Würt. 4te Sortf. S. 27. u. 163. wofelbst überhaupt von dem damaligen Zustande der Arzney-wissenschaft, besonders in Würtenberg, lesenswerthe Nachrichten mitgetheilet werden. S. 159—168.

§. 25.

Philologen:

Phil. Melanchthon, geb. zu Bretten, in der Pfalz, 1497. gest. zu Wittenberg, 1560. Diesen um die Wissenschaften und schöne Litteratur in Teutschland unsterblich verdienten Mann hat Tübingen gebildet, und 4. Jahre als Lehrer gehabt. Er kam hieher 1512. ward Magister 1514. und Lehrer am akademischen Pädagogio, wo er den Terenz, Virgil, Cicero und Livius erklärte, und darauf 1518. einem Ruf nach Wittenberg, als Prof. der griechischen Sprache folgte. Durch Rath, Schriften, persönliche Gegenwart, leistete er in der nachfolgenden Zeit der Universität und Würtenbergischen Kirche die vortreflichsten Dienste. Jene hat ihm daher nach seinem Tode durch eine von dem berühmten Theologen, D. Heerbrand, in dem öffentlichen Hörsal gehaltene Lobrede (*Oratio funebris in obitum incomparabilis Viri*, D. *Philippi Melanchthonis*, habita a JAC. HEERBRANDO, *Theol. D. & Prof. Tub.* 1560. 4.) ein Denkmal der Verehrung und Dankbarkeit errichtet. Den Wiedergedächtnißtag seines Todes im J. 1760. den 19. Apr. feierlich zu machen, sind hier folgende Schriften zum Vorschein gekommen: 1) ein gedruktes Programm, aus Veranlassung eines neu aufgestellten Prof. der morgenländischen Sprachen, worinn von Melanchthons hiesigem Aufenthalt und Lehramte einige zuverläßige Nachrichten mitgetheilet werden. 2) D. Gottfr. Dan. Hoffmanns, Abhandlung von den Verdiensten Phil. Melanchthons um die teutsche Reichs- und Staatsgeschichte, Tüb. 1760. 4. 3) ein lateinisches Gedicht

von

von M. Aug. Friedr. Böcken. S. Tübingische Berichte von gel. Sachen, 1760. St. 23. 4) ein teutsches, mit der Aufschrift: die Ehre Melanchthons in Tübingen und Wittenberg, besungen von Balthasar Haugen — Tüb. 1760. Pl. 4. Eine Quelle in der Lebensgeschichte dieses grossen Mannes, besonders in Beziehung auf die Geschichte der hiesigen hohen Schule, ist: JOACH. CAMERARII *narratio de Philippi Melanchthonis, ortu, totius vitae curriculo & morte* — Lipf. 1592. 8.

Joh. Reuchlin, *Capnio*, geb. zu Pforzheim, 1454. gest. zu Stuttgart, 1522. Das Leben dieses verdienstvollen Mannes, der in Rüksicht auf die griechische und hebräische Litteratur in Teutschland Epoche machte, sich in verschiedenen Gesandschaften als einen geschikten Staatsmann bewies, und vom Kaiser Friedrich III. die verdiente Belohnungen und Würden erhielt, ist bereits von andern ausführlich beschrieben worden. Ich will nur diejenige Umstände auszeichnen, welche die hiesige Universität und Würtenberg betreffen. Er ward Doktor der Rechte zu Tübingen, leistete bey der Einrichtung der Universität Hülfe, wurde von Gr. Eberhard, dem Stifter nach Rom geruffen, weil er schon fremde Länder selbst gesehen hatte, und das Lateinische zierlicher sprach, als die übrige Schwaben, die das italiänische Ohr beleidigten; war im Gefolge dieses Fürsten zu Worms, als er die herzogliche Würde empfieng, und erhielt den Charakter eines herzoglichen Raths. Als er von Ingolstadt, wo er die hebräische und griechische Sprache gelehret hatte, wegen der Pest in sein Vaterland zurükkehrte, wurden besondere Abgeordnete von der Tübingischen Universität an ihn mit dem Ansuchen abgeschikt, eben dieses Lehramt unter ansehnlichen Bedingungen daselbst zu übernehmen. Er willfahrte auch, und ward hier 1521. der erste öffentsentliche Lehrer der hebräischen und griechischen Sprache, erklärte die hebräische Grammatik des R. Kimchi, und die griechische des Em. Chrysoloras, ließ viele hebräische Bibeln aus Venedig kommen, zwo Reden vom Demosthenes und Aeschines zu Hagenau durch Thom. Anshelmus druken, und schou 1512. zu Tübingen, die sieben Bußpsalmen, welches für den ersten hebräischen Druk in Teutschland gehalten wird. Ihm hat der hiesige Homersche Hörsal, unter welchem Namen er in der folgenden Zeit berühmt war, den ersten Grund seines Ruhms zu danken. Ausführlichere Nachrichten enthalten: JOH. BURCK. MAJI *Vita Jo. Reuchlini, five Capnionis, Durl. 1687. 8.* MART. SIMONIS *Oratio continens historiam Jo. Capnionis, Phorcenfis, a. 1552. recitata.* Sie findet sich als ein Anhang von GE. PFLÜGERI *infignioribus aliquot orationibus Frischlini, Argent. 1606. 8.* HERM. VON DER HARDT *Historia Reuchlini ab a. 1516. — 1519. Helmst. 1719. 4.*

Heinr. Bebel, aus Justingen, Prof. der Beredsamkeit und Dichtkunst, 1497. erklärte die lateinischen Redner, Dichter und Geschichtschreiber; erhielt von K. Maximilian I. den poetischen Lorbeerkranz, 1501. Was Reuchlin für die hebräische und griechische Litteratur war, das war Bebel für die lateinische, und die schöne Wissenschaften. Er war ein schöner Geist, und selbst Redner und Dichter. Die Reinigkeit und Zierlichkeit der lateinischen Sprache suchte er dadurch wieder herzustellen, daß er die Jugend zu den ersten Quellen des guten Geschmaks führte, und als Schriftsteller mit seinem eigenen Beyspiel vorgieng. Seine Schriften, welche theils historischen Innhalts, theils Reden und Gedichte, theils Anweisungen zur schönen Litteratur sind, und noch heut zu Tag Nutzen schaffen können, zeigen einen Mann von guter Beurtheilungskraft, grossen Belesenheit in den

alten

alten römischen Schriftstellern, und feurigen Begierde, die Barbarey seiner Zeit im Grunde auszurotten. Zur weiteren Bestimmung seines Verdiensts sind nachzusehen: JAC. BURCKARDI *de linguae latinae satis novi Commentarii. Wolfenb. 1721. 8.* p. 317—358.

Ihm ist Joh. Braßikanus an die Seite zu sezen, den Melanchthon in seinem Aufenthalte zu Tübingen, nach CAMERARII Bericht in *Vita Melanchthonis,* wie Bebeln vor andern hochschäzte. Er war Lehrer am akademischen Pädagogio, und schrieb unter andern zum Gebrauch seiner hiesigen Zuhörer *Institutiones grammaticas elimatissimas, Tub.* 1516. 4. Dieser Ausgabe ist eine Vorrede beygefügt, worinn der damalige Zustand des Pädagogii und der Universität auf eine sehr vortheilhafte Art geschildert wird.

§. 26.

Mathematiker:

Joh. Stöffler, aus Justingen, geb. 1452. Prof. der Mathematik, ungefehr 1516. Rektor der Universität 1522. starb 1531. Die Art seines Todes ist ungewiß. Der berühmteste Mathematiker und Mechaniker seiner Zeit, der durch die Prophezeihung einer grossen Ueberschwemmung auf das J. 1524. bis in die entfernteste Provinzen Europens Schreken verbreitete. Wenn schon diese, und die übrige Prophezeihungen, wie der Erfolg gelehret hat, von der Grösse seines Geistes keine Zeugen sind, so beweisen doch ihre Eindrüke in den Gemütbern so vieler Menschen das grosse Ansehen, und den ausgebreiteten Ruhm dieses Mannes. Seine Schriften, *Tabulae astronomicae; Ephemerides; Calendarium romanum,* mit einer Zueignungsschrift an K. Maximilian I.

Comment. in *Sphaeram Procli* und andere, sind, in der damaligen Zeit betrachtet, von seiner Wissenschaft zuverläßigere Zeugen. Auf seine Kalenderverbesserungsvorschläge richtete man nachmals ein vorzügliches Augenmerk. Das Schiksal seiner Handschriften und bewunderten mechanischen Kunstwerke ist oben §. 17. bemerkt worden. BAYLE *Dictionnaire historique & critique*, art. *Stœffler*. Zellers Merkwürdigkeiten, S. 485. u. f.

§. 27.

Aus den bisherigen Anzeigen läßt sich mit Grunde urtheilen, daß die Tübingische hohe Schule in die vortheilhafte Veränderungen des sechszehenden Jahrhunderts im Reiche der Gelehrsamkeit, welche mit wichtigen Veränderungen in der Religion, und den Staaten selbst, verbunden gewesen, einen beträchtlichen Einfluß gehabt hat. Wenn man die nüzliche Anstalt des akademischen Pädagogii, und die Bemühungen Melanchthons, Bebels, Braßikanus und Reuchlins in Erwägung ziehet, so hat sie das Verdienst, die erste und vornehmste in Teutschland gewesen zu seyn, durch welche die ächte, aus den Quellen geschöpfte Philologie am meisten ausgebreitet, und also der dauerhafteste Grund zur Wiederherstellung der wahren Gelehrsamkeit geleget worden.

Zweiter Abschnitt.
Von der Reformation in Würtenberg bis zum Westphälischen Friedensschluß.
Vom Jahr 1535 — 1648.

§. 28.

Nachdem H. Ulrich im J. 1534. von dem Landgrafen Philipp, zu Hessen, unterstüzt, auf den glüklichen Sieg bey Lauffen sein angebohrnes Herzogthum wieder erobert hatte (a), so war die Einführung der evangelischen Lehre, nach der Richtschnur des Augsburgischen Glaubensbekenntnisses, wozu ihm vermöge des Cadanischen Vertrages das Recht zukam, der erste Gegenstand seiner Bemühungen. Der Herzog fand die meisten seiner Unterthanen schon so vorbereitet (b), daß sie ihm, als ihrem rechtmäßigen Landesherrn, nicht nur die Thore ihrer Städte, sondern auch die Herzen mit Vergnügen öfneten, und die evangelische Lehre annahmen, zu welcher sich ihr Fürst schon im J. 1524. bekannt hatte. Ich will,

in Erinnerung meines Zweks, von diesem merkwür=
digsten Theil der Kirchengeschichte Würtenbergs nur
dasjenige kürzlich anführen, was auf den Zustand der
Universität die nächste Beziehung hat.

(a) S. die vornehmste hieher gehörige ältere Schrift=
steller in SCHARDII Scriptor. rer. germ. T. II. und
von den neueren, auſſer den bekannten Schriften
Steinhofers und Sattlers, Joh. Friedr. Ei=
senbachs Geschichte und Thaten Ulrichs, H. zu Wür=
tenberg und Teck, Tüb. 1754. 4.

(b) Die Würtenbergische Landstände hatten schon 1525.
in einer dem Erzherzog Ferdinand übergebenen Bitt=
schrift den Wunsch einer Kirchenverbesserung nach=
drüklich geäussert. Sattlers Geschichte des H. Wür=
tenberg. II. Th. S. 140. 146.

§. 29.

Die ersten Werkzeuge, deren sich der Herzog zur
Reformation des Landes, und besonders der Universi=
tät bediente, waren Ambr. Blaurer (a), Sim. Gry=
näus (b), Paul. Constantin Phrygio (c), und Erh.
Schnepf. (d) Phil. Melanchthon erhielt den ersten
Ruf, wurde aber von seinem Churfürsten nicht ent=
lassen. Das h. Abendmahl wurde den 2. Febr. 1535.
in der Stiftskirche zu Tübingen, wie zu Stuttgart,
nach den evangelischen Grundsäzen gehalten, und den
2. Sept. die erste evangelische Predigt von Ambr.
Blau=

Blaurer abgelegt. Dessen ungeachtet fand der Fortgang der neuen Einrichtung einige Hindernisse. Der gemachte Entwurf misfiel dem akademischen Senat, der sich zu genau an die erste Stiftung hielte. So erwekten auch Blaurers Ausdrüke in der Lehre vom h. Abendmahl, die sich dem Lehrbegrif des Zwinglius näherten, einen Verdacht gegen seine Orthodoxie. Der Herzog entschloß sich daher, den berühmten Joach. Camerarius (e) von Wittenberg, als öffentlichen Lehrer nach Tübingen, und Phil. Melanchthon zum zweitenmal zu berufen, welcher auch auf ein paar Monate entlassen wurde. Dieser gab den Rath, den verehrungswürdigen Theologen, der mit einer gründlichen Gelehrsamkeit, Heiligkeit des Lebens und Fähigkeit zu den wichtigsten Verrichtungen verband, und damals Prediger zu Halle in Schwaben war, Johann Brenzen (f), wenigstens auf ein Jahr beyzuziehen. Durch den vereinigten Eifer dieser würdigsten Männer wurde die neue Ordnung der Universität bey einer zu Nürtingen den 15. Oktob. 1536. angestellten Zusammenkunft glüklich zu stande gebracht, und den 3. Nov. dieses Jahres zu Stuttgart von dem Herzog bestätiget (g).

D (a) geb.

(a) geb. zu Costanz, 1492. stub. zu Tübingen; ward hier Magister; begab sich in den Mönchsstand, im Kloster Alpirspach; ward ein heimlicher Anhänger der evangelischen Lehre; verließ endlich das Kloster, und breitete dieselbe in seiner Vaterstadt aus. Man suchte ihn zur Rükkehr zu bewegen. Er vertheibigte sich aber durch eine öffentliche Schrift, und schlug solche Bedingungen vor, die von dem Abbte nicht angenommen werden konnten. Ehe er nach Tübingen berufen ward, reformirte er zu Ulm und zu Eßlingen. Für die Zwinglische Lehre vom h. Abendmahl war er sehr eingenommen, und seine öffentliche Erklärung, in Luthers Ausdrüken, schien eine Verstellung zu seyn. Diese Zweydeutigkeit verursachte seine Entlassung, und **Erh. Schnepf** vollendete, was Blaurer angefangen hatte. Er begab sich hierauf wiederum nach Costanz, mußte aber auch diesen Ort 1548. verlassen, weil er das Interim nicht annehmen wollte, und starb, nachdem er an verschiedenen Orten der Schweiz geprediget und gelehret hatte, 1567. FISCHLINI *Memor. Theol. Würtenb.* P. I. p. 18. *sq.* C. M. PFAFFII *Comment. de actis scriptisque publicis Ecclesiae Würtenbergicae,* p. 21. *sq.*

(b) Prof. zu Basel vor seiner Ankunft zu Tübingen, wo er sich auf ein Jahr verbindlich machte. Er war eines der nüzlichsten und dem Herzog gleich anfangs vorgeschlagenen Werkzeuge zur Reformation der Universität, und zugleich ein seltenes Beyspiel eines großmüthigen und uneigennüzigen Mannes, der nicht einmal die Besoldung annehmen wollte, die ihm der Herzog zugedacht hatte. Sattlers Geschichte des H. Würtenberg, III. Th. S. 49.

(c) geb. zu Schlettstadt im Elsaß. Er war zuvor Prof. der Theologie zu Basel, und erster evangelischer Prediger

diger an der St. Peterskirche daselbst; Prof. der Theologie zu Tüb. 1535. erster Aufseher des hiesigen theologischen Stiftes; starb 1543. Lehre und Leben waren bey ihm in einer angenehmen Harmonie. Ausser der Theologie, besaß er in der Geschichtskunde eine nicht gemeine Stärke. FISCHLINI *Memor. p. 12. sq.*

(d) Vor seinem Ruf nach Würtenberg Prof. der Theologie zu Marburg; Generalsuperintendent des Herzogthums und Hospitalprediger zu Stuttgart, 1535. Prof. der Theol. zu Tüb. 1543. verließ Tübingen, wegen des Interims, das er nicht annehmen wollte, und kam als Prof. nach Jena, 1548 starb daselbst, 1558. Er reformirte den untern Theil von Würtenberg, hatte aber auf die Reformation der Universität einen wichtigen Einfluß. Seine hinreissende Beredsamkeit machte ihn zu einem Reformator vorzüglich geschikt. FISCHLINI *Memor. p. 8. sq.* JOH. ROSAE *Oratio de Vita Erh. Schnepfii, Lips. 1562. 8.*

(e) Prof. zu Tüb. 1535. bis 1540. gieng hierauf als Prof. der griechischen und lateinischen Sprache nach Leipzig, wo er 1574. starb. Dieser berühmte Mann hat in seinem fünfjährigen hiesigen Aufenthalt ausser dem, was er bey dem Reformationswerke mitgewirkt, das Verdienst, die Aufnahme der lateinischen und griechischen Sprache, und der gesammten Philologie sehr befördert zu haben.

(f) geb. in der Reichsstadt Weil, 1499. starb als erster evangelischer Probst der Kirche zu Stuttgart, 1570. Die grosse Gabe der Deutlichkeit, und der sanfte, gefällige Ton seines Vortrages, den Luther mit dem sanften, stillen Sausen beym Elias vergleicht, wie den seinigen mit dem Sturmwinde, der Berge zerreißt, verschaften ihm einen leichten Eingang in die Herzen seiner Zuhörer und Leser. Seine Schriften, vornehmlich die exegetische, werden ihren Werth niemals verlieren. Sein Verdienst ist in der ihm zu Stuttgart gesezten Grabschrift wohl ausgedrükt: Johannes Brentius, natione Suevus, Patria Wilensis, Theologus clarissimus, Ducum Würtenbergensium Consiliarius, inter primos repurgatæ Ecclesiæ Instauratores fuit. Scripturas propheticas & apostolicas in Scholis, sacris concionibus, comitiis Imperii romani, & lucubrationibus suis illustravit, & propugnavit. Confessionis causa exilium constanter tulit. Consiliis Ecclesiam & communem Patriam juvit. Vitæ innocentia Professionem ornavit, & cum in hoc suo curriculo quinquaginta & amplius annos magno Ecclesiæ commodo elaborasset, placide in Christo obdormivit — Seine ausserordentliche Schiksale machen sein Leben höchst merkwürdig. Lesenswerth ist hievon *Oratio funebris de vita & morte D. Jo. Brentii — habita Tub. 20. Sept. a* JAC. HEERBRANDO, *S. Theol. D. & Prof. Tub.* 1570. 4. FISCHLINI *Memor. p. 23. sq.* Friedr. Jak. Beyschlags Versuch einer vollständigen Lebensbeschreibung Joh. Brentii, des ältern, Halle in Schwaben, 1731. 4.

(g) Sie enthält 18. Artikel, wovon die meisten neu, die übrigen aber aus Gr. Eberhards Verordnung vom J. 1491. wiederholt, und weiter erläutert sind. Zu gleicher Zeit erschien eine Verordnung in lateinischer Sprache, und 24. Kapiteln, mit der Aufschrift: *Constitutio & Ordinatio scholasticae Universitatis studiorum Tubingae in Suevia, cum expositione statutorum & legum, quibus illa administretur.* Sie ist in einem schönen Styl verfaßt, und läßt die Feder Camerarii, oder Melanchthons vermuthen. Im Universitätsarchive befindet sich davon eine Handschrift auf Pergament, gr. 4.

§. 30.

§. 30.

Auch einzelne Fakultäten bekamen bald darauf neue Verordnungen, und insonderheit die philosophische, oder Artisten-Fakultät, welcher zugleich durch die Gnade des Herzogs neue Rechte mitgetheilet wurden. Er schenkte ihren gerechten, und viele Jahre zuvor angebrachten Klagen, daß sie bisher, zum Nachtheil ihres Lehramtes und der akademischen Disciplin, in Ansehung der höheren Fakultäten so sehr zurükgesezt worden, ein geneigtes Gehör, und verordnete unter andern, daß der Dekan und zween Mitglieder derselben beständig in dem akademischen Senat Siz und Stimme haben, zu allen hier vorkommenden Sachen gezogen, und die Artisten auch in ihrem Gehalt den übrigen gleich gestellt werden sollten (a). Erst in dem nachfolgenden Jahrhundert wurde die Anzahl der Senatoren aus dieser Fakultät vermehret, und sie selbst in den Besiz aller derjenigen Rechte und Vortheile gesezt, welche sie noch gegenwärtig genießet.

(a) Diese besondere Verordnung kam den 20. Jul. 1544. zu Urach zum Vorschein, worauf eine weitere zu Nürtingen unter dem 25. Febr. 1545. ausgefertigte Erläuterung folgte.

§. 31.

§. 31.

H. Ulrichs Verordnungen wurden voh dem H. Christoph den 18. Jun. 1551. theils bestätiget, theils in einigen die philosophische Fakultät betreffenden Punkten, zum Vortheil derselben, weiter erläutert, auch zu ihrer gewisseren Vollstrekung, und weiteren Verbesserung der noch übrigen Mängel, fürstliche Kommissarien, mit Beyziehung etlicher Mitglieder des akademischen Senats, niedergesezt, welche sich in gewissen jährlichen Zusammenkünften hierüber berathschlagen, und dem Herzog davon Bericht erstatten sollten. Nach verschiedenen Vorschlägen und Bedenken drang der Herzog auf die Errichtung einer bestimmteren und bleibenden Verordnung. Diese wurde endlich nach geschehener Vergleichung mit dem Senat von den fürstlichen Kommissarien aufgesezt, von dem Herzog genehmiget, und der Universität den 15. May, 1557. zugestellt. Eine sogenannte Manuduktion folgte im J. 1562. Sie beziehet sich auf die vorgedachte Verordnung, und enthält manche Erläuterungen und Zusäze.

§. 32.

Die Verordnungen und Geseze beständig aufrecht zu erhalten, und die noch vorhandene Hindernisse

nisse aus dem Wege zu räumen, wurden die jährliche Visitationen unter den Herzogen Ludwig und Friedrich fleißig fortgesezt. H. Ludwig begab sich den 20. Merz, 1582. in eigener Person nach Tübingen, und stellte der Universität, nebst der Concordienformul, einige neue Verordnungen in lateinischer Sprache zu, welche den alten an den gehörigen Orten einverleibt werden sollten. In dem darauf folgenden Jahr kamen auch, nach langen fruchtlosen Unterhandlungen und Streitigkeiten zwischen der Universität und der Stadt, Geseze in teutscher Sprache zum Vorschein, welche die Kost, die Hausmiethe, das Verhalten der Handelsleute und Handwerker gegen die Studierende, und andere zu einer wohl geordneten Polizey gehörige Stüke betreffen.

§. 33.

Vornehmlich beschäftigte diesen Fürsten der wichtige Gedanke, neben einer hinlänglichen und auf den veränderten Zustand der Universität passenden Erläuterung der Privilegien, zur Vermeidung aller Verwirrung, und Aufhebung der Streitigkeiten, die bisherige Verordnungen und Geseze in ein vollständiges Ganzes umzubilden, das für die Zukunft die einzige und

und beständige Richtschnur seyn sollte. Den Auftrag hiezu erhielt der damalige Kanzler zu Stuttgart, und nachmalige Churſächſiſche geheime Rath, D. Martin Aichmann, der hierüber ein vollſtändiges und mit vieler Genauigkeit verfaßtes Bedenken ſtellte, worinn eine Geſchichte aller akademiſchen Geſeze und Verordnungen aus den Originalakten auszugsweiſe mitgetheilet, die vornehmſte Streitigkeiten mit den Gründen und Gegengründen angezeigt, zur Erläuterung der Privilegien, wie zur Verbeſſerung der akademiſchen Geſeze, und einzelner Fakultäten, ausführliche Vorſchläge gemacht, und unter dem 27. Apr. 1593. dem Herzog zur Einſicht vorgeleget wurden. (a) Es erſchien zwar in eben dieſem Jahr eine neue Verordnung H. Ludwigs. Aber die Ehre, jenen wichtigen Entwurf zu Stande zu bringen, war dem H. Friedrich, dem Stammvater aller nachfolgenden Herzoge vorbehalten, welchem die Univerſität nicht nur die genauſte und deutlichſte Erläuterung ihrer Privilegien (b), ſondern auch das vollſtändigſte Geſezbuch zu danken hat (c); bis nach verſchiedenen Abänderungen, wozu ſich die Herzoge das Recht immer ausdrüklich vorbehalten haben, der izt regierende Durchlauchtigſte Herr Herzog, Carl, ſeine

ruhm-

ruhmvolle Regierung, auch als Gesezgeber, auszeichnete, wovon im lezten Abschnitt die Anzeige geschehen soll.

(*a*) Seine den Herzogen **Ludwig** und **Friedrich** gestellte Bedenken sind zur Kenntniß der Geseze und gesammten Einrichtung der Universität von vieler Brauchbarkeit.

(*b*) Vom 18. Febr. 1601. Er bestimmte insonderheit den Artikel von der Gerichtsbarkeit des Rektors und der Universität, mit ihren Ausnahmen, sehr genau; wovon zwo gelehrte Dissertationen H. D. Lud. Conr. **Smalkalders** nähere Nachricht enthalten: *De Jurisdictione Academiarum privilegiaria, Tub. 1734. 4. De Jurisdictione Academiarum privilegiaria in caussis criminalibus, Tub. 1746. 4.*

(*c*) Die hiezu verordnete fürstliche Kommissarien waren: **Eberhard**, Herr zu **Limpurg**, des H. R. R. Erbschenk, und semperfrey, Landhofmeister; D. Matt. **Aichmann**, Hofkanzler; M. Joh. **Magirus**, Probst zu Stuttgart; Joh. Ge. **Hungerlen**, Kirchenraths-Direktor. Das Resultat ihrer Bemühungen waren, ausser der vorgedachten Erläuterung der Privilegien, folgende Verordnungen: H. **Friedrichs** Ordination der Universität zu Tübingen, in teutscher Sprache, und 35. Kapiteln d. d. 18. Sebr. 1601. S. **Mosers** erläutertes Württemberg, II. Th. p. 34 — 159. *Statuta Universitatis scholasticae studii Tubingensis renovata, a. 1601. Tub. typis Cellianis,* in 18. Kapiteln, 1602. 4. mit einem sehr vollständigen Register. Den einzelnen Fakultäten wurden in eben diesem Jahr noch besondere Statuten zugestellt. Es ergieng auch unter dem 1. Jul. 1601. in das ganze Land: *Mandatum* und Befehl H. Friedrichs — betreffend

fend den Schuz und Schirm über die gemeine hohe Schule zu Tübingen, und wie sich die Amtleute in Ertheilung Rechtens gegen die Universitätsverwandte verhalten sollen. Tüb. bey Erh. Cellio. 1601. fol.

§. 34.

Innere Spaltungen, hizige Federkriege, das so genannte Interim, und der Smalkaldische Krieg waren die Hindernisse dessen, was H. Ulrich nach der Reformation zum Besten der Universität veranstaltet hatte (a). Auch die Entweichung des Kanzlers, und Probsts der Tübingischen Stiftskirche, D. Ambros. Widmanns (b), verursachte manche Beschwerlichkeiten. Indessen blieb der Herzog, nach seinem durch alle Geschichtschreiber bestätigten Charakter, in seinen Entschliessungen standhaft, und in den widrigsten Schiksalen unerschüttert, und unter seinen Nachfolgern, den Herzogen, Christoph, Ludwig und Friedrich (c), waren die Früchte des 1555. erfolgten Religionsfriedens nur desto schmakhafter.

(a) Die Reformationsgeschichte der Universität erläutern besonders: FISCHLINI *Supplem. ad Memor. Theol. Wurtenb.* p. 19. *sq.* C. M. PFAFFII *Oratio in memoriam Reformationis sacrorum ante duo secula in Universitate Tubingensi*, Tub. 1735. 4.

(b) Er war zuvor Assessor des kaiserlichen Kammergerichts, und kam 1510. als Probst und Kanzler nach Tübingen. Mit dem Anfang der Reformation begab

gab er sich nach Rotenburg am Nekar in das dasige Stift Ehingen, wovon er gleichfalls Probst war, und wendete sich an das K. Kammergericht, um sich durch die Unterstüzung desselben bey einem Amte zu erhalten, das er eigenmächtig verlassen hatte. Der Universität verursachte er bald mit Verweigerung, bald mit Aufzielung der Veniæ promovendi, so viele Kränkungen, daß sich endlich H. Ulrich genöthiget sah, ihn, nach einer den 26. Sept. 1538. an ihn vergebens ergangenen Citation, seiner Aemter zu entsezen, und Joh. Scheurern, von Osterdingen, als Probst und Kanzler aufzustellen. Widmann protestirte dagegen, und wußte es dahin zu bringen, daß man an verschiedenen Orten, und besonders bey dem K. Kammergerichte, die zu Tübingen unter dem neuen Kanzler von der Universität ertheilte akademische Grade für ungültig erklärte, und den grabuirten Personen viele Schwierigkeiten machte. Nach einigen von dem H. Ulrich und Christoph mit ihm errichteten Kapitulationen, die von seiner Seite niemals erfüllt wurden, verzog sich der Streit so lange, bis er zulezt 1556. den 30. Okt. sein Amt und alle damit verknüpfte Rechte dem Rektor und Senat der Universität förmlich übergab. Er starb den 11. Aug. 1561. D. Mart. Aichmanns MSC. Zellers Merkwürdigkeiten, S. 346. u. f.

(c) Zur Ergänzung der akademischen Litterargeschichte will ich die auf diese Fürsten feierlich gehaltene Gedächtnißreden anzeigen. Auf den H. Ulrich hielt M. Joh. Benignus, Prof. der Beredsamkeit, den 17. Dec. 1550. im Chor der Stiftskirche, vor einer grossen Versammlung die öffentliche Trauerrede, welche aber, so viel mir und andern bekannt ist, nicht gedrukt worden. Das Programm theilet Crusius mit, und aus der Rede ein paar an den H. Christoph

stoph gerichtete Stellen. S. *Annal. Suev. P. III. L. II. C. 24. p. 677.* Auf den H. Chriſtoph iſt iſt vorhanden: THEOD. SNEPFFII *D. Paſt. & Prof. Theol. Oratio de Vita Chriſtophori, D. W. Tub. 1570. 4.* Auch ſind zu Lauingen zwo lateiniſche Gedächtnißreden, eine von D. Sim. Oſtermann, Rektor am dortigen Gymnaſio, und die andere von Nikol. Reusner, Prof. daſelbſt, zum Vorſchein gekommen, 1569. 4. Auf den H. Ludwig: *Oratio funebris de vita & obitu Ill. Principis & D. Ludovici, D. W. recitata in Collegio illuſtri d. 19. Sept. 1593.* a JAC. HEERBRANDO, *Cancellario. Tub. 4.* Auf den H. Friedrich: ANDREAE OSIANDRI, *Theol. D. & Prof. Eccleſ. Praepoſ. & Acad. Cancellarii, Oratio funebris de vita & obitu Friderici, D. W. Tub. 1608. 4.* THOMAE LANSII *Laudatio funebris meritis ac honori Friderici, D. W. habita.* S. deſſen *Mantiſſ. Conſult. & Orat. p. 298. ſq.*

§. 35.

Unter den vortreflichen Anſtalten des ſechszehenden Jahrhunderts zur Zierde der Univerſität, wie zum Nuzen des ganzen Vaterlandes, erſcheinet mit dem Anfang der Reformation als die erſte und merkwürdigſte, die Stiftung des herzoglichen theologiſchen Stipendii. In der preiswürdigen Abſicht, eine hinlängliche Anzahl von tüchtigen Lehrern und Predigern beſtändig in dem Herzogthum zu beſizen, faßte H. Ulrich ſchon im J. 1536. den Entſchluß, eine gewiſſe

An-

Anzahl von Jünglingen in Tübingen zu unterhalten, und zu jener Bestimmung brauchbar machen zu lassen. Er beförderte dieses wichtige Institut nicht nur mit eigener Freygebigkeit, sondern verordnete auch bey den Städten und Aemtern des Herzogthums, aus einigen ihnen zum Besten der Armen überlassenen geistlichen Einkünften, einen jährlichen Beytrag, und befahl den Beamten, aus jeder Stadt und Amt einen armen und hofnungsvollen Knaben vorzuschlagen (a). Den neuen Stipendiaten wurde die Hälfte der Burse eingeräumt, und zulezt 1547. um ihrer vermehrten Anzahl und anderer Unbequemlichkeiten willen, das von seinen Ordensleuten verlassene Augustinerkloster, in welchem damals 70. Stipendiaten ernähret und unterrichtet wurden (b).

(a) Sattlers Geschichte des H. Würtenberg, III. Th. S. 102. u. f. mit den Beyl. n. 41. 42. 43.

(b) Zur Geschichte dieses berühmten Stiftes gehören: *Stipendium Tubingense — una cum Superattendentibus & Magistris Domus omnibus, itemque Gymnasia monastica cum eorum Abbatibus, descripta Carmine, Encomiaste* M. NICOL. FRISCHLINO, *Balingensi, Poëtices in Schola Tub. Professore, Theol. studioso. Tub.* 1569. 4. Es stehet auch in FRISCHLINI *Opp. Parte elegiaca, L III.* und in JO. ULR. PREGIZERI *Suevia & Würtenb. sacra,* p. 260—336. M. JOS. GMELINI *Carmen heroicum de Stipendio Ducali theologico, quod Tubingae*

gae est, novissime reparato & educto, Tub. 1677. 4.
M. GE. CONR. PREGIZERI, *Oratio de origine, progressu & celebritate illustris Stipendii theologici, monasterii quondam Augustiniani, die Augustini, a. 1602. Tubingae habita.* Sie stehet in PREGIZERI *Suev. & Würtenb. sacra, p. 232—259.* Anderer gedrukten Reden und Gedichte, worinn dieses Stift beyläufig beschrieben wird, nicht zu gedenken. Ausführlichere Nachrichten enthalten auch Zellers Merkwürdigkeiten, S. 194—227.

§. 36.

H. Christoph vermehrte dieses Stift mit 30. Stipendiaten, und nachgehends mit 50, und mehreren, erweiterte das Gebäude zum Vortheil der Mömpelgarter, deren zehen hier zu unterhalten, Graf Georg, zu Mömpelgart, eine beträchtliche Summe Geldes gestiftet hatte, und errichtete zugleich daselbst eine ansehnliche Bibliothek, welche in den nachfolgenden kriegerischen Zeiten einen grossen Verlust litte. Michael Tiffernus, aus Illyrien, H. Christophs vormaliger Lehrmeister und getreuer Gefährte, machte eine Stiftung für 4. Stipendiaten, die daher noch heutigen Tages Tifferniten genennet werden: Die Herzoge Ludwig, Friedrich, und Johann Friedrich schenkten dem Stifte öfters ihre eigene Gegenwart, und bewiesen sich durch weise Verordnungen und Anstalten,

durch

durch Aufmunterung, Wohlthätigkeit und Beschützung, als wahre Väter desselben. Das Schiksal des dreyßigjährigen Krieges drohte ihm, besonders nach der Schlacht bey Nördlingen, den Untergang. Eberhard III. sorgte auch in seiner Abwesenheit für dessen Erhaltung, und ließ deswegen aus Strasburg im J. 1638. ein nachdrükliches Schreiben an den akademischen Senat ergehen. Nach seiner Zurükkunst versammlete er die zerstreute Stipendiaten in ihre alte Wohnung (a), stellte die Ordnung wieder her, verschafte den würdigsten und dürftigsten unter ihnen durch Beyziehung einiger Stiftungen neue Vortheile, machte nach allen Theilen ansehnliche Verbesserungen, und verewigte insonderheit durch die Aufführung des sogenannten neuen Baues in demselben sein Andenken. Seine Durchlauchtigste Nachfolger wendeten auf die Erhaltung und Verbesserung des Stiftes eine unermüdete Sorgfalt, und Seine izt regierende herzogliche Durchlaucht sezten es mit dem größten Eifer in denjenigen blühenden Zustand, der jeden fremden zur Bewunderung reizet, und die Aufschrift des Gebäudes vollkommen rechtfertiget: Claustrum hoc cum patria statque caditque sua! Auf diese Art hat sich dieses berühmte Stift bis auf den heutigen Tag in

seiſinem Glanze erhalten, und das Glük gehabt, nicht nur nach ſeiner eigentlichen Beſtimmung eine Pflanz- ſchule vieler rechtſchaffenen Theologen, ſondern auch anderer groſſen Männer zu ſeyn, welche theils ihrem Vaterlande, theils andern Provinzen in verſchiedenen Ständen wichtige Dienſte geleiſtet haben. Von deſ- ſen gegenwärtigen Verfaſſung wird im lezten Abſchnitt Meldung geſchehen.

(a) *Evchariſteria Eberhardo III. ſoluta ab illuſtri Collegio theologico, Tub. 1641. fol.*

§. 37.

Was dieſe merkwürdige Pflanzſchule zum Beſten der Religion wirkte, das wirkte eine andere, aus eben dieſem Jahrhundert, das herzogliche Collegium il- luſtre, zum Beſten des Staats: ein Inſtitut, das zwar an ſich von der Univerſität unabhängig, und mit einer eigenen Gerichtsbarkeit verſehen iſt, dennoch aber in dem Flor derſelben einen allzu groſſen Einfluß gehabt hat, und immer behält, als daß es hier mit Stillſchwei- gen übergangen werden könnte. H. Chriſtoph gieng mit dem Entwurf einer Pflanzſchule um, worinn für ſei- nen Hof und die Kanzley tüchtige Diener und Räthe gebildet werden ſollten, und richtete dabey ſein Augen- merk

merk, neben Jünglingen vom bürgerlichen Stande, auf junge Edelleute. Er unterhielt auch wirklich seit dem Jahr 1559. einige in dem ehmaligen Barfüsser-Kloster zu Tübingen, und gab ihnen den bekannten Crusius zum Aufseher. H. Ludwig führte das Werk nach einem neuen und grösseren Plane aus, ließ 1587. das ganze Kloster abbrechen, und daselbst ein weitläufiges und massives Gebäude aufführen, welches er 1592. in eigener Person, und mit grossen Feierlichkeiten, einweihte (a). H. Friedrich, sein Nachfolger, gab dem Institut die lezte Vollkommenheit, und legte durch die feierliche Einführung seines Sohnes, Johann Friedrichs, und andere gute Anstalten, den Grund zu dem ausgebreiteten Ruhm, den es sich in der folgenden Zeit, als eine Pflanzschule mancher grossen Regenten, Kriegshelden und Staatsmänner zuwege brachte (b).

(a) S. die Heerbrandische *Orationem funebrem*, p. 29 — 35. Sattlers Geschichte des H. Würtenb. v. Th. S. 150.

(b) Unter den darauf besonders verfertigten Lobschriften sind zu bemerken: Seyfridi a Greisen, *Nobilis Austr. Oratio de laudibus illustris Collegii novi, quod est Tubingae*, 1608. 4. Thom. Lansii *Oratio pro Collegio illustri, in Mantissa Consult. & Orat. Tub. 1656. 8. p. 640. sqq. La gloire de*

E

Wür-

*Würtenberg, ou dissertation historique sur l' utili-
té, que l' Empire reçoit du College illustre, qui est
à Tubingue, representée en un discours academi-
que — fait & recité par* FREDERIC CHRISTOPH-
LE DE MERLAU, *Gentilhomme Hessien*, à Tub.
1675. *fol.*

§. 38.

Dieser Fürst hatte die Absicht, das Collegium allein für Prinzen, Grafen, Herren und Edelleute zu
bestimmen, und diese mit ihren Hofmeistern und Bedienten in daſſelbige aufzunehmen. Er verordnete vier
Lehrer, einen für die Institutionen, einen andern für
die Lehn- und peinliche Rechte, nebst dem Processe, einen andern für die Staatskunst und die Geschichte,
und einen Lehrer der Sprachen; wobey übrigens die
Collegiaten die Freyheit hatten, auſſer ihren festgesez-
ten Stunden von den akademischen Lehrern besonderen
Unterricht zu empfangen, wie auch den öffentlichen
akademischen Streitübungen und Feierlichkeiten bey-
zuwohnen. Ihre Bewirthung war gegen ein sehr ge-
mäßigtes Kostgeld standesmäßig. Ihre Kleidung war
violet, zum Andenken der in dieser Farbe bekleideten
Mönche und Stiftsherren des abgebrannten Klosters
St. Peter im Einsidel, aus dessen Steinen das Col-

legium

legium erbauet worden. Die Aufficht über das Ganze ward einem Rektor anvertrauet, und Philipp Engelhard, Lehrer der Rechte, als der erste aufgestellt, welchem der Herzog bey vermehrter Anzahl der Collegiaten, die sich damals schon auf 70 belief, den Kanzler der Universität, D. Jak. Heerbrand, und den Rechtslehrer, D. Matthäus Enzlin, als Superattendenten beyfügte (a). In Ansehung der Aufficht und besonderen Einrichtung wurden nach und nach einige Abänderungen gemacht, welche sich aus den gedrukten herzoglichen Gesezen und Verordnungen (b) ersehen lassen. Von dem Fleisse und der hier erworbenen Geschiklichkeit vieler erlauchten und edlen Jünglinge sind noch öffentliche Denkmäler (c), und von ihrem Gehorsam gegen die Geseze sehr rührende Zeugnisse vorhanden (d).

(a) Sattlers Geschichte des H. Würtenberg, V. Th. S. 182. u. f.

(b) *Constitutiones atque Leges illustris & magnifici in Tubingensi Academia nuper instituti Collegii Ducalis Würtenbergici &c. Tub.* 1597. fol. Statuten und Ordnungen des zu Tübingen bey der weitberühmten hohen Schule gestifteten und ohnlängst allerdings angeordneten Fürstlichen neuen *Collegii*, Stuttgart, 1599. fol. *Illustr. & Celsiss. Principis ac D. Friderici, D. W. &c. Constitutiones atque Leges illustris &c. Collegii Ducalis Würtenbergi-*

ei &c. Tub. 1601. 4. und 1606. 4. auch in eben
diesem Jahr in teutscher Sprache. Ferner: Ord‍nung und Freyheiten, das Fürstl. neue *Collegium* zu
Tübingen betreffend, welche der Durchl. Herzog, Jo‍hann Friedrich ꝛc. erneuret, gemehret und bestetiget,
Tüb. 1614. 4. Diese Geseze sind auch in lateinischer
Sprache unter dem Titul: *Leges & privilegia illu‍stris Collegii novi &c.* Tub. 1614. 4. gedrukt wor‍den. Endlich: *Leges & privilegia illustris Colle‍gii, quod Tubingae est, a Sereniss. Principe ac
D. Eberhardo III. D. W. &c. renovata, interpo‍lata & confirmata a.* 1666. und teutsch: Ordnun‍gen und Freyheiten des Fürstl. *Collegii* zu Tübingen ꝛc.
Diese stehen auch in Mosers erläuterten Würtenberg,
I Th. S. 123. u. f.

(c) Auſſer verschiedenen öffentlich vertheidigten Streit‍schriften, gedrukten Reden und Gedichten, können
Thom. Lansii *Orationes & Consultationes cum
Mantissa* zum Beweis dienen. Dieser Gelehrte hat
sich nebst Magnus Hessenthaler, Joh. Ulrich
Pregizer, und Dav. Scheinemann im vorigen
Jahrhundert, um die Fürstenschule vorzüglich ver‍dient, und durch Schriften berühmt gemacht.

(d) S. Zellers Merkwürdigkeiten, S. 162. u. f.

§. 39.

Vielleicht wird die Anzeige der Prinzen, welche
hier theils in dem fürstlichen Collegio, theils auf der
Universität studiert haben, manchen Lesern nicht unan‍genehm seyn. Jene sind mit (*) bezeichnet. Zween
unter ihnen, die nicht Prinzen gewesen sind, bemerke
ich dennoch als hohe Standespersonen, und gewesene
Recto-

Rectores Magnificentissimos. 1) **Albert Arbogast,** Freyherr von Hewen, R. M. 1541. 2) **Nikolaus Christoph,** Fürst Radzivil, 1564. 3) **Friedrich,** Herzog zu Würtenberg, 1571. R. M. 1573. 4) **Georg Gustav,** Pfalzgraf bey Rhein, 1578. 5) **Conrad,** Graf zu Tübingen, Herr auf Lichtenek, 1584. R. M. 1584. 6) * **Johann Friedrich,** Herzog zu Würtenberg, 1594. R. M. 1596. 7) **August,** Herzog zu Braunschweig und Lüneburg 1595. R. M. 1596. 8) **August,** Pfalzgraf bey Rhein, Herzog zu Bayern, 1599. R. M. 1599. 9) und 10) **Philipp und Albert,** Erben von Norwegen, Herzoge zu Schleswig und Holstein, 1599. 11) **Julius Friedrich,** Herzog zu Würtenberg, 1599. 12) **Georg Johann,** Pfalzgraf bey Rhein, 1600. 13) * **Ludwig Friedrich,** Herzog zu Würtenberg Mömpelgart, 1600. 14) * **Franz Julius,** Herzog zu Sachsen, Engern und Westph. 1602. 15) * **Julius Heinrich,** Herzog zu Sachsen, Engern und Westph. 1602. 16) * **Ernst Ludwig,** Herzog zu Sachsen, Engern und Westph. 1602. 17) * **Christian Wilhelm,** Marggraf zu Brandenburg, Erzbischof zu Magdeburg, 1604. 18) * **Friedrich,** Marggraf zu Brandenburg, 1604. 19) * **Friedrich Ulrich,** Herzog zu Braunschweig und Lüneburg,

neburg, 1606. 20) *Friedrich, Marggraf zu Baden, 1606. 21) Ulrich, Herzog zu Stettin und Pommern, 1607. 22) *Friedrich Achilles, Herzog zu Würtenberg, 1607. 23) Joachim Sigismund, Herzog zu Sachsen, Engern und Westph. 1607. 24) *Franz Carl, Herzog zu Sachsen, Engern und Westph. 1607. 25) *Rudolph Maximilian, Herzog zu Sachsen, Engern und Westph. 1607. 26) *Magnus, Herzog zu Würtenberg, 1610. 27) Johann Georg, Herzog zu Schleswig und Hollstein, 1610. starb zu Tüb. 1613. 28) *Joachim Ernst, Herzog zu Schleswig und Hollst. 1610. 29) Wenceslaus, Herzog zu Münsterberg, 1611. 30) Rudolph, Bischof zu Halberstadt, Herzog zu Braunschweig und Lüneb. starb zu Tüb. 1616. 31) Johann Wilhelm, Herzog zu Sachsen, 1616. 32) Friedrich Wilhelm, Herzog zu Sachsen, 1616. 33) Franz Heinrich, Herzog zu Sachsen, Engern und Westph. 1620. 34) *Eberhard, Herzog zu Würtenberg, 1627. 35) Georg Otto, Pfalzgraf bey Rhein, Herzog zu Bayern, starb zu Tüb. 1635. 36) *Johann Friedrich, Herzog zu Würtenberg, 1648. R. M. 1652. 37) Johann Adolph, Herzog zu Schleswig und Hollstein, 1649. 38) *Wilhelm Ludwig,

Ludwig, Herzog zu Würtenberg, 1666. R. M. 1667.
39) * Friedrich Carl, Herzog zu Würtenberg, 1666
40) * Albert, Herzog zu Sachsen, 1667. 41) * Bernhard, Herzog zu Sachsen, 1667. 42) * Ferdinand Carl, Herzog zu Würtenberg Oels, 1667. 43) * Sylvius Friedrich, Herzog zu Würt. Oels, 1667. 44) * Christian Ulrich, Herzog zu W. Oels, 1667. 45) * Carl Ludwig, Herzog zu Schleswig und Holstein, 1676. 46) * Carl Maximilian, Herzog zu Würtenberg, 1672. R. M. 1674. 47) * Georg Friedrich, Herzog zu Würtenberg, 1672. R. M. 1675. 48) * Ludwig, Herzog zu Würtenberg, 1672. R. M. 1675 — 77. 49) * Johann Friedrich, Herzog zu Würtenberg, 1680. R. M. 1682. 50) * Leopold Eberhard, Herzog zu Würtenb. Mömpelgart, 1680. 51) * Carl Rudolph, Herzog zu Würtenberg Neustadt, 1682. 52) * Carl Alexander, Herzog zu Würtenberg, 1695. 53) * Heinrich Friedrich, Herzog zu Würtenberg, 1698. R. M. 1700. 54) * Maximilian Emanuel, Herzog zu Würtenberg, 1698. 55) * Ludwig Friedrich, Herzog zu Würtenberg, 1712. 56) * Carl Christian Erdmann, Herzog zu Würtenberg Oels, 1729. R. M. 1732. 57) * Johann Carl Ludwig, Pfalzgraf bey Rhein, Herzog zu Bayern,

Bayern, 1756. R. M. 1756. Eine grosse Anzahl von Grafen (*a*) und Baronen heißt mich die vorgesezte Kürze übergehen (*b*).

(*a*) Ich will nur eine Stelle aus Joh. Andr. Frommanni, *U. J. D. & Prof. Oratione de illustribus Eberhardinae fatis*, anführen: Veniam dabitis, Auditores, illustri argumento occupato, si tot illustribus rerum momentis continendis impar lingua solennitati instanti moram aliquam injicit, enarrando saltem e plurimis familiam *Nassovicam, Hohenloicam, Leiningensem, Erpacensem, Hanovicam, Mansfeldensem, Schwarzenburgicam, Solmensem, Castellanam, Oetingensem, Waldeccensem, Kirchbergensem, Limburgensem, Montfortensem, Rochspoletanam, Frisicam, Rheni Comitum, Grießchingensem, Lœwensteinensem, Ruthenicam.* Loquantur de cæteris annales fastique Tubingenses; exteri enumerent suos hic formatos *Kœnigsmarkios, Wrangelios, Wittebergios, Ranzovios, Lœwenhauptios*, alios — S. *Eberhardina altero Jubilaeo felix, Tub. 1677. fol. p. 28.* Zellers Merkwürdigkeiten, S. 183. und 184.

(*b*) Von den hohen Standespersonen, die in den ersten Zeiten hier studiert haben, sind nachzusehen: Blumen des Fürstlichen Collegii zu Tübingen, das ist, kurzes Verzeichniß, darinn alle hohe und edle Standespersonen, die in diesem Collegio gepflanzet, erwachsen, durch angebohrne Wappen unterschieden, mit kurzen Jahrregister, wann sie aufgangen, angedeutet werden, zusammen getragen und in Ordnung gestellt durch Jak. Ramslern, Burgern und Mahlern in Tübingen. 1627. 4. Ebendesselben Palmenzweig, das ist, summarische Relation der Regenten und Mitglieder, auch ein Catalogus aller Fürsten, Graven, Herren, Adelsstandes, zusammt der hochgelehrten Männer aus
dieser

dieser Akademie erwachsen — 1628. 4. *Eberhardina magnis Imperiis & civibus illustris, tradente in hac sceptrum Apollinis Carolo Maximiliano, idemque fraterna manu recipiente Georgio Friderico, Ducibus Würt. decantata a* Jo. Ulr. Pregizero. *Tub.* 1675. 4. Zeller hat in seinen Merkwürdigkeiten, S. 182. u. f. das Verzeichniß fortgesezt, und überhaupt viele das Collegium illustre betreffende Nachrichten fleißig zusammengetragen.

§. 40.

Zu den gemeinnüzigen Veranstaltungen im 16ten Jahrhundert gehöret auch die Errichtung einer neuen Universitätsbibliothek, auf das unglükliche Schiksal der ersten. Sie nahm im J. 1562. ihren rechten Anfang (a). Ludwig Gremp, Prof. der Rechte zu Tübingen, und nachgehends vieljähriger Rath und Advokat der damaligen freyen Reichsstadt Straßburg (b), vermachte nebst einer ansehnlichen Geldstiftung für seine studierende Anverwandte, der Universität eine schöne und zahlreiche Büchersammlung, welche mit der akademischen gewisser massen vereiniget, und vornehmlich zum Gebrauch der jedesmaligen Grempischen Stipendiaten bestimmet seyn sollte. In Ansehung ihres allgemeinen Gebrauchs wurde beyzeit in verschiedenen Visitationsrecessen, und besonders durch die 1601. erneuerte Geseze H. Friedrichs eine vortheilhafte Ein-

rich-

richtung getroffen. Sie erhielt auch in der folgenden Zeit durch Vermächtnisse, durch Schenkungen verschiedener Professoren, und anderer Freunde der Litteratur, durch die Freygebigkeit der Durchl. Herzoge, und insonderheit durch eine vom akademischen Senat jährlich ausgesezte Geldsumme, ansehnliche Vermehrungen.

(a) CRUSII *Annal. Suev.* P. *III.* L. *12.* C. *8.* p. *714.*
(b) Geb. zu Stuttgart, 1509. gieng nach Straßburg, 1541. starb, 1583. Ein gelehrter und religiöser Mann, der als Abgeordneter mehrmalen gebraucht wurde, und dessen rechtliche Bedenken von grossem Gewichte waren. Unter seinen Schriften ist, *methodica Codicis Justinianei tractatio* vor andern bekannt.

§. 41.

An dem verbesserten Zustande der gesamten Gelehrsamkeit in diesem Jahrhundert hatte die Universität einen nicht geringen Antheil, und, damit ich von der Theologie den Anfang mache, um die Bestimmung, Erläuterung und Vertheidigung des ächten Lehrbegrifs der evangelischen Kirche ein vorzügliches Verdienst. Es ist aus der Kirchengeschichte dieser Zeit hinlänglich bekannt, daß die Tübingische Theologen zu den meisten Religionsgesprächen gezogen worden, in die öffentfentliche Religionsangelegenheiten einen grossen Einfluß gehabt, sich durch Werke, welche sich auch ausser der Würtenbergischen Kirche beynahe ein symbolisches Ansehn erworben, wie durch verschiedene Streitigkeiten, berühmt gemacht, und für die Ausbreitung der evangelischen Lehre auch in fremden Ländern, vornehmlich unter den Griechen, mit Eifer gearbeitet haben (a).

(a) Eine weitere Ausführung findet in diesem kurzen Abrisse keinen Plaz. Von Würtenbergischen Schriftstellern können hierüber Pfaff in *Comment. de Actis scriptisque publicis ecclesiae Würtenbergicae*, und in den *Actis* selbst, *Tub. 1719. 4.* wie auch in *Introductione in historiam Theologiae literariam, Tub. 1724. 4.* Pregizer in *Suevia & Würtenbergia sacra*, Fischlin in *Supplementis ad Memor. Theol. Würtenberg.* nachgesehen werden.

§. 42.

Mit Verehrung nennet noch die Nachwelt, ausser den §. 29. angezeigten Reformatoren, folgende Theologen:

Jak. Beurlin, geb. zu Dornstetten, 1520. stud. zu Tüb. 1533. Pfarrer zu Derendingen, 1546. Doktor der Theolog. 1551. bald hernach Professor, Vicekanzler, und 1561. Probst und Kanzler zu Tüb. starb zu Paris, 1561. Bey vieler theologischen Gelehrsamkeit, vornehmlich in der Patristik, besaß er einen praktischen Verstand, der ihn zu den wichtigsten

Ver-

Verrichtungen brauchbar machte, wie er dann auch vom H. Christoph zweymal nach Tribent, zur Uebergabe und Vertheidigung des Würtenb. Glaubensbekenntnisses, einmal nach Preussen in der Osiandrischen Streitsache, einige male nach Sachsen, zweymal nach Worms, einmal nach Erfurt, und zulezt nach Frankreich auf das Religionsgespräch zu Poissy abgeschikt wurde. Dieses Verdienst belohnte der Herzog nach seinem Tode auf die grosmüthigste Art an seiner Wittwe und ganzen zahlreichen Familie. *Oratio funebris de pia vita & lugubri obitu D. Jacobi Beurlini, perorata a D.* THEOD. SCHNEPFIO *d. 3. Dec. 1561. Tub. 1613. 4.* FISCHLINI *Memor. Theol. Würtenb. p. 82. sq.* WEISMANNI *Introduct. in Memorab. ecclesiast. T. II. p. 1454.*

Jak. Andreä, geb. zu Waiblingen, 1528. stnd. zu Tüb. im theol. Stipendio, 1541. ward Magister, 1545. Diakonus zu Stuttgart, 1546. Diak. zu Tübingen, 1549. Doktor der Theol. und Superintendent zu Göppingen, 1553. nachgehends Prof. der Theol. zu Tüb. und zulezt Probst und Kanzler daselbst, 1562. starb zu Tüb. 1590. Ein Mann von durchdringendem Verstand, ausgebreiteten Gelehrsamkeit, feurigen Beredsamkeit, und seltenen Stärke des Geistes. Als Reformator verschiedener Provinzen, Städte und Universitäten, als Collocutor bey vielen Religionsgesprächen, als ein Werkzeug zur Ausführung wichtiger Entwürfe, als der vornehmste Urheber und Beförderer der Concordienformul, und als Schriftsteller, gehöret er unter die Theologen vom ersten Rang in der evangelischen Kirche, und die unpartheyische Nachwelt hat ihm gegen die harten Angriffe und Beschuldigungen, selbst von Lehrern seiner Kirche, Gerechtigkeit widerfahren, und von den menschlichen Schwachheiten dieses grossen Mannes viel bescheidener

ner urtheilen laſſen. *Oratio funebris de vita & obitu D. Jac. Andreae* — hab. a JAC. HEERBRANDO, *Theol. D. & Prof. Tub.* 1590. 4. *Oratio funebris de virtutibus viri incomparabilis, D. Jac. Andreae hab. ab* ANTON. VARENBÜLERO, *Tub.* 1590. 4. *Fama Andreana reſloreſcens* — *curante* JOH. VAL. ANDREAE, *Nepote. Argentor.* 1630. 12. FISCHLINI *Memor. p.* 95. *ſq.* CELLII *Imagines.* WEISM. *l. c. p.* 1455. *ſq. &* 1571. *ſq.*

Jak. Heerbrand, geb. zu Giengen, 1521. ſtud. zu Wittenberg, 1538. ward Magiſter daſelbſt, 1540. Diakonus zu Tüb. 1544. Pfarrer und Superintendent zu Herrenberg, 1550. bald darauf Doktor der Theol. und 1557. Prof. zu Tübingen; Dekan der Stiftskirche, und Superattendent des theol. Stiftes, 1561. Probſt und Kanzler, 1590. ſtarb, 1600. Ein gründlicher und fleißiger Theologe, der das Studium der h. Schrift vorzüglich trieb und empfahl. Er wurde mit andern nach Trident abgeſchikt, zur Reformation der Marggrafſchaft Baden von dem Herzog auf ein Jahr entlaſſen, und von verſchiedenen Orten her zu den anſehnlichſten Aemtern beruffen. Seine groſſe Dienſtfertigkeit machte, daß ſich viele auswärtige Fürſten, Grafen, und Herren von Stande in Religionsſachen ſeines Raths bedienten. Sein theologiſches Lehrbuch wurde mit Beyfall aufgenommen, von Mart. Cruſius in die griechiſche Sprache überſezt, und durch Steph. Gerlach zu Conſtantinopel und Alexandrien ausgebreitet. *Oratio funebris de Vita, ſtudiis, laboribus, officiis & morte D. Jac. Heerbrandi hab. ab* ERH. CELLIO, *Poet. & Hiſt. Prof. Tub.* 1602. 4. FISCHLINI *Memor. p.* 70. *ſq.* CELLII *Imag.* WEISM. *l. c. p.* 1456.

Theodorikus Schnepf, geb. zu Wimpfen, 1525. ſtud. zu Tüb. 1539. ward Magiſter, 1544. und dar-

darauf Magister Donus der herzogl. Stipendiaten, welchen er zugleich über die griechische Sprache, und besonders den Homer, Vorlesungen hielt; Pfarrer zu Derendingen, 1553. Doktor der Theol. 1554. Stattpfarrer und Superintendent zu Nürtingen, 1555. Prof. der Theol. zu Tüb. 1557. Stadtpfarrer daselbst, und Generalsuperintendent, 1562. starb, 1586. Ein gelehrter, beredter und bescheidener Theologe, der seines verdienstvollen Vaters, Erhard Schnepfs, vollkommen würdig war. Er wohnte den Conventen zu Worms und zu Erfurt, wie auch dem Religionsgespräch zu Maulbronn bey. In seinem akademischen Lehramte war ihm vornehmlich die Erklärung der Propheten aufgetragen. Seine Vorlesungen fanden vielen Beyfall, wie sein Commentar über den Jesaias. *Oratio funebris de vita & obitu D. Theod. Snepfii* — hab. a *M.* ERH. CELLIO, *Poët. & hist. Prof. Tub. 1587. 4.* FISCHLINI *Memor. p. 89. sq.* CELLII *Imag.*

Steph. Gerlach, geb. zu Knittlingen, 1546. stud. im Kloster Maulbronn, 1563. zu Tüb. im theol. Stifte, 1565. ward Magister, 1567. gieng als Reisprediger mit dem kaiserlichen Gesandten, Freyherrn von Ungnad, nach Constantinopel, 1573. kam nach Tüb. zurük, 1578. ward Doktor der Theol. 1579. ausserordentl. Prof. der Theol. 1580. ordentl. Prof. und Dekan der Stiftskirche, 1587. Superattendent des theol. Stiftes, 1590. Vicekanzler und Probst der Kirche, 1599 — 1605. starb, 1612. Durch eine vernünftige Einrichtung der akademischen Studien, und Verweilung bey den Anfangsgründen erwarb er sich eine gründliche, wohl verdaute Gelehrsamkeit. Auf seiner Constantinopolitanischen Reise, deren Beschreibung erst lange nach seinem Tode, Franff. 1674. fol. herauskam,

unter-

unterstüzte und beförderte er den bekannten Briefwechsel der Tübingischen Theologen mit den Griechen, und sammlete sich selbst viele nüzliche Kenntniße, die er hernach zum Vortheil der Universität und der Kirche anwendete. *Oratio funebris in obitum D. Steph. Gerlachii — hab. per* MATTHIAM HAFENREFFERUM, *Theol. D. & Prof. Ord. Tub. 1614. 4.* FISCHLINI *Memor. p. 202. sq.* CELLII *Imag.* WEISM. *l. c. p. 922. sq.*

Joh. Georg Sigwart, geb. zu Winnenden, 1554. stud. in den Klosterschulen zu Lorch, 1571. und zu Adelberg, 1574. kam nach Tüb. in das theol. Stift, 1576. ward Magister, 1578. und nachmals Repetent, und Gehülfe des Prof. und Magistri Domus, Sam. Heilands, dessen Stelle er in den Vorlesungen und Disputationen öfters vertrat; Diakonus zu Tüb. 1584. Stadtpfarrer und Prof. der Theol. 1587. Doktor der Theol. Dekan der Kirche, und Superattendent des theol. Stiftes, 1589. starb, 1618. Als Jüngling waren schon seine Urtheile in theologischen Sachen bey dem berühmten Jak. Andreä geltend. Seine Disputationen über die Glaubensartikel der christlichen Religion, und über das Augspurgische Glaubensbekenntniß, wurden ein ganzes Jahrhundert hindurch bey den jährlichen Streitübungen der Würtenb. Theologen zum Grunde geleget, und sein *Manuale locorum communium* zu Mömpelgart, 1615. in die französische Sprache übersezt. Seine Streitigkeit mit dem Heidelbergischen Theologen, Dav. Pareus, machte ihn ebenfalls berühmt. Er war einer der fleißigsten Lehrer, ungeachtet er mit einer beständigen Kränklichkeit zu kämpfen hatte. *Oratio funebris in D. Joh. Georg. Sigwartum — dicta per* MATTH HAFENREFFERUM, *D. Praepositum Ecclej. & Cancell. Tub. 1619. 4.* FISCHLINI *Memor. p. 319. sq.* CELLII *Imag.*

Matthias Hafenreffer, geb. zu Lorch, 1561. stud. in der Klosterschule daselbst, 1573. zu Hirsau, 1578. kam nach Tüb. in das theol. Stift, 1579. ward Magister, 1581. und darauf Repetent; Diakonus zu Herrenberg, 1586. Pfarrer zu Eningen, 1588. Hofprediger und Consistorialrath zu Stuttgart, 1590. Doktor der Theol. Prof. und Superattendent des theol. Stiftes zu Tüb. 1592. Probst und Kanzler, 1617. starb, 1619. Seine Gelehrsamkeit erhöhte ein vortreflicher Gemüthscharakter. Seine *Loci theologici* wurden nicht nur in Würtenberg, und andern Orten, sondern auch in dem Königreich Schweden eingeführet, und von der Würtenbergischen Prinzeßinn Anna Johanna, H. Johann Friedrichs Tochter, 1672. in die teutsche Sprache übersezt, wovon sich die Handschrift in der herzogl. Consistorialbibliothek zu Stuttgart befindet. Mit der Theologie verband er nicht gemeine mathematische Kenntnisse, und sein *Templum Ezechielis* fand den Beyfall eines Keplers. *Oratio funebris in exequiis D. Matth. Hafenresseri — hab. per* LUCAM OSIANDRUM, *Theol. D. Acad. Cancell. & Ecclef. Praepof. Tub. 1620. 4. Amicitiae monumentum, quod incomparabili Theologo, Matth. Hafenressero consecravit* THOM. LANSIUS, *Tub. 1620. 4.* FISCHLINI *Memor. P. II. p. 8. sq.* CELLII *Imag.* WEISM. *l. c. p. 925.*

Andreas Osiander, geb. zu Blaubeuren, 1562. stud. zu Tüb. im theol. Stifte, 1576. ward Magister, 1579. Diakonus zu Urach, 1584. Pfarrer und Superintendent zu Güglingen, 1586. Hofprediger und Consistorialrath zu Stuttgart, 1589. Doktor der Theol. 1592. Prälat zu Adelberg, 1598. Generalsuperintendent, 1599. Probst und Kanzler zu Tüb. 1605. starb, 1617. Ein Sohn Luk. Osianders,

ders, der die berühmte Osiandrische Familie, deren Stammvater, Andreas Osiander, zu Königsberg, war, in Würtenberg pflanzte. Er wurde bey verschiedenen Religionsgesprächen gebraucht. Unter seinen Schriften werden, *Biblia latina cum annotationibus; Papa non Papa; Disp. XIII. in librum concordiae*, vor andern bemerkt. Bey der Würtenbergischen Kirche hat er durch sein Communicanten-Büchlein, das sehr oft, und noch im gegenwärtigen Jahrhundert, abgedrukt worden, sein Andenken besonders erhalten. *Oratio lugubris in funere D. Andr. Osiandri* — hab. per MATTH. HAFENREFFERUM, *D. Tub. 1617. 4.* FISCHLINI *Memor. P. II. p. 1. sq.*

§. 43.

Die Verbesserung und Ausbreitung der Rechtsgelehrsamkeit, vornehmlich der römischen, macht ebenfalls einen wichtigen Theil des Verdiensts aus, den die Universität gleich mit dem Anfang der Reformation um die Wissenschaften hatte. Die damalige Rechtslehrer erwarben sich durch Unterricht, Schriften, rechtliche Bedenken, wichtige Verrichtungen, und berühmte Schüler, ein allgemeines Ansehn (a). Unter ihnen sind in Ansehung ihres besonderen Verdiensts um die Universität und das Vaterland, Joh. Sichard (b), Nikol. Varenbüler (c), und Joh. Hochmann (d), vor andern eines dankbaren Andenkens würdig (e).

F (a) Erat

(*a*) Erat tum juridicae Facultatis Tubingensis tanta, ob excellentissimos Juris ibidem Antecessores, præsertim practicos, in locis etiam exteris celebritas & fama, per totam ferme Europam longe lateque sparsa, ut ad eam non tantum hoc e Ducatu, non tantum finitimis e provinciis, sed variis e Germaniae partibus, aliisque regionibus & locis, omnium ordinum homines, non secus ac olim ad Themidis in Bœotia templum, aut aliquod Germaniæ oraculum, certatim densimque affluerent, & causis in difficillimis consilia flagitarent. JOH. HARPPRECHTI *Oratio funebris D. Varenbülero habita*, p. 23.

(*b*) Geb. zu Bischofsheim in Franken, 1499. stud. zu Erfurt und Ingolstadt die freyen Künste; ward Schullehrer zu München; begab sich nach Freyburg, 1522. ward Prof. der Redekunst zu Basel, 1524. erhielt von dem Erzherzog Ferdinand, von Oesterreich, durch ein öffentliches Diplom die Erlaubniß, von den berühmtesten Bibliotheken in Teutschland Gebrauch zu machen; gieng wiederum nach Freyburg, und stud. die Rechte mit dem glücklichsten Erfolg; ward Doktor derselben, 1531. Prof. Codicis zu Tüb. 1535. herzogl. Rath, 1544. starb, 1552. Ein einsichtsvoller und in den wichtigsten Angelegenheiten gebrauchter Rath der Herzoge, Ulrichs und Christophs, und mit seinem Collegen, D. Caspar Voland, nachmaligen Kanzler in Würtenberg, und vom Herzog Ludwig in Bayern präsentirten Kammergerichtsassessor, ein Werkzeug zur Errichtung des 1555. vollendeten Würtenbergischen Landrechts. K. Carl V. verlangte ihn zum ausserord. Kammergerichtsassessor, H. Ulrich aber wollte ihn nicht entlassen. Dieser Fürst ernannte ihn auch mit H. von Venninger zur Kammergerichtsvisitation. Bey der Stadt Tübingen

ist

ist von ihm eine milde Stiftung für arme neue Eheleute. Als Schriftsteller ist sein Name vornehmlich durch einen Kommentar über den Codex, und durch die Ausgabe älterer nützlichen Werke, die er aus den Bibliotheken hervorzog, sehr berühmt. PANCIROLLUS *de claris Legum Interpretibus*, *L. II. C. 77.* PANTALEONIS *Prosopograph. P. III. p. 223.*

(c) Geb. zu Lindau, 1519. stud. zu Straßburg, Tübingen und Löwen; ward Doktor der Rechte, und Prof. der Pandekt. zu Tüb. 1544. bald darauf herzogl. Rath; starb, 1604. Einer der brauchbarsten und fleißigsten Männer seiner Zeit, mit dessen Gelehrsamkeit sich auch äusserliche Glüksumstände, und die Vortheile eines gesegneten hohen Alters vereinigten. Er bekam öfters Gelegenheit, als Gesandter auf Reichstägen, bey Belehnungen, und vor dem Kaiser selbst, seine Geschicklichkeit zu zeigen. Der Universität und Stadt Tübingen leistete er insonderheit als Abgeordneter nach Augsburg, in Begleitung Joh. Stamlers, eines Tübingischen Rathsherrn, 1548. den unvergeßlichen Dienst, daß sie durch seinen Vortrag bey K. Carln V. von dem Ueberfall spanischer Völker, unter der Anführung des Herzogs von Alba, verschont blieb, und vielen Familien in Würtenberg zur Freystadt diente. Mit unermüdeter Arbeitsamkeit sezte er sein akademisches Lehramt bis ins höchste Alter fort, und hinterließ viele berühmte Schüler. *Oratio de ortu, vitae cursu & obitu D. Nicol. Varenbüleri — hab. a* JOH. HARPPRECHTO, *U. J. D. & P. O. Tub. 1605. 4.* CELLII *Imagines.*

(d) Geb. zu Biberach, 1527. stud. zu Straßburg und Tüb. und ward hier Magister, 1549. Prof. der lateinischen und griechischen Sprache am Pädagogio, 1557. Prof. der Rechte, 1561. auch Hofgerichtsassessor, herzogl. Würtenb. und Marggräfl. Brandenb.

denburgischer Rath; starb, 1603. Als Lehrer, Rath, und Schriftsteller ist er unter die verdientesten Männer seiner Zeit zu zählen. Die Beschaffenheit und den Zwek seiner noch gegenwärtig hier blühenden Stiftung gibt sein damaliger Lobredner mit folgenden Worten zu erkennen: Subjiciamus oculis nostris amplissimam intra septa civitatis hujus positam domum, opere magnifico, artificioque summo extructam, variis Museis, coenaculis, cubiculis mirifice distinctam, aliisque conclavibus & locis necessarios utilesque in usus apparatam. Haec ipsa liberalitate & munificentia Hochmanni, ejusque Conjugis, cum prolem habuerint nullam, pio zelo destinata est Collegio studiosorum, cui & possessionum suarum & censuum annuorum bonam partem liberalissime addixerunt, caventes, ut in hoc Collegium ex utriusque familia cognati gradu proximiores recipiantur, quibus, cum non omnium juvenum eadem sit ingenii bonitas, non idem naturae ductus, liberum reliquerunt, cui facultatum studio volent animum suum adjungere. *Oratio funebris de ortu, vitae gradibus & discessu Jo. Hochmanni — hab. ab* HENR. BOCERO. *Tub. 1604.* 4. Ein gleiches Ehrengedächtniß in lateinischer Sprache hat ihm Jak. Schopper, Prof. der Theol. zu Altorf gestiftet. *Tub. 1605. 4.* CELLII *Imagines.*

(*e*) Ludw. Gremps ist §. 40. gedacht worden. Der berühmte Carl du Moulin lehrte hier 1554. die Rechte an Sichards Stelle eine kurze Zeit, und war der erste öffentliche Redner zum Gedächtniß des h. Jvo, welches Institut noch bis gegen die Mitte des gegenwärtigen Jahrhunderts bey der Juristenfakultät im Schwang gegangen. Der durch seine abweichende Religionsmeinungen bekannte, und zulezt in der Schweiz gefänglich eingezogene Matth. Gribaldi

baldi kam 1556. als Prof. hieher, hatte aber einen kurzen Aufenthalt. Jak. Cappelbek, Chil. Vogler, Val. Volz, Anastas. Demmler, Andr. Laubmaier, Matth. Enzlin, ein geschikter akademischer Lehrer, und nachmaliger unglüklicher Staatsmann, der zu Urach enthauptet wurde, haben zu ihrer Zeit zum Ruhm der Universität durch Unterricht und Schriften nicht wenig beygetragen. S. CELLII Imag.

§. 44.

In der Arzneywissenschaft, zu deren Aufnahme H. Ulrich, insonderheit durch Beförderung des anatomischen Unterrichts, lebhafte Anstalten machte, sind als Lehrer von vorzüglichem Verdienst zu bemerken:

Leonhard Fuchs, geb. zu Wembingen, in der Oberpfalz, 1501. stud. zu Heilbronn, Erfurt und Ingolstadt; ward Magister, 1521. Doktor der Arzneywiss. 1524. Prof. derselben zu Ingolstadt, 1526. Marggräfl. Leibarzt zu Onolzbach, 1528. Prof. zu Tüb. 1535. starb, 1566. Ein sehr lebhafter und scharfsinniger Mann, von allgemeinem Ruf. K. Carl V. erhob ihn in den Adelstand. Der Großherzog von Florenz verlangte ihn unter ansehnlichen Bedingungen nach Pisa. In seinen anatomischen Vorlesungen hatte er grossen Beyfall. Verschiedene gelehrte Spanier, welche damals in Würtenberg in Besazung lagen, besuchten sie häufig, und unter diesen soll einst Vesalius selbst gegenwärtig gewesen seyn, als ihn Fuchs widerlegte. Unter seinen Schriften ist die *Historia plantarum*, welche zu Basel 1542. *fol.* und in teutscher Sprache, 1543. *fol.*

zuerst herausgekommen, die bekannteste, und nicht nur öfters an mehreren Orten abgedrukt, sondern auch in die französische, holländische und spanische Sprache übersezt worden. Er machte Abzeichnungen von 1500 Pflanzen in Holz, zu einem botanischen Werk, das er in 3 Bänden noch herauszugeben im Sinn hatte. Einige befinden sich auf der hiesigen Universitätsbibliothek, einige zu Zürich, in der Generischen Sammlung. Das Manuscript wird zu Ulm aufbehalten. GE. HIZLERI *Oratio de vita & morte Leonh. Fuchsii*, Tub. 1566. 4. ALB. V. HALLER *Bibliotheca botanica*, T. I. p. 268. sq.

Joh. Vischer, geb. zu Wembingen, 1524. stud. zu Tüb. 1537. gieng nach Wittenberg, 1542. nach Strasburg und Paris, 1547. ward zu Wittenberg Magister, 1549. legte sich auf die Arzneywiss. und besonders die Botanik; kam in eben diesem Jahr nach Tübingen zurük; reisete nach Italien, 1551. ward Doktor zu Bononien, 1553. Prof. der Arzneywiss. zu Ingolstadt, 1554. Stadtarzt zu Nördlingen, 1555. Marggräfl. Leibarzt zu Onolzbach, 1562. Prof. zu Tüb. 1568. starb, 1587. Ein würdiger Anverwandter, Schüler, und Amtsnachfolger Leonh. Fuchsens; ein wißbegieriger Geist, der sich in jüngeren Jahren, bey einer schwächeren Leibesbeschaffenheit, mit Verachtung aller Hindernisse und Beschwerlichkeiten, überall nüzliche Kenntnisse zu sammlen suchte. Er fand in dem akademischen Leben sein Vergnügen, und besaß, neben der Gabe zu unterrichten, und erlangten Erfahrung in der Heilungskunst, eine aufrichtige Hochachtung gegen die Religion. *Oratio funebris de vita & morte Vischeri* — hab. a M. ERH. CELLIO, Poët. Prof. Tub. 1588. 4. CELLII *Imag.*

Auch die Namen der übrigen damaligen Aerzte verdienen der Vergessenheit entrissen zu werden:

Ge. Hamberger, geb. zu Dinkelsbühl, 1537. stud. zu Tüb. die freyen Künste, und die Arzneywissenschaft; ward hier Rektor Contubernii, und Prof. der lateinischen Sprache; gieng hierauf als Stadtarzt nach Rotenburg an der Tauber; ward nach Tüb. als Prof. der Arzneyw. zurük beruffen, 1568. starb, 1599. Er war nicht nur der lateinischen und griechischen Sprache wohl kundig, sondern auch der arabischen. CELLII *Imag.*

Andr. Planer, geb. zu Bozen, in Tyrol, 1546. stud zu Tüb. und ward hier Magister, wie auch Doktor der Arzneyw. gieng als Prof. derselben nach Straßburg, und ward Schegks Nachfolger zu Tüb. 1578. starb, 1607. Er war zugleich Prof. der Philosophie, und ein guter Ausleger des Aristoteles. In seinem Fache zeigte er sich als Schriftsteller durch *Methodum investigandi locos affectos*, und 2 Bücher *de Methodo medendi. Planerus, sive laudatio funebris, qua D. D. Andr. Planero, Athesino — solenniter parentavit* JOH. FABRI, *D. & Prof. Med. Tub.* 1607. 4. CELLII *Imag.*

Dan. Mögling, geb. zu Tüb. 1546. stud. hier, und bekam die akademischen Grade in der Philosophie und Arzneywissenschaft; ward Prof. zu Heidelberg und Churfürstl. Leibarzt; herzogl. Würtenb. Leibarzt, und darauf Prof. zu Tüb. an Vischers Stelle, 1587. starb, 1603. Theorie und Erfahrung traffen bey ihm zusammen. Seine Dissertationen, *de nutritione & humoribus humanum corpus nutrientibus; de horribilium & horrisonorum tormentorum bellicorum vulnerum natura & curatione; de Chirurgia; de judiciis morborum.* unterscheiden sich für die damalige Zeit von vielen andern auf eine vortheil­hafte Art. Vornehmlich beschäftigte er sich mit der Anatomie. Ein Würtenberger bemerkt noch an ihm den Stammvater vieler gelehrten Männer, beson­ders Aerzte, in diesem Lande.. CELLII *Imag. Eber­hardina altero Jubilaeo felix. p. 115.*

§. 45.

In der spekulativen Philosophie, erwarb sich Jakob Schegk (a) (Degen) einen ausgebreiteten Ruhm: ein denkender Kopf, der bey seiner Bestim­mung zur Arzneywissenschaft immer dem stärkeren Wink der Natur folgte, und sich philosophischen Be­trachtungen überließ. H. Christoph wußte ihm end­lich seine rechte Stelle anzuweisen. Die damals herr­schende aristotelische Philosophie beschäftigte ihn ganz, und seine Kenntniß der griechischen Sprache, mit Scharfsinn vereiniget, machte ihn zu einem Ausleger des Aristoteles vorzüglich geschikt, in welchem Stük er auch die meisten Philosophen seiner Zeit übertraf, wie seine Schriften dieses beweisen. Sein Geist war bey einer zehenjährigen Blindheit gegen das Ende sei­nes Lebens noch immer geschäftig, und bestätigte, nach der Anwendung seines Lobredners, Cicerons Aus­spruch: Sapientis cogitatio non ferme ad investi­gandum adhibet oculos advocatos.

(a) Geb.

(a) Geb. zu Schorndorf, 1511. ſtud. zu Tüb. 1527. ward Magiſter, 1530. erklärte darauf am akadem. Pädagogio Virgils Schäfergedichte, und den Theogonis, ſtud. zugleich die Theologie, und ward Rektor Contubernii, 1534. legte ſich ſodann auf die Arzneywiſſenſchaft, und ward Doktor derſelben, 1539. gab in der Philoſophie Unterricht; ward Prof. der Arzneywiſſ. 1553. Prof. der Philoſophie, und beſonders des ariſtoteliſchen Organi, 1564. ſtarb, 1587. *Oratio funebris de Vita, moribus & ſtudiis D. Jac. Schegkii* — hab. a GEORG. LIEBLERO, *Prof. Phyſ. Tub.* 1587. 4. CELLII *Imag.*

§. 46.

Von geſchikten Mathematikern, welche Würtenberg immer, vor vielen andern Provinzen, in einer gröſſeren Anzahl theils ſelbſt hervorgebracht, theils gebildet und ernähret hat, verdienen aus dieſem Jahrhundert hier genennet zu werden:

Phil. Apianus (Biencwiz), geb. zu Ingolſtadt, 1531. ſtud. zu Straßburg, 1549. reiſete nach Frankreich, vornehmlich um ſich in den mathem. Wiſſenſchaften vollkommener zu machen, 1550. kam als Prof. der Mathem. nach Ingolſtadt, an die Stelle ſeines berühmten Vaters, Petr. Apianus, 1552. fieng an, mit der Mathematik das Studium der Arzneywiſſenſchaft zu verbinden, 1554. reiſete zu dieſem Ende nach Italien, 1557. zum zweitenmal dahin, und ward Doktor zu Bononien, 1564. vollendete die ihm vom Herzog Albert aufgetragene groſſe Landcharte von Bayern in 24 Tafeln, wofür er ein Geſchenk von 2500 Dukaten, und, neben dem verdoppelten akademischen Gehalt, noch eine jährliche Zulage von 100 Reichsthalern erhielt, 1567. mußte um der Religion willen Ingolstadt verlassen, 1568. gieng hierauf nach Wien zu K. Maximilian II. aber auch hier war ihm die Religion in seinen Absichten hinderlich; reisete durch Böhmen und Sachsen nach Bayern zurük, und kam als Prof. der Mathem. nach Tüb. 1570. legte sein Amt nieder, da er die Concordienformul nicht unterschreiben wollte, 1583. starb, 1589. Wenn er, als Mathematiker und Astronom, an der Stärke des Genies seinem Vater nicht gleich gekommen ist, so hat er sich dagegen in andern Kenntnissen, der Arzneywissenschaft, der Naturgeschichte, Alterthümer, Künste, mehr ausgebreitet. Genauigkeit und unermüdete Geschäftigkeit machten ihn zu einem der nüzlichsten Männer seiner Zeit. Gedult in widrigen Schiksalen, worunter körperliche Leiden nicht die geringste waren, und Beständigkeit in dem, wovon er sich für überzeugt hielt, sind edle Züge seines Herzens. *Oratio de vita & morte D. Phil. Apiani* — hab. ab ERH. CELLIO, *Poët. & Hist. Prof. Tub. 1591. 4.* CELLII *Imag.*

Mich. Mästlin, geb. zu Göppingen, 1550. stud. zu Tüb. 1568. ward Diakonus zu Baknang, 1576. H. Ludwig entließ ihn, auf Verlangen des Churfürsten von der Pfalz, nach Heidelberg als Prof. der Mathematik, 1580. berief ihn nach Tüb. zurük an die Stelle Phil. Apianus, 1584. Er starb, 1631. In jüngern Jahren hielt er sich, nach dem Vossius, *de universae Matheseos nat. & constit.* p. 192. in Italien auf, und überzeugte durch eine öffentliche Rede den bekannten Galiläus, von der Richtigkeit des kopernikanischen Lehrgebäudes. Seine erste Versuche waren, Beobachtungen des neuen Sterns in der Kassiopea, 1572. und des merkwürdigen Kometen, 1577.

1577. Sie verriethen ein mathematisches Genie, das die Sternkunst zu erweitern fähig war, und Tycho de Brahe hielt sie einer Stelle unter seinen eigenen Werken, mit vielen Lobeserhebungen, werth. Opp. *P. I. p. 334. P. II. p. 130 144. sq.* Er zeigte sich auch in der Folge als einen in Beobachtungen genauen, und in Erklärungen sinnreichen Mathematiker. Von seinen Schriften ist JOH. FRID. WEIDLERI *Histor. Astron. p. 396.* nachzusehen. Verschiedene Handschriften von ihm befinden sich in der kaiserlichen Bibliothek zu Wien. Unter denen, die er unterrichtet und aufgemuntert hat, war der Vater der neueren Sternkunst, und die Ehre Würtenbergs, Joh. Kepler. CELLII *Imag.*

§. 47.

Für die Ausbreitung der Philologie, und der gelehrten Sprachen, erschien der glüklichste Zeitpunkt. Was in der griechischen Sprache zween grosse Lehrer, Joh. Reuchlin, vor der Reformation, und Joach. Camerarius, nach derselben, angefangen hatten, das sezten Matthias Garbitius (a), Georg Zizler (b), und vornehmlich Mart. Crusius (c) mit so erwünschtem Erfolg fort, daß unter diesem, um der vermehrten Anzahl der Zuhörer willen, welche die Vorlesungen über den Homer besuchten, der Hörsal im Contubernio erweitert werden mußte, und daher den Namen des Homerschen Hörsals erhielt (d). Dieser Eifer

Eifer für die griechische Sprache machte, nebst dem zufälliger Weise darauf gefolgten Briefwechsel mit dem Patriarchen, Jeremias, zu Constantinopel (e), die Universität unter den Griechen selbst sehr berühmt, daß viele von ihnen, auch vornehmen Standes, dahin gezogen wurden.

(a) Aus Jllyrien; kam nach Nürnberg, und hatte das Glük, als ein armer und hülfloser Knabe von Joach. Camerarius aufgenommen, und in der griechischen und lateinischen Sprache unterrichtet zu werden; kam darauf nach Heidelberg, und endlich nach Wittenberg, wo er Luthers Schüler und Tischgenosse ward, und von ihm, wie von Phil. Melanchthon und Joach. Camerarius, hochgeschäzt wurde; erhielt daselbst die Magisterwürde, und darauf die Professur der griechischen Sprache, welche er mit Beyfall, und zur besonderen Zufriedenheit Melanchthons lehrte, der öfters, mit andern Gelehrten, sein Zuhörer war; kam als Prof. der griechischen Sprache nach Tüb. 1537. erklärte die vornehmste griechische Schriftsteller, und starb, 1559. Eigenes und mühsam erworbenes Verdienst, Begierde, der Jugend mit der Sprache zugleich Kenntnisse von nüzlichen Sachen einzuflößen, Ordnung und Regelmäßigkeit in den Handlungen, innere Zufriedenheit, sind wahre Vorzüge, die das Andenken dieses Gelehrten mit Hochachtung erneuren lassen. *Oratio lugubris post funerationem*, M. Matth. Garbitii — hab. a M. Ge. Lieblero, *Phyſ. Prof. & a* M. Isr. Wielando, *edita, Tub. 1614. 4.*

(b) Geb. zu Giengen, 1528. stub. zu Straßburg; ward hier Lehrer der lateinischen und griechischen Sprache, und

und zu Wittenberg Magister; Prof. der griechischen Sprache und der Beredsamkeit zu Tüb. 1553. starb, 1591. Der gute Ruf, den er sich zu Straßburg erworben hatte, bewog den H. Christoph, bey einer damaligen neuen Einrichtung des akademischen Unterrichtes, ihn nach Tübingen zu ziehen, und hier zeigte er sich von einer vortheilhaften Seite des Herzens sowohl, als der Wissenschaft. Crusius war sein Stellvertreter in den lezten Jahren seiner Blindheit. *Oratio funebris de vita & morte D. M. Ge. Hizleri* — hab. a M. ERH. CELLIO, *Poët. & Hist. Prof. Tub.* 1599. 4. CELLII *Imag.*

(c) Geb. zu Grebern, im Bambergischen, 1526. stud. zu Ulm, 1539. zu Straßburg, 1545. ward Rektor zu Memmingen, 1554. Aufseher einiger jungen Edelleute zu Tüb. welche H. Christoph unterhielt, und Prof. der griech. und lat. Sprache, 1559. Prof. der Redekunst, 1564. besonders wurden ihm die Uebungen im lateinischen Styl, und auf einige Zeit die Dichtkunst, aufgetragen; starb, 1607. Die Unterweisung und Bildung vieler Jünglinge in seinem eigenen Hause, neben dem öffentlichen Unterrichte, sein bis in die entferntesten Provinzen, und auch ausser Europa ausgedehnter Briefwechsel, seine Zerstreuung in alle Arten von Gegenständen, mit der Lust, oft die kleinste Begebenheiten und Umstände aufzuschreiben, die von ihm in griechischer Sprache nachgeschriebene 7000 Predigten, seine zum theil grössere Werke, die viele Lektüre, und ein mühsames Nachsuchen erfordert haben, seine hinterlassene zahlreiche Handschriften, wovon die hiesige philosophische Fakultät einen Theil besizt, geben einen Fleiß zu erkennen, der wenige Beyspiele hat. Man vermißt, besonders in seinen historischen Schriften, die Beurtheilungskraft. Indessen enthalten sie immer viele sehr brauchbare Nachrichten, und selbst manche von andern verachtete,

und

und von ihm bemerkte Kleinigkeit ist schon, was wenigstens die schwäbische Geschichte betrift, zur Berichtigung oder Aufklärung eines nöthigen Umstandes, mit Vortheil gebraucht worden. Bey allem Tadel, der auf ihn, als Geschichtschreiber, fallen kann, bleibt er einer der verdienstesten Lehrer um die Jugend, den jemals eine Universität gehabt hat. Ausser seinen Vorlesungen, besonders über die griechische Sprache, die er bey nahe ein halbes Jahrhundert hindurch fortsezte, und woburch eine Menge von auswärtigen Studierenden herbeygezogen wurde, stiftete er durch seine Lateinische und griechische Grammatik, wie auch *Quaestiones in Rhetoricam Phil. Melanchthonis*, vielen Nuzen. Beede erste wurden öfters abgedrukt, und in verschiedenen Schulen, vornehmlich den Würtenbergischen, lange Zeit zum Grunde gelegt, die lezte aber nicht nur in Würtenberg, sondern auch in Franken, Dännemark, Böhmen, und Ungarn öffentlich eingeführet. An dem Briefwechsel der Tübingischen Theologen mit den Griechen hatte er den grösten Antheil. Er lehrte auch zuerst in Teutschland die neugriechische Sprache. Den bekannten Streit mit **Nikod. Frischlin**, der den Namen des grammatikalischen Krieges bekam, und wovon, unter den Würtenbergischen Gelehrten, der sel. Prof. **Joh. Christ. Klemm** in dem Magisterial-Programm vom J. 1733. eine kurzgefaßte Geschichte geliefert hat, hätte er mit dem ersten Angriffe endigen sollen. Der Lehrer gerieth in eine allzugrosse Hize, und der Schüler hatte weit mehr Genie. Beede machten sich lächerlich. Sonst behauptete er, als Bürger und Freund, den Charakter eines ehrlichen und gesellschaftlichen Mannes. *Oratio de vita & obitu D. Mart. Crusii — hab. a D.* VITO MYLLERO, *Log. atque Eth. Prof. Tub. 1608. 4.* Sein Leben, mit einem Verzeichniß seiner gedrukten und ungedrukten Schriften, stehet vor der Moserischen teutschen Uebersezung der *Annal. Suev.* Stanpf. 1733. fol.

(d) Crusii *Annal. Suev. P. III. L. 12. C. 11. p. 724.*

(e) *Würtenbergensium Theologorum & Patriarchae Constantinopolitani D. Jeremiae Acta & Scripta, quae utrinque ab A. 1575. usque ad A. 1581. de Augustana Confessione inter se miserunt, graece & latine.* Witteb. 1584. fol. Crusii *Turco-Graecia,* Basil. 1584. fol. Ebendesselben *Germano-Graecia*, Basil. 1585. fol.

§. 48.

Auch in den morgenländischen Sprachen hatte Joh. Reuchlin, der Vater der morgenländischen Litteratur in Teutschland, geschikte Nachfolger (a), und unter diesen sind Jak. Jonas (b), Joh. Forster (c), Erasmus Oswald Schrekenfuchs (d), und Georg Weigenmejer (e), vorzüglich zu nennen:

(a) Von den Tübingischen Lehrern der hebräischen und griechischen Sprache handlen zwey gedrukte Programmen des vorgedachten Prof. Joh. Christ. Klemms, vom 18. Apr. und 9. May, 1728. Sie stehen in Mosers erläuterten Würtenberg, I. Th. S. 119. u. f. II. Th. S. 1. u. f.

(b) Auf K. Ferdinands, damaligen Regenten Würtenbergs, Empfehlung an den akademischen Senat wurde er zum Prof. der griechischen und hebräischen Sprache erwählet, 1527. und ward auf eben desselben Befehl Magister, welcher Würde ihn der Kanzler, Ambr. Widmann, deswegen für unfähig hielt,

hielt, weil er zu Wittenberg studiert hätte. Er legte endlich sein Lehramt nieder, und ward kaiserlicher Rath und Vicehofkanzler zu Wien. Ein frühzeitiger Kopf, der in der Kenntniß der Rechte so wohl, als der morgenländischen Sprachen, seinen Fortgang beschleunigte. Als Lehrer stand er in grossem Ansehn, und der berühmte Viglius ab Ayta Zuichemus hielt es für eine besondere Ehre, auf seiner Reise mit ihm Bekanntschaft gemacht zu haben. *Vita Mich. Beringeri a* WILH. SCHICKARDO *descripta. Tub. 1627. 4.* Mosers erläut. Würtenb. II. Th. S. 294. u. f.

(c) Geb. zu Augsburg, 1495. Reuchlins Schüler, und Nachfolger zu Ingolstadt; Diakonus zu Wittenberg, und Luthers Kollege; Prediger zu Augsburg; Prof. der hebräischen Sprache zu Tüb. 1535. Prof. derselben zu Wittenberg, und D. der Theologie, 1549. starb, 1556. Er legte sich mit dem größten Eifer auf die hebräische Sprache, und bediente sich, mit Aufopferung seines Vermögens, der Hülfe der Rabbinen. Ausser dem, daß er an der teutschen Uebersezung der Bibel arbeiten half, verfertigte er ein hebräisches Lexikon. *Ibid.*

(d) Geb. zu Merkenstein, in Oesterreich, 1511. stub. zu Ingolstadt, Leipzig, Basel und Tübingen; ward Prof. der hebr. Sprache zu Tüb. 1549. kam nach Freyburg als Prof. der Mathem. und hebr. Sprache, 1551. starb daselbst, 1579. Er übersezte das neue Testament zuerst in die hebräische Sprache, und erwarb sich auch Ruhm, als Mathematiker. *Ibid.*

(e) Aus Eßlingen; ward Prof. der hebräischen Sprache, 1579. hatte eine Reise nach Arabien im Sinn 1583. die aber nicht zu stande kam; gieng zur Kultur der arabischen Sprache, von dem Herzog unterstüzt, nach Italien, 1598. starb zu Padua, 1599. Ein sehr geschikter und nüzlicher Lehrer, voll Eifers

für

für die Aufnahme der morgenländischen Sprachen, und kühner Entschliessungen. Vermögensumstände und andere zufällige Begegnisse haben ihm nach Maßgabe seiner Fähigkeit und Wissenschaft viel zu enge Grenzen gesezt. In der hebräischen Sprache hatte er eine ungemeine Stärke, daß ihn die gelehrteste Rabbinen in der Synagoge zu Venedig für einen getauften Juden hielten, und die Paduaner Hebraeum nobilem nannten. Von ihm ist eine hebräische Grammatik vorhanden. *Ibid.*

§. 49.

In den schönen Wissenschaften, und besonders der Dichtkunst, sind hier nicht nur Lehrer der Grundsäze, sondern selbst Redner und Dichter anzutreffen. Der erste Rang gebühret dem durch seine vortrefliche Naturgaben, sinnreiche Schriften, unglükliche Streitigkeiten, und, den Tod selbst nicht ausgenommen, ausserordentliche Schiksale merkwürdigen Manne, Nikod. Frischlin (a). Ihm will ich seinen Nachfolger, der ihm zwar am Genie nicht gleich, aber dennoch einer der angesehensten und verdientesten Lehrer seiner Zeit war, Erhard Cellen (b), an die Seite sezen.

(a) Geb. zu Balingen, 1547. stud. in den Klöstern Königsbroun und Bebenhausen; kam in das theol. Stift zu Tüb. 1563. ward Magister, 1565. Prof. der Dichtkunst und der Geschichte, 1568. legte sich zugleich auf die Mathematik mit einem so guten Fortgang,

gang, daß er in der folgenden Zeit, in der Abwesenheit Phil. Apianus, dessen Stelle vertreten konnte; beschäftigte sich auch mit den Anfangsgründen der Arzneywissenschaft; übergab K. Rudolph II. die Komödie, Rebekka; erhielt den Lorbeerkranz, und ward Comes palatinus, 1575. beschrieb die Feierlichkeiten bey dem 1575. gehaltenen Beylager H. Ludwigs, zu Würt. in schönen lateinischen Versen, welche zu Tüb. 1577. 4. herauskamen, und ward von dem Herzog mit Gnadenbezeugungen überhäuft; bekam mit dem akademischen Senat Verdrüßlichkeiten, der ihm nach Joh. Mendlins Tod 1577. einen Ausländer vorzog; begehrte seine Entlassung, 1579. die ihm aber der Herzog um seiner Brauchbarkeit und akademischen Beyfalls willen nicht gewährte; ließ seine berüchtigte Rede, *de vita rustica*, wider die Laster des Adels drucken, 1580. welche den Grund zu seinem nachmaligen Unglük legte, und den Herzog selbst, der ihn als ein vorzügliches Genie immer schäzte, in den Streit verwikelte; wurde nach Laubach als Rektor der dasigen Schule entlassen, mit Vorbehaltung des Rechts, ihn zurük zu fodern, und unter der Versicherung, ihm auf den Fall des Wohlverhaltens seine bisherige Besoldungszulage auch in der Abwesenheit nicht zu entziehen, 1582. kam, weil er sich an die Luft und Lebensart zu Laubach nicht gewöhnen konnte, mit seiner Familie nach Tüb. zurük, und brachte die besten Zeugnisse mit, 1584. wurde von der Universität nicht angenommen, vom Neide gedrükt, von den Studierenden aber verlangt, und von dem Herzog geschüzt und empfohlen; ergriff bey diesen unangenehmen Aussichten, gegen die Absicht des Herzogs, aufs neue die Arzneywissenschaft; schrieb wider den Crusium; besang das zweite Beylager des Herzogs, 1585. in lateinischen Versen mit Beyfall; wurde des Ehebruchs fälschlich beschuldiget; war im

Arz-

Arzneygeben unglüklich, und entwich nach Frankfurt; gerieth nach seiner Zurükkunft mit dem Adel und der Universität in neue Händel, wagte einige dem Herzog misfällige Schritte, bekam Hausarrest, und erwählte, auf die gegebene Wahl, sich entweder dem peinlichen Rechte zu unterwerfen, oder das Herzogthum auf ewig zu räumen, das lezte; hielt sich einige Zeit zu Prag, Wittenberg, Braunschweig, wo er 1588. Schulrektor ward, Marburg, auf, und gieng endlich nach Maynz; ließ von hier aus eine heftige Schrift an die Würtenbergische Kanzley ergehen, 1590. wurde gefangen genommen, und zuerst nach dem Schlosse Würtenberg, bald darauf aber nach Hohen Urach geführet, wo er auf Veranlassung Landgr. Wilhelms, von Hessen, seine *Hebrais* schrieb; suchte aus dem Gefängniß zu entweichen, durchbrach den Ofen, verfertigte aus dem gehabten Leinwand ein Seil, an dem er sich herunter lassen wollte; es war übel befestiget, und er fiel auf einen Fels, der ihn zerschmetterte, daß er am folgenden Morgen todt gefunden wurde, den 30. Nov. 1590. Die Lebensgeschichte dieses merkwürdigen Mannes, die einen Theil der Staatsgeschichte Würtenbergs, unter der Regierung H. Ludwigs, ausmacht, erreget, ohne übrigens seine wirkliche Vergehungen zu entschuldigen, oder zu verringern, viele Empfindungen des Mitleidens. Sein Unglük entstand aus einer Mischung von eigener und fremder Schuld. Das innere Gefühl von der Fähigkeit seines Geistes, die ihn über die gemeine Lehrformen erhob, der ausserordentliche Beyfall der Studierenden, die Einsicht mancher akademischen Mängel, die Verfolgungen des Neides, die harte Angriffe einiger Edelleute, sein feuriges Temperament, sein satirischer Kopf, die Gnade und Nachsicht des Herzogs, der von dem vortreflichen Genie dieses Unterthans den rechten Gebrauch machen wollte, konnten diesen Mann leicht in seinen Handlungen und Schriften über die Grenzen der Mäßigung, der Klugheit und des Wohlstandes führen, und er würde vielleicht unter andern Zeitumständen über seine Feinde gesiegt, und sein Genie in bessern Dingen, als in heftigen Streitschriften, geübt haben. Daß er aber die Hochachtung, die er bey allen mit vorgebrachten Wahrheiten, immer einem höheren Stande schuldig war, aus den Augen sezte, die Gnade und Gedult des Herzogs misbrauchte, und sich endlich, gegen seinen ausgestellten Revers, den vollen Ausbrüchen des Zorns und der Rache überließ, das verdiente die ernstlichste Bestrafung seines Fürsten. Sein Talent und Verdienst, als akademischen Lehrers, in Ansehung der Lehrart sowohl, als des Fleißes, ist unleugbar. Seine Schriften und Gedichte haben das Gepräge eines lebhaften und erfindungsreichen Geistes, und lassen eine genaue Bekanntschaft mit den Werken der Alten bemerken. Zum komischen hatte er ein vorzügliches Talent. Einige allzubeissende Stellen, und die wiederholten Ausfälle gegen den Crusius, seinen Lehrer, weggerechnet, gehöret er, als Schriftsteller, unter die Zierden seines Jahrhunderts. M. JAC. FRISCHLINI, *Nicodemus Frischlinus redivivus*, *Argentor.* 1599. GEORG. PFLÜGERI, *Vita Frischlini*, als ein Anhang von der Ausgabe *Insigniorum aliquot Orationum Frischlini*, *Argent.* 1605. M. CAR. HENR. LANGII *Nicod. Frischlinus vita, fama, scriptis ac vitae exitu memorabilis*, *Brunsv. & Lips.* 1727. Sattlers Geschichte des H. Würtenberg. V. Th. S. 62. u. f.

(b) Er hieß eigentlich Horn, und ward, von seinem Geburtsort, Cellius genannt; geb. zu Zell in der Pfalz, 1546. stud. zu Tüb. 1564. ward Magister, 1567. Rektor Contubernii, 1568. Prof. am Pädagogio,

gogio, 1569. erhielt den poetischen Lorbeerkranz zu Speyer von K. Maximilian II. 1570. ward aufserordentl. Prof. der Dichtkunst und der Geschichte, und Frischlins Nachfolger, 1582. ordentl. Prof. 1587. starb, 1606. Sein lateinischer Styl war ziemlich rein, und seine Verse fliessend. Im mündlichen Vortrage besaß er Leichtigkeit und Anmuth. Um die gelehrte Geschichte der Universität gegen den Ausgang des 16. Jahrhunderts hat er durch seine *Imagines Professorum Tubingensium* ein besonderes Verdienst. Ausser dem war er bey verschiedenen Feierlichkeiten der öffentliche Redner. So sind auch von ihm mehrere lateinische Reden zum Andenken berühmter Tübingischen Professoren vorhanden, die sich wohl lesen lassen. *Oratio funebris de vita & obitu M. Erh. Cellii — hab. a M.* Casp. Buchero, *Linguar. Prof. Tub. 1607. 4.*

§. 50.

Die Bemühungen dieser vorzüglichen Männer, H. Friedrichs weise Geseze, und die friedfertige Regierung seines Nachfolgers, Johann Friedrichs (a), unter dem Würtenberg bey den allgemeinen kriegerischen Unruhen immer verschont blieb (b), verkündigten ein glükliches Jahrhundert, und den blühendsten Zustand der Wissenschaften und Künste. Aber die Mitte des dreyßigjährigen Krieges vereitelte die schönste Hoffnungen, und ließ die Universität, mit der Stadt, die härtesten Schiksale empfinden.

(a) Zum Andenken dieses gütigen Fürsten bey der Universität gehören: *Titus Würtenbergicus, hoc est, Vita*

Vita Johannis Friderici, Ducis Würtenbergici, scripta posteritati a THOMA LANSIO. Die Schrift ist zu Tüb. 1629. einzeln gedrukt, und stehet auch in des Verf. *Mantissa Consultat. & Orat. p. 696. sq. Threni Würtenbergici, sive Oratio funebris in obitum Ducis Johannis Friderici, hab. a* LUCA OSIANDRO. *Tub.* 1629. 4.

(b) Noch 1627. 8. Jan. konnte ein Redner im Collegio Illustri sagen: In ista pertinacissima crudelis Martis insania propemodum uni Würtenbergiae singulari Dei gratia indultum concessumque fuit, ut mediis in undis tranquilla, integra, secura, nihil detrimenti respublica, nihil gemitu aut suspirio valde dignum subditi paterentur. Res ipsa loquitur. Non enim feralis tubarum ad pugnam vocantium clangor — sed pacis hic fuit asylum, clausus & ipse, ut ita loquar, Janus, atque sub Augusto Würtenbergico, Serenissimo, inquam, Principe ac Domino, Domino JOHANNE FRIDERICO, felicem vitam vivere hactenus licuit omnibus — Non Musae & litterae expulsae, profligatae; sed florent hic Scholae, artium ac disciplinarum officinae, floret Academia haec, Musarum omnium sedes inclyta; floret Collegium hoc illustre, ita, ut ejus vigor, gloria & splendor multos nostrum ex longe dissitis locis ad se attraxerit — JOHANNIS CHRISTOPHORI A SCHWEINIZ, *Equitis Quadi, Oratio de summa incluti Ducatus Würtenbergiae, in hisce totius Europae turbis, tranquillitate. Tub.* 1627. 4.

§. 51.

Schon das 1629. zu Wien bekannt gemachte Restitutionsedikt drohte ihr, wie allen geistlichen Besizungen

gen und Klöstern des Herzogthums, eine Gefahr, welche nach der unglüklichen Schlacht bey Nördlingen, 1634. nimmer abgewendet werden konnte. Die siegende Feinde fielen in Würtenberg ein, und besezten auch Tübingen. Die Einquartierungen und ausserordentliche Abgaben (a), die Wegnahme der Probsten (b), die Entziehung der vornehmsten Einkünfte (c), die Mißhandlung einiger Lehrer (d), die Flucht des Landesfürsten (e), die Beschliessung des Collegii illustris (f), die Zerstreuung der Stipendiaten des herzogl. theologischen Stiftes (g), sind, neben einer wütenden Pest (h), traurige Denkmäler in den Jahrbüchern der Universität.

(a) Wie die Stadt in dem Anfang wochentlich 4000, und das Amt 6000 Rthlr. bezahlen mußte, so wurde die Universität gleichfalls mit starken Beyträgen beschweret. Nach geendigtem Kriege geschahe dißfalls zwischen der Stadt und der Universität eine Vergleichung, und von dieser sowohl, als von allen Verhandlungen und Verträgen beeder Corporum gegen einander, seit der Stiftung der Universität bis auf das Jahr 1687. hat der vormalige verdiente Stadtbürgemeister und landschaftlicher Hofgerichtsassessor zu Tübingen, Joh. Jak. Baur, eine schäzbare Handschrift hinterlassen, welche sich in der Bibliothek seines Urenkels, des hiesigen Rechtslehrers, H. D. Gottfr. Dan. Hoffmanns, befindet.

(b Eine aus den Akten der Universität gezogene ausführlichere Nachricht hievon enthalten Zellers Merkwürdigkeiten, S. 682. u. f. Der von den kaiserlichen Kommiſſarien den 16. May, 1636. bekannt gemachte neue Probſt zu Tübingen war, Wilhelm von Mezenhauſen, Dombechant des Erzſtiftes Trier, nach deſſen Tode Hugo Eberhard Craz von Scharpfenſtein, Domkuſtos zu Maynz, 1637. an ſeine Stelle kam, welcher den P. Ludw. Lux, zum Vikarius nicht nur in der Probſtey, ſondern auch in dem Kancellariat einſezte. Die Univerſität weigerte ſich ſtandhaft, den neuen Probſt auch als Kanzler zu erkennen, und bezog ſich auf den Prager Nebenreceß, vom 30. May, 1635. worinn ausdrüklich verſichert ward, die Univerſität Tübingen bey ihrem vorigen Stande richtig verbleiben zu laſſen. THEATR. EUROP. Th. III. S. 489. Endlich ergriff ſie den Weg der Appellation an den Kaiſer. Nach dem Tode D. Luk. Oſianders wurde 1639. von dem Herzog D. Melch. Nikolai, als Prokanzler aufgeſtellt. Der damalige Vikarius des katholiſchen Probſts, P. Albrecht Faber, aus der Geſellſchaft Jeſu, proteſtirte bey der nächſten Magiſterialfeierlichkeit durch einen öffentlichen Anſchlag dagegen, worauf die Univerſität in dem Aktu ſelbſt eine Gegenproteſtation durch ihren Sekretärableſen ließ. Die Streitigkeiten hörten nicht auf bis die Probſtey an die Univerſität wieder abgetreten werden mußte, 25. Jan. 1649.

(c) Von Aſch und von Ringingen. Der Verluſt dieſer Einkünfte, mit den beträchtlichen Beyträgen, verurſachte, daß die Beſoldungen den Profeſſorn theils ganz entzogen, theils ſehr vermindert wurden.

(d) Inſonderheit breyer Theologen, Luk. Oſianders, Melch. Nikolai, und Joh. Ulr. Pregizers. ANDR. CAROLI *Memorabilia eccleſiaſtica Sec. XVII.* p. 875. ſq.

(e) Eber-

(e) Eberhards III. von 1634. nach der Nörblinger Schlacht, bis zu seiner Restitution, 1638. Er hielt sich zu Strasburg auf, und trug von hier aus zur Erhaltung der Universität bey, was in seinen Kräften war.

(f) Von 1630 bis 1648. war kein Prinz zugegen. Nach einem herzoglichen Befehl sollten, so lange der Krieg währte, die Lehrer am Collegio in die offene Stellen der akademischen Lehrer eintreten.

(g) Gleich nach der Nörblinger Schlacht. Das Stift wurde übrigens von den Mönchen nicht besezt, weil sie darinn keinen Unterhalt finden konnten.

(h) Tübingen verlor in einem einzigen Jahr, 1634 — 1635. 1485 Menschen, und unter diesen 6 Professoren. Der durch seine Schriften bekannte, und um die Würtenbergische Kirche, Klöster und Schulen unsterblich verdiente D. Joh. Val. Andreä zählet vom J. 1634 — 1641. 345000 in Würtenberg durch Hunger und Pest hingeraffte Menschen. S. dessen *Honorem doctoralem theologicum, Tub. 1642. p. 92.*

§. 52.

Der Westphälische Friede, 1648. machte den Drangsalen des Krieges, welche die Universität, mit dem ganzen Vaterlande, vierzehn Jahre hindurch in verschiedenen Stuffen empfand, ein erwünschtes Ende. Vermöge desselben wurde nicht nur das herzogliche Haus Würtenberg in alle zuvor gehabte geistliche und weltliche Besizungen und Rechte wieder eingesezt, sondern auch ir dem Friedensinstrumente unter allen Universitäten die einzige Tübingische, mit ihren geistlichen Einkünften, ausdrüklich genennet (*a*); welcher Umstand der Aufmerksamkeit und des Dankes besonders würdig ist (*b*).

(*a*) J. P. W. O. *Art. IV.* §. 24. Domus Würtenbergica maneat quiete in recuperata possessione — restituatur etiam in omnia & singula secularia atque ecclesiastica bona & jura — interque illa specialiter in — *cum reditibus Universitati Tubingensi pie fundatis.*

(*b*) Hievon handelt ausführlich D. God. Dan. Hoffmanni *Diss. de restitutione Universitatis Tubingensis ex pace Westphalica. Tub.* 1769. 4.

§. 53.

Die akademische Beschäftigungen wurden, aller Hindernisse ungeachtet, dennoch fortgesezt, und selbst unter den ungünstigsten Schiksalen war niemals eine völlige Unthätigkeit, wie dieses aus den ununterbrochenen Matrikeln der Universität, und den noch vorhandenen akademischen Schriften erhellet. Eben so wenig fehlte es in diesem Zeitpunkt an Lehrern von vorzüglichem Verdienst. Ich will sie hier, von der ersten Hälfte des 17ten Jahrhunderts, auszeichnen.

§. 54.

§. 54.

Theologen:

Lukas Osiander, der jüngere, geb. zu Stuttgart, 1571. stud. zu Tüb. im theol. Stifte, 1585. ward Magister, 1588. Repetent, 1590. nach verschiedenen geistlichen Aemtern D. und Prof. der Theol. zu Tüb. 1618. Probst und Kanzler, 1620. starb, 1638. Er besaß die Gabe eines deutlichen und nachdrüklichen Vortrages, und hatte in der Polemik eine besondere Stärke. Durch seine *Enchiridia Controversiarum*, wie auch durch die Menzerische und Arndische Streitigkeiten, ward sein Name berühmt. Andr. Dav. Carolus hat ihn, mit andern Würtenb. Theologen, in der Würtenbergischen Unschuld, Ulm, 1708. 4. gegen die Beschuldigungen Arnolds vertheidiget. Unter die besondere Zufälle seines Lebens gehöret das mörderische Attentat eines fanatischen Soldaten auf ihn auf der Kanzel. *Oratio de vita & obitu D. Lucae Osiandri — hab. a* MELCH. NICOLAI, *Theol. D & Prof. Tub. 1638. 4.* FISCHLINI *Memor. P. II. p. 44. sq.* WEISMANNI *Introd. in Memor. ecclef. T. II. p. 925.*

Melch. Nikolai, geb. zu Schorndorf, 1578. stud. zu Tüb. im Contubernio, 1596. ward Magister, 1598. und darauf in das theol. Stift aufgenommen; Diakonus zu Weiblingen, 1601. und endlich, durch verschiedene Stuffen, Prokanzler der Univ. 1638. Probst zu Stuttgart, geheimer Rath, und Visitator der Universität und der Klöster, 1650. starb, 1659. Ein scharfsinniger, selbst denkender, und sehr ernsthafter Theologe, von grosser Aufrichtigkeit im Leben und Umgang. Seine Streitigkeit mit dem Jesuiten Forer, zu Dillingen, ist die bekannteste, und

und veranlaßte verschiedene Wechselschriften. Sein Verdienst um die Universität, mitten unter ihren härtesten Schiksalen, ist hervorstechend, indem er, als Lehrer, den Lehrbegrif der evangelischen Kirche, und, als Prokanzler, die Rechte seines Amtes ohne Furcht und gründlich vertheidigte. Er lief auch einmal in seinem eigenen Hause Gefahr, durch die Hand eines Bayrischen Kapitains sein Leben zu verlieren. In seinen Schriften wird ein besserer, unscholastischer Styl bemerkt, den er sich insonderheit aus der Lesung der Schriften Augustins bildete. Unter diesen ist sein *Compendium theol. didacticum & elenchticum*, die bemerkenswehrteste, ein in Wärtenberg zu seiner Zeit öffentlich eingeführtes, und nachgehends von dem Tübingischen Kanzler, Mich. Müller, mit polemischen Zusäzen herausgegebenes Handbuch. Ulm, 1688. 8. *Vita Melch. Nicolai, Praepositi Stuttgardiani, descripta a* Tob. Wagnero. *Tub. 1662. fol.* Fischlini *Memor. P. II. p. 92. sq.* Weism. *l. c. p. 938.*

Joh. Ulrich Pregizer; geb. zu Rusterdingen, 1577. stud. in den Klöstern Alpirspach und Bebenhausen; kam nach Tüb. in das theol. Stift, 1597. ward Magister, 1599. und darauf Repetent; Diakonus zu Tüb. 1606. Superintendent und Stadtpfarrer zu Calw, 1611. Prof. der Theol. und Superintendent zu Tüb. 1617. Kanzler der Univ. 1652. starb, 1656. Voll Menschenliebe, Mäßigung und Sanftmuth; entfernt von dem damals herrschenden Geschmak, sich im polemischen Felde Ruhm zu erwerben. Dagegen war er ein gründlicher Lehrer und Prediger, der in den unglüklichen Jahren der Universität, und einmal nicht ohne eigene Lebensgefahr, standhaft ausgehalten, und durch sein exemplarisches Leben viel gutes gestiftet hat. *Memoria Jo. Ulr. Pregizeri — consecrata a* Tob. Wagnero, *Theol. D. & Univ. Pro-*

Procancellario. Tab. 1659. 4. FISCHLINI *Memor. P. II. p. 84. sq.*

Theodor. Thumm, geb. zu Hausen, Brakenheimer Amtes, 1586. stud. zu Bebenhausen, und zu Tübingen im theol. Stifte, ward Magister, 1603. Diakonus zu Stuttgart, 1608. nach weiteren Beförderungen, Prof. der Theol. und Stadtpfarrer zu Tüb. 1618. starb, 1630. Ein Mann voll Lebhaftigkeit und Feuers, und von einer ausserordentlichen Fertigkeit in der Disputirkunst. An der bekannten Streitigkeit der Tübingischen Theologen mit den Giessenschen hatte er den größten Antheil, und wurde dadurch, ausser den öffentlichen und gemeinschaftlichen Streitschriften, zu verschiedenen Abhandlungen veranlaßt, unter welchen seine Ταπεινωσιγραφια die wichtigste ist. Zufällige glükliche Umstände liessen das Vaterland den rechten Gebrauch von der grossen Fähigkeit und Arbeitsamkeit dieses Mannes machen, der anfänglich nur zu geringeren Schuldiensten bestimmet war. Die zwey lezten Jahre seines Lebens brachte er als Gefangener auf dem hiesigen festen Schlosse zu, und würde die Ungnade K. Ferdinands II. viel stärker empfunden haben, wenn nicht Herzog Johann Friedrich die Sache noch vermittelt, und zu seinem Vortheil gelenkt hätte. Einige zu hart aufgefallene Ausdrüke einer gewissen Schrift haben ihm dieses Schiksal zugezogen. FISCHLINI *Memor. P. II. p. 138. sq.* WEISM. *l. c. p. 929.*

§. 55.

An die Spize der Rechtslehrer sind Joh. Harprecht (a), der Stammvater einer an grossen Rechtsgelehrten fruchtbaren Familie in Würtenberg, und

be-

berühmte Kommentator über die Institutionen;
Christoph Besold (*b*), in der Geschichte und dem
Staatsrechte; Heinrich Bocer (*c*), in dem Lehn-
rechte, zu stellen. Auſſer dieſen ſind Mart. Rümmelin (*d*), Joh. Halbritter (*e*), Dav. Magirus (*f*),
Andr. Baier (*g*), Mart. Neuſſer (*h*), Joach. Wibel (*i*), und Joh. Wurmſer (*k*), nicht unverdiente
Lehrer und Schriftſteller. Joh. Val. Neuſſer (*l*)
war eines längern Lebens würdig.

(*a*) Geb. zu Walheim, einem Würtenb. Dorfe, 1560.
ſtud. zu Straßburg, Tübingen und Marburg; ward
Doktor der Rechte zu Tüb. 1589. und Marggräfl.
Badenſcher Hofrath; gieng auf einige Zeit nach Speyer;
ward Prof. zu Tüb. 1592. ſtarb, 1639. Beur-
theilungskraft, Gelehrſamkeit, ſchöne Litteratur,
akademiſcher Fleiß, traffen hier glücklich zuſammen.
Daß er Anlage zum Dichter gehabt hat, beweiſen die
Früchte ſeiner Nebenſtunden: *Poëmatum libri IV.*
I. Epithalamiorum. II. Epicediorum. III. A-
nagrammatum. IV. Miscellaneorum. Tub. 1617. 8.
Joh. Harpprechtus, Antecessor in Academia Tu-
bingensi, singularis exempli, suprema laudatione
celebratus a THOM. LANSIO. *Tub. 1640. 4.* S.
Mantiss. Consult. & Orat. p. 746. sq. CELLII
Imag. Prof. Tub.

(*b*) Geb. zu Tüb. 1577. D. und Prof. der Rechte,
1610. nach ſeiner 1635. geſchehenen Religionsveränderung Prof. zu Ingolſtadt, wie auch kaiſerlicher
und churbayriſcher Rath; ſtarb, 1638. Ich betrach-
te ihn bloß als Gelehrten, von welcher Seite er, durch
mündlichen und ſchriftlichen Vortrag, ein vielfaches,

nie

nie zu miskennendes Verdienst hat, ohne ein Urtheil über seine Religionsveränderung, und deren Beweggründe zu fällen, die er in einer besondern Schrift 1637. an den Tag geleget hat. Daß er aber von dem herzoglichen Archive zu Stuttgart, das sich in feindlichen Händen befand, einen Gebrauch machte, welcher dem herzoglichen Hause und seinem Vaterlande zum größten Nachtheil hätte gereichen können, vermindert den Werth seines Verdienstes, und der zuvor auch in öffentlichen Schriften bezeugten guten Gesinnungen. *Luctus Academiae Ingolstadiensis in obitum incomparabilis JCti D. Christoph. Besoldi — funebri oratione expressus a D.* ARNOLDO RATH, *a. 1638. cum Specialibus quibusdam aegritudinis & mortis ejus, & indice librorum, recus. juxta exempl. Ingolst. opera* JOH. JAC. SPEIDELII, *U. J. Lic. a. 1642. 12.* Einige besondere zu seinem Leben und Character gehörige Umstände enthalten *Vita* JOH. VAL. ANDREAE *MSC.* und TON. WAGNERI *Examen elencht. atheismi speculativi, Tub. 1677. 4. p. 83. sq.*

(c) Geb. zu Salzkotten, im Hochstifte Paderborn, 1557. Prof. zu Tüb. 1595. auch Hofgerichtsassessor; starb 1630. *Bocerus, sive laudatio funebris, qua Henr. Bocero parentavit* ANDR. BAIER. *Tub. 1630. 4.* CELLII *Imagines.*

(d) Prof. 1616. starb 1626. Durch seine *Dissertationes academicas ad auream bullam,* welche Nikolaus Myler von Ehrenbach, und, zu Anfang des jezigen Jahrhunderts, Gabr. Schweder wiederum herausgegeben, durch *Institutiones Justiniani, V. disputationibus comprehensas,* durch die Ausgabe von *Ummii processu,* mit Anmerkungen, ward sein Name berühmt. *Oratio funebris hab. ab* HENR. FREDERO, *Dantiscano. Tub. 1626. 4.*

(e) Geb.

(e) Geb. 1560. Prof. 1586. starb, 1627. CELLII Imag.

(f) Geb. 1565. Prof. 1591. starb, 1635. *Oratio funebris hab. a LACH.* SCHAEFFERO. *Tub. 1635. 4.* JOH. VAL. ANDREAE, *Dav. Magiri Genius domesticus expofitus, inter Funera amicorum condecorata. Lilneb. 1642. p.34.fq.* CELLII *Imagines.*

(g) Geb. 1566. Prof. 1604. starb, 1635. *Laudatio funebris Andr. Baieri — fcripta dictaque a* LACH. SCHAEFFERO. *Tub. 1636. 4.*

(h) Geb. 1594. Prof. 1630. starb, 1638.

(i) Geb. 1594. starb, 1653. *Joach. Wibelius aeternum convalefcens, feu laudatio ejus pofthuma, dicta a* CHRISTOPH. CALDENBACHIO, *Eloq. Prof. Tub. 1661. 4.*

(k) Geb. 1600. Prof. 1626. starb, 1659.

(l) Geb. 1572. Prof. 1604. starb, 1610. *Laudatio funebris, qua Jo. Val. Neuffero — parentavit* CHRISTOPH. BESOLDUS. *Tub. 1610. 4.*

§. 56.

Unter den Arzneygelehrten standen folgende, zugleich als praktische Aerzte, auch auſſer Würtenberg in gutem Anſehn:

Joh. Jak. Haug, geb. zu Augsburg, 1567. stud. zu Tüb. 1584. reiſete nach Italien, 1588. ward Doktor der Arzneywiſſ. zu Tüb. und Phyſikus zu Heilbronn, 1592. Prof. zu Tüb. 1608. starb, 1616. *Lacrymae exequiales fuper obitum D. Jo. Jac. Haugii — collectae & fufae a* JOH. LUD. MOEGLINGO, *Med. D. & Prof. Tub. 1617. 4.*

Joh.

Joh. Fabri, geb. zu Dußlingen, 1571. stud. zu Tüb. 1589. reisete durch Teutschland; ward D. der Arzneywiss. 1593. ordentl. Physikus zu Pforzheim; Prof. zu Tüb. 1604. herzogl. Rath und Leibarzt, 1606. starb, 1620. *Faber Medicorum, h. e. descriptio ortus, vitae atque obitus D. Jo. Fabri recitata a* JOH. LUD. MOEGLINGO. *Tub. 1620. 4.* Sein Andenken verdienet auch wegen einer Familienstiftung, und Vermehrung der Universitätsbibliothek, erhalten zu werden.

Joh. Ludw. Mögling, geb. zu Heidelberg, 1585. Prof. zu Tüb. 1617. starb, 1625. Er war zugleich ein geschikter Chymiker.

Carl Bardili, geb. zu Stuttgart, 1600. D. und Prof. der Arzneyw. zu Tüb. 1635. herzogl. Leibarzt, wie auch kaiserlicher und herzogl. Rath, 1638. starb, 1647.

§. 57.

Die Philosophie lehrte viele Jahre hindurch mit Beyfall Joh. Geilfus (a), und zeiget, mitten unter den scholastischen Spizfindigkeiten, womit seine Schriften noch angefüllt sind, mehr Ordnung im Denken, und Deutlichkeit im Vortrage, als manche Lehrer seiner Zeit, deren Name berühmter ist: die Mathematik, Wilh. Schikard (b), ein um die morgenländische Litteratur eben so verdienstvoller Mann, von ausserordentlichen Naturgaben, dessen Beurtheilungskraft und Wiz, Kenntniß der Sprachen, wie

der höhern Wissenschaften, seltne Gabe, die tiefste
Lehren faßlich und angenehm vorzutragen, mit einem
unüberwindlichen Fleisse verbunden, nichts mehr beklagen lassen, als daß ihm das Schiksal in seiner Laufbahn ein zu frühes Ziel gestekt hat.

(a) Geb. zu Wizenhausen, in Hessen, 1592. Prof.
der Logik und Metaph. zu Tüb. 1621. starb, 1654.

(b) Geb. zu Herrenberg, 1592. stud. im Kloster Bebenhausen, 1607. im theol. Stift zu Tüb. 1610.
ward Magister, 1611. Repetent, 1613. Diakonus zu Nürtingen, 1614. Prof. zu Tüb. 1619.
starb an der Pest, 1635. *Wilh. Schikardi — Memoria & Evlogium a* ZACH. SCHAEFFERO, *Orat.
& Hist. Prof. Tub. 1636. 4.* JOH. CHRISTOPH.
SPEIDELII *Vita Schikardi.* Die Lebensbeschreibung
stehet vor des Verf. bekannten hebräischen Grammatik, und enthält ein vollständiges Verzeichniß seiner
Schriften. Schikard bekam auf sein Ansuchen, in den
gnädigsten Ausdrüken, die besondere herzogliche Erlaubniß, öffentliche Vorlesungen über die morgenländische Sprachen mit den mathematischen zu verbinden, womit zugleich an den akademischen Senat der
Befehl ergieng, diesen Mann mit Unterscheidung zu
behandeln, und sein rühmliches Vorhaben auf alle
Art zu befördern. S. Universitätsvisitationsreceß, vom
8. Merz, 1627. Durch den Kaltsinn seiner Zeitver-
wandten erschien von seiner wichtigen Arbeit über
Marchtalers türkische Handschrift nicht mehr, als
die *Series Regum Persiae* — worunter sicherlich, wie
H. Lessing mit Grunde urtheilt, Teutschlands Ehre noch weit mehr gelitten, als die Geschichtskunde.
S. dessen ersten Beytrag zur Geschichte und Litteratur, Braunschw. 1773. S. 91. u. f.

§. 58.

§. 58.

Auſſer Schikarden, der ſich in die geſammte morgenländiſche Litteratur ausbreitete, war Mich. Beringer (a) ein ſehr verdienter Lehrer der hebräiſchen Sprache, und ebenfalls ein Mann, von der ſeltnen Anzahl der Gelehrten, die ſich, ohne Verwirrung, in Wiſſenſchaften verſchiedener Art zerſtreuen können. Eben dieſer lehrte auch einige Zeit die griechiſche Sprache, und hierinn findet ſich unter den damaligen Rechtsgelehrten an dem vorgedachten Mart. Rümmelin ein ähnliches Beyſpiel. Mit der Erklärung Homers haben ſich Joh. Bapt. Weihenmejer (b), und nach ihm Friedr. Herm. Slayder (c), beſonders beſchäftiget.

(a) Geb. zu Ulbach, im Würtenb. 1566. ſtud. in den Klöſtern Adelberg und Maulbronn; kam nach Tüb. in das theol. Stift, 1587. ward Magiſter, 1589. Repetent, 1591. Informator des Würtenb. Erbprinzen, Joh. Friedrichs, 1595. ſtud. auf höhere Veranlaſſung die Rechte, 1598. ward Prof. der hebr. Sprache, 1599. Doktor der Rechte, 1600. ſtarb, 1625. Auſſer verſchiedenen theologiſchen, juriſtiſchen und philoſophiſchen Abhandlungen; Reden; einer lateiniſchen und griechiſchen Grammatik zum Gebrauch des Erbprinzen; einer Rhetorik, die in der Marggrafſchaft Baden eingeführet wurde, ſchrieb er auf Befehl der Univerſitätsviſitatoren: *Inſtitutiones linguae ſanctae*, 1602. und, *Vindicationem*

tionem vernaculae verſionis Lutheri. 1613. Wilh. Schikard, ſein Nachfolger, ſagt von ihm: Theologus erat, Jurisperitus, Philoſophus, Philologus, Diſputator, Aſtronomus, Orator, Poëta, Graecus & Hebraeus, imo & gallicae linguae non ignarus. S. *Vita Mich. Beringeri — a Succeſſore* Wilh. Schikardo *deſcripta. Tub. 1627. 4.* Die Gedächtnißrede iſt ungemein lehrreich. Sie ſtehet auch, mit einigen Erläuterungen, in Moſers erläuterten Würtenberg. II. Th. S. 294. u. f.

(b) Geb. zu Tübingen; Prof. 1613. ſtarb, 1629.

(c) Prof. und Bibliothekar der Univerſität, 1629. zuvor Prof. am Collegio illuſtri; erhielt den poetiſchen Lorbeerkranz, 1626. ſtarb, 1640. Seine Schrift, *Ars volandi, 1628.* gehöret zu ſeinen Schwachheiten.

§. 59.

In der Redekunſt, Dichtkunſt, und den zur Humanität gehörigen Wiſſenſchaften, ſind neben Slaydern, der auch in dieſem Felde zu arbeiten hatte, Joh. Matt. Rauſcher (a), ein guter Redner, Geſchichtskundiger, und vieljähriger verdienter Lehrer; Zach. Schäffer (b), ein Mann von gutem Geſchmak, und Bekanntſchaft mit den römiſchen Schriftſtellern; und Conr. Cellarius, ein nicht unglüklicher Dichter (c), zu nennen.

(a) Ordentl. Prof. der Beredſ. und Pädagogarcha der Schulen des Herzogthums, 1629. und lange zuvor Prof.

Prof. der lateinischen Sprache; starb, 1655. Er leistete der Universität in ihren unglüklichen Zeiten, als Rektor, und in andern Aufträgen, nüzliche Dienste.

(b) Prof. der Dichtkunst und der Geschichte; starb, 1638. Er schrieb ausser verschiedenen akademischen Reden und Abhandlungen einen Kommentar über Ciceronis Brief an seinen Bruder Quintus, *de administranda provincia*.

(c) CONR. CELLARII HAEGAEI, *Poëtae nobilis — Poëmata. Tub. 1619. 8.* Er war ord. Prof. der Naturlehre, Magister Domus im theol. Stifte, und gekrönter Dichter; starb, 1636.

§. 60.

Noch sind am Ende des Abschnitts einige unangenehme und angenehme Begegnisse der Universität in dem bisher betrachteten Zeitlauf zu bemerken übrig, und zwar unter jenen, ihre Entfernung und Zerstreuung wegen anstekender Seuchen (a), in welche Nothwendigkeit sie seit 1635. nimmer gesezt worden (b): unter diesen, ihre Jubelfeierlichkeiten, zum Gedächtniß so wohl ihrer Stiftung (c), als der Reformation (d), die zu verschiedenen akademischen Schriften Gelegenheit gegeben haben.

(a) Die philosophische Fakultät gieng in das Kl. Hirsau, 1541. die gesammte Universität nach Calw, 1555. nach Eßlingen, 1566. wiederum nach Eßlingen, 1571. theils nach Calw, theils nach Herrenberg, 1594.

1594. Zur Dankbarkeit gegen die Stadt Calw hielt Mart Crusius eine Rede: *de vetustissimo Würtenbergensis Ducatus oppido, Calva — Tub. 1595. 4.* Die theologische Fakultät nach Calw, die juridische und medicinische nach Herrenberg, 1610. Die Jubelfeierlichkeiten 1577. wurden wegen einer Seuche in den Monat Febr. des darauf folgenden Jahres verschoben. In den Jahren 1634. 1635. (s. §. 51. not. h.) begaben sich einige theils in die benachbarte Dörfer, theils in ihre Gärten. Zellers Merkwürdigkeiten, S. 613. u. f.

(b) Dieser Umstand veranlaßte 1735. D. ALEXANDRI CAMERARII *Disp. inaug. de Peste*, worinn zugleich eine Untersuchung über die Beschaffenheit und Ursachen der vormals häufigeren Pest zu Tübingen, und an andern Orten, angestellt wird.

(c) Den 20. Febr. 1578. in Gegenwart H. Ludwigs und seiner Gemahlinn, zweener Marggrafen von Baden, und eines grossen Gefolges. Eine kurze Beschreibung der Feierlichkeiten enthalten CRUSII *Annal. Suev. P. III. L. 12. C. 24. p. 764.* Die zu bemerkende Schriften sind: D. Jak. Heerbrands Jubelpredigt, Tüb. 1578. gedr. durch Alexander Hocken, 4. THEOD. SNEPFFII D. *Oratio in laudem praepotentis Dei, honorem illustriss. Domus Wirtenbergicae, celebrationem inclytae Academiae Tubingensis — Tub. 1578. 4.* M. ERH. CELLII *Carmen seculare in laudem Dei Opt. Max. honorem Illustriss. Domus Würtenb. & commendationem inclytae Academiae Tubingensis, Tub. 1578. 4.* Nic Fod. Frischlin besang das Fest ebenfalls durch ein *Carmen seculare*, und führte den 20. Febr. nach der Mittagstafel die Komödie, *Priscianus vapulans*, mit allgemeinem Beyfall auf.

(d) Ju-

(d) *Jubilaeum Academiae Tubingenfis in laudem & honorem omnipotentis Dei — grati animi ergo qua voce, qua ſtylo, celebratum anno ſeculari 1617. prid. Cal. Nov. & diebus aliquot ſequentibus, Tub. 1617. 4.* Es ist eine Sammlung aller damals gehaltenen öffentlichen Reden. *Chriſtianae ecclefiae repurgatio, feculari laudatione Tubingae in Illuſtri Collegio celebrata d. 8. Nov. a. 1617. a* Thom. Lansio. S. *Mantiſſ. Conſult. & Orat.* p. 496. ſq. Zum Andenken der Uebergabe des Augsburgischen Glaubensbekenntnisses 1630. hat die damalige politische Verfassung in Würtenberg keine besondere Feierlichkeiten gestattet.

Dritter Abschnitt.

Vom Westphälischen Fridensschluße bis zum Regierungsantritt des Durchlauchtigsten Herrn Herzog, Carls.

Vom J. 1648 — 1744.

§. 61.

Dieser Friede, der nun den Genuß einer allgemeinen und dauerhaften Ruhe versicherte, sezte die Tübingische Musen in die freudigste Bewegung. Sie sahen die Fürstenschule noch in demselben Jahr wieder geöfnet, und den Erbprinzen, Johann Friedrich (a), einen hoffnungsvollen Sohn Eberhards III. in ihrer Mitte. Heinr. Schmid, Prof. der Theologie, war der feierliche Dankredner (b). H. Eberhard III. bemühte sich mit allem Eifer, die geschwächte Kräfte der Universität wieder herzustellen. Er zerstörte den Pennalismus (c), besezte die eingegangene Lehrstellen, sorgte für die weitere Aufnahme der Fürstenschule, in welcher sich bald darauf mehrere Prinzen

zen und Grafen zu gleicher Zeit befanden, verbesserte die Einrichtung des theologischen Stiftes, kam der Bibliothek, dem verwüsteten botanischen Garten, und andern akademischen Instituten zu Hülfe, und vollendete den glüklichern Rest seiner Regierungsjahre mit dem Ruhm eines Beförderers der Wissenschaften und Künste (d). Unter den Werkzeugen dieses Fürsten zum Wohl der Universität, wie des ganzen Vaterlandes, ist Nikol. Myler von Ehrenbach, ein wahrer Mäcen, und selbst berühmter Rechtsgelehrter, mit bleibender Hochachtung und Dankbarkeit zu nennen (e).

(a) Er starb auf der Reise, zu London, 1659. Die ihm zu Tüb. gehaltene Gedächtnißrede hat die Aufschrift: *Charitinorum flos marcidus, seu Oratio funebris Jo. Friderici, D. W. hab. a* MAGNO HESSENTHALERO, *Polit. Histor. & Eloq. Prof. in Collegio ill. Tub.* Sie steht auch in dessen *Suada Octenni,* P. I. p. 137 *sq.*

(b) Den 8. Dec. 1648. Die Rede ist gleich darauf unter der Aufschrift, *Oratio panegyrica de pace Germaniae,* bey Philibert Brunn gedrukt worden.

(c) Durch ein scharfes Edikt vom 18. Jan. 1655. Der akademische Senat hat nachgehends jede Gelegenheit ergriffen, durch öffentliche Anschläge, und strenge Ausübung der Geseze diese Ueberbleibsel der Barbarey im Grunde auszurotten.

(d) Er starb, 1674. Akademische Schriften zum Lob dieses Herzogs: 1.) LOUIS DU MAY, (Prof. am Col-

Collegio illuſtri) *les larmes de Würtenberg, ou discours funebre ſur la haute naiſſance, la vie glorieuſe, & le trepas regretté de Monſeigneur Eberhard &c.* à *Tub. 1674. fol.* Die Rede iſt von des Verf. Tochter Antonia Sophia ins teutſche überſezt worden, unter der Aufſchrift: Würtenbergiſche Thränenquelle, oder Trauerrede über die hohe Geburt — Tüb. 1674. 8. 2.) CHRISTIANI OSTENFELDI *Laurus Würtenbergica, Panegyricus Eberhardo III. Würtenbergiae Duci pro reſtituta Academia Tubingenſi dictus a. 1652. Tub. fol.* 3.) *Panegyricus funebris Eberhardo Duci Würtenbergico dictus a* DAVIDE SCHEINEMANNO, *Tub. 1674. fol.* 4.) *Cippus aeternantis memoriae Eberhardi D. W. publica parentatione erectus a* TOB. WAGNERO D. *Univ. Cancell. & Eccleſiae Praepoſ. Tub.1674.fol.*

(e) Herzoglicher geheimer Rath, Conſiſtorialdirektor, und Mitglied der Univerſitätsviſitationsdeputation; ſtarb, 1677. Einer der größten und verdienſtvolleſten Männer Würtenbergs. Um die Ausgabe einiger in das Staatsrecht einſchlagenden Schriften von ihm haben ſich zu Anfang des gegenwärtigen Jahrhunderts die Tübingiſche Profeſſore, Gabr. Schweder, und Jak. Dav. Mögling verdient gemacht. Die herzogliche Regierungsrathsbibliothek zu Stuttgart, und der hieſige botaniſche Garten ſind Zeugen ſeines durch Freygebigkeit veredelten Eifers für die Aufnahme der Wiſſenſchaften. Es verewiget auch ſein Andenken eine ſehr beträchtliche Stiftung für Studierende.

§. 62.

Bey dieſen angenehmen Ausſichten, welche inſonderheit durch die Anweſenheit und rühmliche Beſchäfschäftigungen verschiedener Prinzen, Grafen, und Herren von Stande vermehret wurden (*a*), feierte die Universität den 22. Okt. 1677. ihr zweites Jubelfest (*b*). Der Würtenbergische Prinz, Ludwig, als Rektor Magnificentissimus, sein Herr Bruder, Prinz Johann Friedrich, und viele auswärtige und einheimische Abgeordnete waren gegenwärtig. Ihr Vergnügen würde vollkommen gewesen seyn, wenn nicht ein frühzeitiger Tod den regierenden Herzog, Wilhelm Ludwig, ihr vormaliges Oberhaupt, und erste Zierde der Studierenden, zu dessen würdigen Empfang bereits alles veranstaltet war, wenige Monate zuvor entrissen hätte (*c*).

(*a*) Ein Verzeichniß ihrer größtentheils gedrukten öfentlichen Reden, Consultationen, Streitschriften, enthält *Eberhardina altero Jubilaeo felix, in Praef. p. 11. sq.* Von dem Zustande der Universität unter dem Rektorat Pr. Wilhelm Ludwigs, ist vorhanden: *Tubinga in flore vernante sub sceptro academico Wilhelmi Ludovici, D. W. descripta a* M. Jo. Cunr. Hoeslino, *Tub. 1667. 4.*

(*b*) Die erst gedachte Schrift, *Eberhardina altero Jubilaeo felix, seu celebrati ab Universitate Tubingensi — festi secularis — historica descriptio, Tub. 1682. fol.* enthält eine ausführliche Beschreibung der dabey vorgegangenen Feierlichkeiten, und vollständige Sammlung der akademischen öffentlichen Anschläge und Reden. Im Auszuge liefert sie Zeller in seinen Merkwürdigkeiten, S. 250. u. f.

(*c*) Ala-

(c) Akademische Schriften zu dessen Andenken: 1) Jo. ULR. PREGIZERI, J. U. D. & *Prof. Vita Wilhelmi Ludovici, Tub.* 1677. *fol.* 2) TOB. WAGNERI *Memoria Wilhelmi Ludovici, D. W. Tub.* 1678. *fol.*

§. 63.

H. Friedrich Carl, der hierauf, als ältester Bruder Wilhelm Ludwigs, die Obervormundschaft in der Regierung übernahm, bewies sich als einen Freund der Wissenschaften, und Beschüzer der Universität, deren Andenken ihm von seinem eigenen dreyjährigen Aufenthalte immer schäzbar blieb (*a*), und die erste Regierungsjahre H. Eberhard Ludwigs (*b*) erwekten schon dadurch die angenehmste Hoffnung für das zukünftige Jahrhundert, daß er das Studium der Naturgeschichte Würtenbergs in Aufnahme brachte (*c*), und den Zustand der Universität durch besondere Kommissarien sorgfältig untersuchen ließ (*d*). Nichts unterbrach die Ruhe gegen den Ausgang des 17ten Jahrhunderts, als der feindliche Ueberfall französischer Völker, dessen Beschwerlichkeiten zwar eine kurze Zeit währten, aber für die Universität, wie für die Stadt, höchst empfindlich waren (*e*), und das grosse Verdienst des damaligen akademischen Lehrers, Joh. Osianders (*f*), in Erinnerung bringen.

(*a*) Schrif-

(a) Schriften zu dessen Andenken: 1.) *Justa Friderico Carolo, D. W. &c. persoluta a* Jo. WOLFG.
JAEGERO, *Ser. Ducis Würt. Consiliar. Generali
Superint. Abbate Maulbronn. & Theol. Prof. ho-
norar. in Acad. Tubingensi, Stuttg. 1699. fol.*
2.) *Hercules Würtenbergicus, sive Vita glorio-
sissima Friderici Caroli, D. W. oratione parentali
descripta a* FERD. CHRISTOPH. HARPPRECHTO,
Jcto & Antecessore. Tub. 1699. fol.

(b) Zu diesem Zeitpunkt gehöret: *Charitum & Charitinorum applausus, cum Sereniss. Princeps ac
Dominus, Eberhardus Ludovicus, D. W. &c.
faustis auspiciis regimen Ducatus capesseret, deli-
neatus a* JOH. CHRISTOPH. RUMETSCHIO, *Tub.
1692. fol.*

(c) Vermittelst eines an die medicinische Fakultät zu
Tüb. und alle Aerzte des Herzogthums ergangenen
Besehls, auf die Naturprodukte Würtenbergs die
genauste Aufmerksamkeit zu richten, und die Bemerkungen einzusenden. Von dieser Zeit an haben die
Würtenbergische Naturforscher manche nüzliche Proben geliefert, und durch die gnädigste Anstalten und
Aufmunterungen Sr. jezt regierenden herzogl.
Durchlaucht erhält dieser wichtige Theil der vaterländischen Litteratur einen immer beträchtlicheren Zuwachs.

(d) Im J. 1699. durch die geheimen Räthe, Maximilian von Menzingen, und Jak. Friedr. von
Kühlen, wie auch den Consistorialrath, D. Joh.
Wolfg. Jäger. Aus dieser Veranlassung ist herausgekommen: M. SIGISM. CHRISTIANI GMELINI,
*Theol. Stud. in Stip. Duc. Parnassus Tubingensis,
Tub. 1699.* ein lateinisches Gedicht, worinn von den
damaligen Tübingischen Gelehrten einige Nachrichten
mitgetheilet werden.

(e) Den

(e) Den 5. Dec. 1688. unter der Anführung des Generals de Peyſſonnel. Sie ſprengten einen Theil des Schloſſes und der Stadtmauer, und ſezten die Univerſität, wie die Stadt, in ſtarke Kontribution. ANDR. CAROLI *Memorabilia ecclefiaſtica*, *T. II. p. 466.* Zellers Merkwürdigkeiten, S. 598. u. f. Die feindliche Annäherungen und Bewegungen der Franzoſen, 1693. und 1707. hatten keine erhebliche Folgen.

(f) Geb. zu Tübingen, 1657. ſtud. daſelbſt, und ward Magiſter, 1676. legte ſich auf die Theologie; gieng auf Reiſen, 1081. und 1683. ward auſſerord. Prof. der hebr. Sprache und Geographie, 1686. und bald darauf ord. Prof. der griechiſchen Sprache; herzogl. Rath, 1688. Rektor am akademiſchen Contubernio, 1689. bey den damaligen kriegeriſchen Zeiten, um ſeiner beſonderen Einſichten und Klugheit willen, Oberkriegskommiſſarius, 1690. Ephorus des theol. Stiftes, 1692. Abbt zu Königsbronn, 1697. Abbt zu Hirſau, und vormundſchaftlicher Rath der herzoglichen Friedrich Caroliniſchen Familie, 1699. Landſchaftsaſſeſſor, 1705. Churſächſiſcher Conſiſtorialrath, 1703. und bald darauf königl. ſchwediſcher Kirchenrath; herzogl. Würtenb. Conſiſtorialdirektor und Mitglied der Univerſitätsviſitationsdeputation, 1708. wirklicher geheimer Rath, 1713. ſtarb, 1724. Ein Mann von groſſen Talenten. Mit der akademiſchen Gelehrſamkeit verband er praktiſchen Verſtand, Beredſamkeit, Kenntniß der Welt, Muth und Patriotiſmus, und war von der eitlen Begierde weit entfernt, ſich als Theologe in die von ihm verwaltete Staatsämter einzudringen. Dieſen Eigenſchaften, die dem Befehlshaber der feindlichen Völker perſönlich bekannt wurden, hatte Tübingen die Abwendung mancher weiteren Gefahren zu verdanken. Bey dem franzöſiſchen Einfall, 1693. wurde ihm die

ganze

ganze Stadt und Festung anvertrauet. Ueberdieß hat er als Abgesandter, besonders bey den Königen von England und Schweden, welcher leztere ihn mit einer goldnen Kette beehrte, als Begleiter und Beschüzer der damaligen Prinzen Würtenbergs, als Anführer Würtenbergischer Völker, um das herzogliche Haus und das ganze Vaterland, und durch glükliche Besorgung wichtiger Aufträge, selbst um einige benachbarte Fürsten und Stände, ein unvergeßliches Verdienst. Er ist auch der Urheber der in der Würtenbergischen Kirche eingeführten öffentlichen Konfirmationshandlung. *Progr. fun.* Gedrukte Personalien, deren Innhalt sehr merkwürdig ist.

§. 64.

Es ist noch übrig, daß ich die verdienteste Lehrer aus der andern Hälfte dieses Jahrhunderts bemerke, und zwar unter den Theologen:

Tob. Wagner, geb. zu Heidenheim, 1598. kam nach Tüb. in das theol. Stift, 1621. ward Magister, 1623. Diakonus zu Eßlingen, 1624. Stadtpfarrer daselbst, 1632. Prof. der Theol. zu Tüb. und Superattendent des theol. Stiftes, 1653. Prokanzler der Univ. 1656. Kanzler, und Probst der Kirche, 1662. starb, 1680. Ein gründlich gelehrter, und als Lehrer und Prediger durch verschiedene Schiksale bewährter Theologe, von besonderer Deutlichkeit im Vortrage, und Mäßigung in Behandlung der Streitigkeiten. In der Kasualtheologie hatte er viele Wissenschaft und Erfahrung, und wurde daher von verschiedenen auch entfernten Orten her öfters zu den verwikeltsten Fällen zu Rath gezogen. Unter seine vornehmste Ausarbeitungen gehöret: *Inquisitio theo-*

theologica in Acta henotica — *Tub. 1664. 4.*
FISCHLINI *Memor. P. II. p. 187. fq.* WEISMANNI
Introd. in Memor. eccl. P. II. p. 972.

Joh. Ad. Ofiander, geb. zu Bayhingen an der Enz,
1622. kam nach Tüb. in das theol. Stift, 1639.
ward Magifter, 1642. Repetent, 1647. Diako‑
nus zu Göppingen, und darauf zu Tübingen; auſ‑
ſerord. Prof. der griechiſchen Sprache, und Doktor
der Theol. in Gegenwart H. Eberhards III. 1656.
orb. Prof. der Theol. und Stadtpfarrer, 1660.
Kanzler und Probſt, 1680. ſtarb, 1697. Scharf‑
ſinn, ausgebreitete Wiſſenſchaft, glükliches Gedächt‑
niß, Nachdruk und Fertigkeit im akademiſchen Vor‑
trage, und beſonders in den Streitübungen, Fleiß
in allen Theilen ſeines Amtes, waren bey ihm ver‑
einigt, und geben ihm einen Rang unter den gröſ‑
ten und verdienteſten Theologen. Als Schriftſteller,
beynahe in allen Theilen der Theologie, und durch
gröſſere Werke, iſt er berühmt, und noch heut zu
tage nicht unbrauchbar. FISCHLINI *Memor. P. II.
p. 285. fq.* WEISM. *l. c. p. 961. fq.*

Chriſtoph Wölflin, geb. zu Kirchheim unter Teck,
1625. ſtud. zu Tüb. im theol. Stifte, ward 1643.
Magiſter und darauf Repetent; Diakonus zu Urach,
1651. zu Tüb. 1653. Prof. der griechiſchen Spra‑
che, und Ephorus des theol. Stiftes, 1659. Su‑
perattendent deſſelben, D. und Pro. der Theologie,
1660. Hofprediger, Conſiſtorialrath und Prälat zu
Lorch, 1669. Probſt zu Stuttgart, 1680 ſtarb,
1688. Einer der angeſehenſten Theologen, von
groſſem Einfluſſe in den damaligen Zuſtand der Wür‑
tenbergiſchen Kirche. Als akademiſcher Lehrer und
Schriftſteller machte er ſich vornehmlich durch ſeine
Exercitationes de lapſu Adami, und, *de obliga‑
tione credendi in Chriſtum* berühmt. Seine *diſſer‑
tatio‑*

tationes theologicae selectae, ſind zu Tüb. 1707. 4. zuſammen getrukt worden. Sein Vater, M. Georg Wölflin, Pfarrer zu Owen, wurde nach der Nörblinger Schlacht auf der Flucht nach Nürtingen, in dem Fürſtenſtande der daſigen Kirche, wohin er durch die Sakriſtey ſeine Zuflucht nahm, mit der Bibel in der Hand, von einem ſpaniſchen Soldaten durchſtochen. FISCHLINI *Memor. P. II. p. 312. ſq.* WEISM. *l. c. p. 953.*

Georg Heinr. Häberlin, geb. zu Stuttgart, 1644. ſtud. zu Maulbronn, Bebenhauſen, im theol. Stifte zu Tüb. wo er auch Magiſter und Repetent wurde; ward Diakonus zu Leonberg, 1668. zu Cannſtatt, 1669. zu Stuttgart, 1673. D. und Prof. der Theol. zu Tüb. und Superattendent des theol. Stiftes, 1681. Conſiſtorialrath und Stiftsprediger zu Stuttgart, auch Abbt zu Alpirſpach, 1692. ſtarb, 1699. Ein ernſthafter und beredter Mann. Als Vorſteher des theologiſchen Stiftes erwarb er ſich allgemeine Hochachtung. Von dem König in Schweden erhielt er einen Ruf als Prof. primarius nach Derpt, mit Verheiſſung der biſchöflichen Würde zu Riga. *Homiliae in Evangelia & Epiſtolas, Specimen Theologiae practicae*, und, *Dezius ſuo gladio jugulatus*, ſind ſeine vornehmſte Schriften. FISCHLINI *Memor. P. II. p. 371. ſq.* WEISM. *l. c. p. 964.*

Mich. Foerrtſch, geb. zu Wertheim in Franken, 1654. ſtud. zu Straßburg, Jena und Helmſtädt; ward Markgräfl. Badenſcher Hofdiakonus, und Prof. der Theol. am Durlachiſchen Gymnaſio, 1681. D. der Theol. zu Gieſſen, 1686. Markgräfl. Hofprediger, Conſiſtorialrath und Superintendent zu Lahr, 1688. Prof. der Theol. zu Tüb. und Superattendent des theol. Stiftes, 1695. Prälat zu Lorch, 1703. Prof. primarius der Theol. zu Jena, 1705. ſtarb, 1724.

Von seiner Gelehrsamkeit, akademischen Eifer, Beredsamkeit hat die Tübingische Universität manche Früchte genossen, und verehret daher billig sein Andenken. Ausführliche Nachrichten von ihm enthält J. C. K. (KOECHERI) *Schediasma de vita, scriptis & meritis in Ecclesiam Mich. Foertschii. Jen. 1723.* 4. WEISM. *l. c. p. 972.*

§. 65.

Unter den Rechtsgelehrten:

Wolfg. Ad. Lauterbach, geb. zu Schletz, im Vogtlande, 1618. stud. zu Jena, Leipzig, Basel und Straßburg; ward Doktor der Rechte zu Tüb. 1647. Prof. der Institutionen, 1648. und nachgehends der Pandekten; herzogl. Rath und Aufseher des Collegii illustris, 1658. geheimer Regierungs- und obervormundschaftlicher Rath, Consistorialdirektor, und Mitglied der Universitätsvisitationsdeputation 1677. starb unterwegs auf dem Schlosse zu Waldenbuch, als er im Begriffe war, sich bey seinen kränklichen Umständen von Stuttgart nach Tübingen eine Luftveränderung zu machen, 1678. In der hiesigen Stiftskirche, wo er begraben liegt, ist ihm ein sehenswürdiges Grabmal aufgerichtet worden. Der Werth dieses Mannes, der der allgemeine Lehrer und das Orakel seiner Zeit war, ist auch durch die Stimmen der Nachkommen entschieden. Sein *Collegium theoretico-practicum in Pandectas*, das von seinem Sohne, dem Kammergerichtsassessor, **Ulrich Thomas Lauterbach**, in Ordnung gebracht worden, sein *Compendium Juris*, das nach seinem Tode von Joh. Jak. Schützen herausgegeben und ergänzt, öfters abgedrukt, mit verschiedenen Kommentarien erläutert, und bey nahe auf allen Universitäten viele Jahre hindurch

durch zum Grunde gelegt worden; *Dissertationes academicae*, welche 1731. Tüb. 4. in 4 Bänden mit einem vollständigen Register, zum zweitenmal, herausgekommen; *Consilia & Responsa*, die den zweiten, dritten und vierten Band der neuen Tübingischen Kollektion ausmachen, sind in ihrer Art klassische Schriften. Um die Erläuterung des Würtenbergischen Landrechtes hat er durch seine *Dissertationes III. de differentiis principalibus Juris communis & provincialis Würtenbergici*, Tub. 1662. 4. und 1692. 4. ein besonderes Verdienst. *Effigies Lauterbachiana, seu strictura ex W. A. Lauterbachii — vita repraesentata per* MAGNUM HESSEN-THALER, *Prof. honor. Stuttg. 1681. fol.*

Erich Mauritius, geb. zu Itzehoe, im Holsteinischen, 1631. stud. zu Hamburg, Wittenberg, Frankfurt an der Oder, Giessen; ward Doktor der Rechte zu Tüb. 1654. gieng mit dem jungen Herzog, Carl Heinrich, von Holstein Plön, nach Wien, und von hier aus nach Frankreich, England, Schottland, Irrland, Italien, und den Niederlanden; lehrte auf Churfürstl. Erlaubniß das Staatsrecht zu Heidelberg; ward ord. Prof. zu Tüb. 1660. der erste Prof. primarius auf der damals neu errichteten Universität zu Kiel, 1665. Kammergerichtsassessor zu Speyer, 1672. starb zu Wezlar, 1691. Sein Tübingisches Verdienst besteht, ausser den gedruckten *Consiliis*, in einem geschikten und fleißigen Vortrage des Staats- und Lehnrechtes, und der akademische Senat bekennet in der Einladungsschrift zu seiner öffentlichen Abschiedsrede, daß ihm die Universität einen nicht geringen Theil ihrer Aufnahme und ihres Ruhms zu verdanken habe. JOH. NICOL. HERTY *Praef. ad Dissert. & opuscula Erici Mauritii*, Francof. 1692. 4. Seine Lebensbeschreibung ist darinn enthalten. FRID. GUIL.

TAFINGERI *Comment. de meritis Eberhardinae in Cameram Imperialem*, Tub. *1771. 4. p. 9. sq.*

Ferd. Christoph Harpprecht, geb. zu Tüb. 1650. stud. hier, und ward Doktor der Rechte, 1673. prakticirte hierauf; wurde von H. Friedrich Carl, zu Würt. 1677. nach Wien abgeschikt, um die Administration des Herzogthums von dem Kaiser zu erhalten; nach seiner Zurükkunst zum herzogl. Rath erkläret; zum orb. Prof. der Rechte erwählet, 1678. ward nachgehends Hofgerichtsassessor primarius, anderer Reichsstände Rath, und Comes palatinus; starb, 1714. Ein durch seine Schriften: *Consilia Tubingensia*, 6. *Voll. Responsa juris criminalia & civilia*, 6. *Voll. Consultationes criminales & civiles*, P. III. *Dissertationes;* bekannter klassischer Schriftsteller in der bürgerlichen Rechtsgelehrsamkeit. Seine Lebensgeschichte ist in der Vorrede der zusammengedrukten *Dissertationum academicarum*, Tub. *1737. 4.* enthalten.

Unter den damaligen Rechtsgelehrten, welche sich als Lehrer akademisches Verdienst erworben, und zugleich durch brauchbare, und zum theil in ihrer Art einzige, Dissertationen und Abhandlungen ausgezeichnet haben, sind noch der Vergessenheit zu entreissen:

Joh. Grave, geb. zu Oberbrük, in Westphalen, 1620. stud. zu Marburg; reisete nach Holland; ward Hofmeister der Grafen von Brandenstein zu Hamburg; Doktor der Rechte zu Tüb. 1653. und in eben diesem Jahr ord. Prof. derselben; herzogl. Rath; starb, 1688. Die hiesige Universität ist seinem Andenken auch deßwegen Verehrung schuldig, weil er aus besonderer Zuneigung gegen dieselbe andere vortheilhafte Ehrenstellen, z. E. am k. Kammergerichte, dem er schon präsentirt war, und die Probrelation geliefert hatte, und das Syndikat zu Lindau, wohin er er zweymal beruffen ward, ausgeschlagen. In seinen Vorlesungen beschäftigte er sich hauptsächlich mit dem kanonischen Rechte. *Progr. fun.*

Burkh. Bardili, geb. zu Tüb. 1629. stud. hier, und ward Doktor der Rechte, 1653. ausserord. Prof. derselben, 1655. ord. Prof. 1660. herzogl. Rath, und Hofgerichtsassessor; starb, 1692. Ausser verschiedenen nüzlichen Dissertationen werden die kurz vor seinem Tode vollendete, *Conclusiones theoretico - practicae ad pandectas,* geschäzt. *Progr. fun.*

Joh. Andr. Frommann, geb. zu Coburg, 1626. stud. auf dem dasigen Gymnasio, und darauf zu Altdorf, Straßburg und Tübingen; ward nach vertheidigter Streitschrift, *de Jure furiosorum*, welche 1719. zu Tüb. neu aufgeleget worden, Doktor der Rechte zu Straßburg, 1655. begab sich nach Speyer, und bekam bald darauf die vortheilhafte Gelegenheit, mit den Pfalzgrafen bey Rhein, Christian und Johann Carl, durch die Schweiz, Frankreich, Holland, England, Dännemark und Teutschland zu reisen; ward ord. Prof. der Rechte zu Tüb. 1660. starb als Rektor der Universität, 1690. Einer der geschiktesten und fleißigsten Lehrer, dessen akademische Schriften, wovon eine beträchtliche Anzahl vorhanden ist, sich durch die Wahl der Materien, und deren methodische Bearbeitung, vortheilhaft auszeichnen. In dem Traktat, *de Actionibus*, hat er zu seiner Zeit vor andern etwas geleistet, und die ganze Lehre der akademischen Jugend durch eine gute Klassification erleichtert. Es sind auch hier noch in den neuesten Zeiten Vorlesungen darüber angestellet worden. Ich bemerke noch an ihm den Vater und Großvater von Männern, deren Verdienst der Staat, und die Kirche Würtenbergs wahre Verehrung schuldig ist. *Progr. fun.*

§. 66.

§. 66.

Unter den Arzneygelehrten:

Ge. Balth. Mezger, geb. zu Schweinfurt, 1623. stud. die Arzneyw. vornehmlich zu Padua; ward Prof. zu Giessen, 1653. Prof. zu Tüb. 1661. starb, 1687. Ein gründlich gelehrter, und zugleich praktischer Arzt, und einer von den Aufrichtern der k. Akademie der Naturforscher, unter dem Namen Amerikus. H. Eberhard III. zog ihn um seines guten Rufs willen nach Tübingen, um der durch die Schiksale des 30jährigen Krieges gesunkenen medicinischen Fakultät wiederum aufzuhelfen. Der Erfolg war günstig, indem von ihm wirklich eine neue Epoche für dieselbe anfängt, und gleich darauf eine Reihe von geschikten, und zum theil grossen, Aerzten aufgetreten ist, welche zu den Erweitern der Wissenschaft gehören. Die Anatomie war seine Hauptbeschäftigung. In diesem, und andern Theilen der Arzneyw. schrieb er wohl ausgearbeitete Dissertationen. Seine in der Handschrift hinterlassene *Ambrologia, seu theses physico-medicae de natura & usu Ambrae odoratae*, sind von seinem Tochtermann, Ros. Lentilius, herzogl. Würtenb. Leibarzte, mit Anmerkungen herausgegeben, und in dessen *Miscellanea medico-practica*, Ulm. 1698. 4. eingerükt worden. *Progr. fun.*

Joh. Ludw. Mögling, geb. zu Tüb. 1613. stud. hier, und ward Magister, 1629. begab sich um der Kriegsunruhen willen nach Altdorf; ward Doktor der Arzneywissenschaft zu Tüb. 1640. und darauf Stadtphysikus; ord. Prof. der Mathematik und der Naturlehre, und ausserord. der Arzneyw. 1660. ord. Prof. derselben, 1687. starb, 1693. Ein Mann von vortreflichen Naturgaben, Kenntniß der Philosophie

sophie und Mathematik, der Sprachen, und selbst der morgenländischen; zugleich bescheiden, und von aller gelehrten Eitelkeit entfernt. Einige Abhandlungen: *de inconsiderato acidularum usu; Theoria sanitatis; Vellus aureum;* sind von ihm bekannt. **Progr. fun.**

El. Rud. Cammerer, geb. zu Tüb. 1641. stud. hier, und ward Magister, 1658. Doktor der Arzneyw. 1663. gab hierauf in den medicinischen Wissenschaften Privatunterricht, und bekam eine ausserordentlich starke Praxin, daß er zulezt von Patienten, die sich seiner Hülfe nach und nach bedient hatten, über 33000 zählen konnte; ward Mitglied der k. Akademie der Naturforscher, unter dem Namen, Hektor I. 1669. herzogl. Rath und Leibarzt, 1672. orb. Prof. der Arzneyw. 1677. starb, 1695. Von diesem gelehrten und glüklichen Arzte sind 54 Dissertationen, auserlesenen Innhalts, vorhanden. Er war der Vater **Rudolph Jakobs** und **Elias**, und der Großvater **Alexanders**, berühmter Namen im folgenden Jahrhundert. **Progr. fun.**

§. 67.

Von Lehrern der philosophischen Fakultät, deren verschiedene, zum theil schon bemerkte, sich nachgehends in andern Fakultäten mehr Verdienst erworben haben, will ich ein paar anzeigen, die in ihrem Fache vorzüglich waren:

Christoph Caldenbach, geb. zu Schwibus, in dem Herzogthum Glogau, 1613. stud. zu Frankfurt an der Oder und Königsberg; ward an dem lezten Orte Prorektor der altstädtischen Schule; Magister, 1635.

Prof. der Geschichte, Beredsamkeit und Dichtkunst zu Tüb. 1656. starb, 1698. Ein Mann von vieler Belesenheit in den alten römischen Schriftstellern, vornehmlich den Dichtern, dessen lateinische Gedichte hier und da ein eigenes poetisches Talent zu erkennen geben. Die Regeln der Redekunst und Dichtkunst verstand er sehr gut, und hat, von dieser Seite betrachtet, durch Unterricht und Schriften, wie auch durch persönliche Aufmunterung der Studierenden, wahres akademisches Verdienst. Er beförderte auch mit Eifer die Aufnahme der teutschen Dichtkunst, schrieb eine besondere Anweisung hiezu, welches von keinem seiner Vorfahren bekannt ist, und lieferte hierinn selbst Versuche, die vor vielen andern seiner Zeit erträglich sind. Sein *Compendium Rhetorices* ist noch gegenwärtig, mit den nöthigen Zusäzen und Verbesserungen, in Würtenberg eingeführet. *Progr. fun.*

Matthäus Hiller, geb. zu Stuttgart, 1646. stud. in den Klöstern Hirsau, Bebenhausen, und im theol. Stifte zu Tüb. ward Magister, 1669. Repetent, 1673. Diakonus zu Herrenberg, 1678. Klosterpräceptor zu Bebenhausen, 1685. Prof. der Logik und Metaphysik zu Tüb. 1692. ord. Prof. der griechischen und morgenländischen Sprachen, und ausserord. der Theologie, wie auch Ephorus des theol. Stiftes, und Pädagegarcha, 1698. desiguirter Abbt zu Herrenalb, und zulezt Abbt zu Königsbrenn, 1716. starb, 1725. Ein grosser Kenner der morgenländischen Sprachen, insonderheit der hebräischen. **Institutiones linguae sanctae; Lexicon hebraico-talmudicum; Onomasticum sacrum; Hierophyticum,* das zu Utrecht 1725. herausgekommen; *Syntagmata hermeneutica; de Arcano Keri & Kethib,* wovon **Wagenseil** als von einer göttlichen Erfindung sprach, sind seine vornehmste, und auch ausser Teutschland

land bekannt gewordene Schriften. Die Vorrede des *Hierophytici*, von seinem Tochtermann, Sal. Pfister, damaligen Klosterpräceptor zu Bebenhausen, enthält seine Lebensgeschichte mit der Anzeige seiner gedrukten und ungedrukten Schriften.

§. 68.

Die vieljährige Regierung H. Eberhard Ludwigs, der im gegenwärtigen Jahrhundert eine neue feierliche Visitation der Universität vornehmen ließ (a), war für den Flor derselben ein günstiger Zeitpunkt. Mit Vergnügen erneuret sie das Andenken der Gegenwart des Würtenbergischen Erbprinzen, Friedrich Ludwigs (b), des damaligen Prinzen, und nunmehro durchlauchtigsten Regenten und Herrn, Carl Christian Erdmanns, Herzogs zu Würtenberg Oels (c), anderer Jünglinge von hoher Geburt (d), und eines zahlreichen Adels. Von der merklichen Aufnahme der Wissenschaften überhaupt, und dem akademischen Fleiße, wird sich aus dem Verdienst der Lehrer am besten urtheilen lassen, die ich hiernächst anzeigen werde.

(a) Im J. 1722. durch den geheimen Rath David Nathanael von Sittmann, den Consistorialvicedirektor, Schwichard Weinreich, und den Hofprediger und Consistorialrath, D. Eberh. Friedr. Hiemer.

S 5   (b) Im

(b) Im J. 1712. im Collegio illustri, woselbst er auch eine akademische Streitschrift öffentlich vertheidigte. Diesem Prinzen, der seine rühmliche Laufbahn schon 1731. vollendete, hielt im Namen der Universität sein vormaliger Lehrer, D. Christoph. Matth. Pfaff, Kanzler der Univ. und im Namen des Collegii illustris der damalige Prof. Ge. Bernh. Bilfinger, die Gedächtnißrede. Die leztere ist in teutscher Sprache abgefaßt, und stehet in dessen bekannten Sammlung kleinerer Schriften.

(c) Vom J. 1729 – 1733. Seine Hochfürstliche Durchlaucht führten eine geraume Zeit den akademischen Zepter mit Ruhm, und waren für die Studierende ein erhabnes Beyspiel des Fleisses und der Tugend.

(d) Z. E. im J. 1703. waren die Schwedische Grafen Gustav und Nikolaus von Bonde gegenwärtig, unter welchen jener mit Beystande des damaligen Prof. der Mathematik, Joh. Conr. Creilings, die Dissertation *de statera universali, s. Lege isodynamica &c.* öffentlich vertheidigte; im J. 1704. Joseph Evcharius Johannes Ignat. Schenk, Graf von Castell; 1705. Joseph Gregorius, Graf von Sidenitsch; 1716. Viktor Sigismund, und Friedrich Wilhelm, Grafen von Grävenitz; Claude, Graf von Stromberg; 1718. ein Schwedischer Graf, Carl Friedrich Piper; 1730. ein Graf von Ortenburg, und Georg Cogh von Wilster, ein Sohn des Schwedischen und Rußischen Admirals; 1732. die Rußische Prinzen Simon und Peter von Mariekin, unter dem Namen *de Bisukien, Gentilshommes de Russie.*

§. 69.

§. 69.

H. Carl Alexander (a) verband mit den Eigenschaften eines Kriegshelden Neigung zu den Wissenschaften, und eigene Kenntniß, besonders der mathematischen. Er belohnte das Verdienst um dieselben, wovon unter den Lehrern Bilfinger und Canz glänzende Beyspiele sind, beförderte die Ausbreitung der zuvor verfolgten Leibnizischen und Wolfischen Philosophie, und würde in der gelehrten Geschichte Würtenbergs eine nach allen Theilen wichtige Epoche gemacht haben, wenn nicht die kriegerische Zeiten, und noch mehr das Schiksal einer kurzen Regierung, die schönste Aussichten unterbrochen hätten. Seine durchlauchtigste Gemahlinn, H. Maria Augusta, nachmalige Mitobervormunderinn, eine geistvolle Prinzessinn, die in dem persönlichen Umgang mit wahren Gelehrten ihr Vergnügen fand, unterstüzte und belebte die akademischen Anstalten, ermunterte die Lehrer, zog einige unter ihnen von Zeit zu Zeit in ihre hohe Gesellschaft, und erwies einsmals der Universität die feierliche Ehre, bey einer öffentlichen Inauguraldisputation vor einer zahlreichen Versammlung die Opponentenstelle zu vertreten (b). Das waren angenehme Vorbereitungen zu der merkwürdigen Epoche

unter

unter der Regierung des Durchlauchtigsten Nachfolgers, und es gefiel der Fürsehung, den Vater durch kriegerische Tapferkeit und fremden Staaten erfochtene Siege, und den Sohn durch die Aufnahme der Wissenschaften und Künste, und Pflanzung rechtschaffener Mitbürger für die Nachwelt in seinen eigenen, unsterblich zu machen.

(a) Bey dem Antritt seiner Regierung ist die akademische Schrift bemerkenswerth: *Panegyricus Serenissimo Principi ac D. D. Carolo Alexandro D. W. &c. cum fasces regimenque Ducatus Würtenbergici fausto omine capesseret, Tub. d. XXV. Jan. MDCCXXXIV. dictus a Senatus academici Tubingensis interprete*, D. CHRISTOPH. MATTH. PFAFFIO, *Univ. Cancellario*. Eben dieser hielt am 11. May 1737. die Trauerrede im Namen der Universität, und von Seiten des Collegii illustris der damalige Prof. Günther Albrecht Renz, nachmaliger herzogl. Würtenbergischer, und zulezt Markgräfl. Badenscher geheimer Rath, in welcher Würde er 1766. zu Carlsruhe starb.

(b) Den 11. Dec. 1742. in der medicinischen Fakultät, unter dem Vorsize des sel. D. Burkh. Dav. Mauchards.

§. 70.

Unter den akademischen Lehrern dieser Periode sind einige von entschiedener Grösse, und Zierden des gegenwärtigen Jahrhunderts. Ich werde auch hier meinem

meinem Plan gemäs, nur diejenige nach der Zeitfolge nennen, deren Verdienst mir in einem und dem andern Theil hervorstechender geschienen, oder von denen etwas eigenes bemerkenswehrt ist, der Achtung unbeschadet, welche die Universität dem Andenken anderer, hier nicht genannten, Lehrer schuldig zu seyn erkennet. Diejenige, welche von der philosophischen Fakultät zur theologischen übergegangen, oder in beeden zugleich gelehrt haben, will ich bey der Fakultät anzeigen, worinn sie nach ihrer natürlichen Anlage und Neigung, oder als Schriftsteller, etwa einen Vorzug haben. Einige haben die Zeit der jezigen Regierung erreicht, und noch mehrere Jahre der Universität Dienste geleistet. Ich seze sie aber hieher, weil sie von den vorhergehenden Regenten aufgestellet worden, und den besten Theil ihrer Kräfte in diesem Zeitlauf aufgeopfert haben.

§. 71.

Theologen:

Joh. Wolfg. Jäger, geb. zu Stattgart, 1647. stud. in den Klöstern Hirsau und Bebenhausen; kam in das theol. Stift zu Tüb. 1665. ward Magister, 1669. Repetent, 1671. Informator des Würtenb. Prinzen, Carl Maximilians, mit dem er durch die Schweiz nach Italien reisete, 1676. hierauf Inforformator bey deſſen H. Bruder, Dr. Georg Friedrich; Prof. der lateiniſchen Sprache und der Geographie zu Tüb. 1680. ord. Prof. der griechiſchen Sprache, 1681. der praktiſchen Philoſophie, und Ephorus des theol. Stiftes, 1684. der Logik und Metaphyſik, 1688. D. und außerord. Prof. der Theol. auch Superattendent des theol. Stiftes, 1693. Abbt zu Maulbronn und Generalſuperintendent, 1698. Conſiſtorialrath und Stiftsprediger zu Stuttgart, auch Viſitator der Univerſität, 1699. Prof. Theol. primarius, Kanzler und Probſt zu Tüb. 1702. zugleich Abbt zu Adelberg, und Generalſuperintendent, 1709. ſtarb, 1720. Er verdienet unter den gelehrteſten Theologen, und nüzlichſten akademiſchen Lehrern einen Plaz, zu welchem Amte er, nach dem Ausdruk Weismanns, ſeines Schülers, gebohren und gemacht war. Sein Vortrag war deutlich, ſyſtematiſch, und nach dem Lehrbegrif unſrer Kirche, wie er von den Reformatoren und älteren Theologen beſtimmet worden, genau eingerichtet; von welcher Seite auch ſein theologiſches Lehrſyſtem, das bekannteſte unter ſeinen Werken, und beſonders das in Würtenberg bisher eingeführte *Compendium theol.* immer ſeinen Wehrt hat, ungeachtet das erzwungene und unbequeme der ſogenannten Foederal- und Cauſſalmethode, noch mehr aber die ſeit der Zeit nöthig gewordene Zuſäze und Verbeſſerungen den Wunſch nach einem neuen Handbuche erregen, der durch höchſte Veranſtaltung bald zur Erfüllung kommen wird. In der Polemik war ſeine Stärke, und in dieſem Felde zeigte er einen beſonders lebhaften Eifer gegen Mad. Bourignon, Poiret, und ihre Anhänger. Auch die neuere Kirchengeſchichte iſt von ihm, im Parallelismus mit der weltlichen, bearbeitet worden: ſeiner philoſophiſchen, beſonders moraliſchen, Schriften nicht zu gedenken. *Progr. fun.* Weism. l. c. p. 972.

Joh.

Joh. Christoph Pfaff, geb. zu Pfullingen, 1651. stud. in den Klöstern Hirsau, Bebenhausen, und im theol. Stifte zu Tüb. ward hier Magister, 1673. und nachgehends Repetent; Diakonus zu Urach, 1683. zu Stuttgart, 1685. ord. Prof. der Philos. und ausserord. der Theol. zu Tüb. 1697. Doktor der Theol. und Superattendent des theol. Stiftes, 1699. ord. Prof. der Theol. Pastor und Superintendent zu Tüb. 1705. Dekan der Stiftskirche und erster Superatendent des theol. Stiftes, 1707. starb, 1720. Ein Theologe von vieler Beurtheilungskraft, und einem nervösen Vortrage. *Dissertationes in Matthaeum Evangelistam; Annotationes in Synopsin Theod. Thummii; Sylloge Controversiarum; Dogmata Protestantium ex Jure canonico depromta; Supplementa ad Commentarium Dorschei in Epistolam ad Hebraeos;* sind seine vornehmste im Druk erschienene Schriften. · Progr. fun. WEISM. *l. c. p. 972.*

Andreas Ad. Hochstetter, geb. zu Tüb. 1668. stud. zu Maulbronn, und im theol. Stifte zu Tüb. ward hier Magister, 1683. reisete, 1688. durch Teutschland, Holland und England; ward Diakonus zu Tüb. 1690. Prof. der Beredsamkeit und Dichtkunst, 1697. der Moral, 1702. Prof. quartus der Theol. Superattendent des theol. Stiftes und Abendprediger, 1705. ord. Prof. der Theol. Pastor an der Stiftskirche und Superintendent, 1707. herzogl. Oberhofprediger, Consistorialrath, und Abbt zu St. Georgen, 1711. trat sein Tübingisches Lehramt wieder an, 1714. starb als Rektor der Univ. 1717. Einer der vorzüglichsten Lehrer. Er besaß gründliche Wissenschaft der Theologie und Philosophie, besonders der Moral, Kenntniß der Sprachen und zur Humanität gehörigen Wissenschaften, Beredsamkeit und Anmuth, mit rechtschaffenen Gesinnungen ver-

vereinigt. Die Hochachtung gegen ihn war allgemein. Vix aliud reperias exemplum simile Theologi, sagt Weismann, quem viventem mortuumque tanto amore tantaque cum veneratione & doloris quoque significatione prosecuti essent omnes, quam hic ipse Hochstetterus noster. Von seinen Schriften, worunter sich verschiedene sehr lesenswürdige Dissertationen, theologischen und philosophischen Innhalts, befinden, ist das *Collegium Pufendorfianum* die bekannteste, und, wenigstens in Würtenberg, in den Händen der meisten Studierenden. An den Anmerkungen zu Hedingers neuen Testamente hatte er vielen Antheil, und schüzte diesen rechtschaffenen Mann gegen einige Angriffe. Er wurde auch in der Separatistensache zu Calw als Kommissär gebraucht. *Progr. fun.* Mosers erläut. Würtenb. I. Th. S. 233. u. f. WEISM. *l. c.* p. 973.

Joh. Ulrich Frommann, geb. zu Tüb. 1669. stud. hier, und ward 1687. Magister; reisete durch Teutschland, 1693 — 1695. ward Diakonus zu Böblingen, 1698. zu Tübingen, in eben diesem Jahr; D. und ausserord. Prof. der Theol. Superattendent des theol. Stiftes, und Abendprediger, 1711. starb, 1715. Seine Dissertationen, *Atheus stultus,* zeichnen sich unter den damaligen Schriften gleichen Innhalts durch ihre Gründlichkeit und Zierlichkeit aus. *Progr. fun.* WEISM. *l. c. p. 1213.*

Gottfr. Hoffmann, geb. zu Stuttgart, 1669. stud. frühzeitig im theol. Stifte zu Tüb. und ward hier Magister, 1685. reisete auf herzogliche Kosten durch einen Theil der Schweiz, Teutschland, Holland und England, 1688 — 1691. ward Diakonus zu Stuttgart bey St. Leonhard, und bey der verwittibten Frau Herzoginn von Würtenberg, Sibylla, Prediger

ger und Beichtvater, 1692. stieg durch die gewöhnliche Stuffen zum Oberdiakonus daselbst; ward ord. Prof. der Logik und Metaphysik zu Tüb. aufferord. der Theol. und Ephorus des theol. Stiftes, 1707. Prof. quartus der Theol. Abendprediger und Superattendent des theol. Stiftes, 1716. Doktor der Theol. 1717. und bald darauf ord. Prof. der Theol. und Pastor an der Stiftskirche; Dekan derselben, und erster Superattendent des theol. Stiftes, 1720. starb, 1728. Als Prediger zu Stuttgart erwarb er sich, auffer den gewöhnlichen Amtsverrichtungen, durch seinen Antheil an der Stuttgartischen Bibelausgabe vom J. 1704. an den Anmerkungen des Hedingerischen neuen Testamentes, und dem Hedingerischen Gesangbuche, durch die ihm von seinen Obern aufgetragene persönliche Unterredungen mit den Separatisten, und zum Druk gekommene Prüfung des einreissenden Separatismus, wie auch Beicht- und Communionandachten, ein nicht geringes Verdienst um die Würtenbergische Kirche; und als akademischer Lehrer und Schriftsteller, durch seine bekannte *Synopsin Theologiae purioris; Commentationem synopticam in Aug. Conf. ceterosque Ecclesiae nostratis libros symbolicos; Dissertationes anti-Hottingerianas; anti-Pontificias;* verschiedene andere dogmatische und polemische Dissertationen, und in seinem philosophischen Lehramte, auch metaphysische, wobey er immer auf deren nützlichen Gebrauch in der geoffenbarten Theologie sein Augenmerk richtete. *Progr. fun.* Mosers erläutertes Würtenberg. II. Th. S. 207. u. f. WEISM. *l. c. p. 973.*

Christian Hagmajer, geb. zu Blaubeuren, 1680. stud. daselbst, und im Kl. Bebenhausen; kam nach Tüb. in das theol. Stift, 1699. ward Magister, 1702. Repetent, 1706. Diakonus zu Tüb. 1711. ord. Prof. der Logik und Metaph. auch Rektor Con-
tuber-

tubernii, 1716. Prof. quartus der Theol. und Superattendent des theol. Stiftes, 1726. Doktor der Theol. 1727. ord. Prof. der Theol. und Pastor an der Stiftskirche, 1730. Abbt zu Hirsau, 1741. starb, 1746. Seine philosophische Dissertationen, größtentheils ontologischen Inhalts, geben einen denkenden Mann zu erkennen. Dieses Gepräge haben auch seine theologische Abhandlungen. Mosers erläutertes Würtenb. I. Th. S. 188. u. f. *Progr. fun.*

Christoph Matthäus Pfaff, geb. zu Stuttgart, 1686. stud. zu Tüb. im theol. Stifte, und ward Magister, 1702. Repetent, 1705. reisete 1706. durch Teutschland, Holland und England; darauf mit dem Würtenbergischen Erbprinzen Friedrich Ludwig, als Insormator und Reisprediger, nach Turin, Holland und Frankreich; ward D. und ord. Prof. der Theol. zu Tüb. 1717. Prof. primarius, Kanzler der Univ. und Abbt zu Lorch, 1720. nachgehends Comes palatinus; Mitglied der Akademie zu Berlin; Erbherr auf Mieringen und Mühlen am Nekar; zulezt Kanzler zu Gießen, und Generalsuperintendent, 1756. starb, 1760. Das Verdienst dieses berühmten akademischen Lehrers und Schriftstellers, dessen Schüler die meiste jezt lebende Theologen Würtenbergs, und sehr viele auswärtige sind, ist in allzufrischem Andenken, als daß hier eine genauere Bestimmung desselben nöthig wäre. Natürliche Anlage der Seelenkräfte, zwekmäsige Erziehung eines würdigen Vaters, vieljährige mit Vortheil unternommene Reisen, äusserliche Glüksumstände, mit einem anhaltenden Fleisse, und dauerhaften Leibesbeschaffenheit vereinigt, bildeten einen Mann von seltner Gelehrsamkeit, und bewundernswürdigen Fertigkeit im mündlichen und schriftlichen Vortrage. Er bearbeitete alle Theile der Theologie, und besonders

bis

die Litterargeschichte derselben, die Kirchengeschichte, worinn er um die Würtenbergische ein eigenes Verdienst hat, und das protestantische Kirchenrecht. Diese Polymathie und Polygraphie, mit den natürlichen Schwachheiten des Alters, werden das Urtheil über ihn, als Schriftsteller, immer glimpflich ausfallen lassen, wenn seine leztere Schriften unter dem Werthe der ältern angetroffen werden. Nie hat sich wohl ein protestantischer Theologe in ein so grosses Ansehn bey fremden Religionsverwandten zu sezen gewußt, als er. Seine irenische Vorschläge, wie auch einige besondere Meynungen, sind unter den Gottesgelehrten bekannt. Ein nicht geringer Theil seines akademischen Verdiensts besteht darinn, daß er viele hoffnungsvolle Jünglinge nicht nur durch seinen Unterricht und Vorgang, sondern auch durch besondern Rath, und gestatteten Zutritt zu seiner vortreflichen Büchersammlung, aufgemuntert hat. D. Christ. Polykarp Leporin hat schon 1726. sein Leben, Streitigkeiten und Schriften beschrieben, nach ihm Joh. Jak. Moser, in dem Beytrage zu einem Lexiko der jezt lebenden Theologen, Züllichau, 1740. II.Th. S. 640. u. f. Ernst Luow. Rathelffs, u. a. nicht zu gedenken. H. Prof. Schrökh, zu Wittenberg, hat zu einer Biographie dieses merkwürdigen Mannes Hoffnung gemacht, welche mit Verlangen erwartet wird.

Christian Eberh. Weismann, geb. zu Hirsau, 1677. kam nach Tüb. in das theol. Stift, 1689. ward Magister, 1693. Repetent, 1699. Diakonus zu Calw, 1701. Hofkaplan zu Stuttgart, 1705. Prof. am dasigen Gymnasio, und Mittwochsprediger an der Stiftskirche, 1707. Prof. quartus der Theol. und Pastor zu Tüb. 1721. Doktor der Theol. 1722. ord. Prof. der Theol. 1726. Dekan der Stiftskirche und Superattendent des theol. Stiftes, 1730. starb, 1747. Bey einer gründlichen Gelehrsamkeit, voll Mäßigung, Sanftmuth und thätiger Menschenliebe. Seine *Introductio in Memorabilia historiae sacrae N. T.* zeiget einen sehr billigen Beurtheiler der Menschen, und ehrerbietigen Forscher der göttlichen Mittel und Absichten bey der Ausbreitung der christlichen Religion. Verehrer derselben werden darinn immer eine angenehme Nahrung finden. Die *Institutiones Theologiae exegetico-dogmaticae* empfehlen sich durch die genaue Zergliederung der vornehmsten Beweisstellen der Schrift, durch die gewissenhafte Herleitung der Lehrsäze aus denselben, und durch viel gute praktische Bemerkungen. Seine Dissertationen, deren er eine beträchtliche Anzahl verfertigte, verrathen eben diesen beobachtenden, mit Gewissenhaftigkeit prüsenden, und bey allen Gelegenheiten auf das praktische Christenthum bringenden Mann, und enthalten manche sehr sinnreiche Anmerkungen, in einem nervösen Styl. Wenn ihn die grosse Verehrung der geoffenbarten Religionswahrheiten philosophische Säze angreiffen hieß, die ihm auch nur entfernter weise der Religion einige Gefahr zu drohen schienen, so geschahe das immer mit Bescheidenheit und Mäßigung. Diesen Charakter behauptete er gegen den Marquis d'Argens, der ihn im Gegentheil nicht nach den Sitten der feinern Welt behandelte, in der Bestreitung der Leibnizisch-Wolfischen Lehrsäze von der besten Welt und dem Ursprung des Bösen, und in allen seinen Streitschriften. Mosers erläut. Würtenb. II. Th. S. 165. u. f. Ebendesselben Lexikon der jezt lebenden Theologen. Progr. fun.

Johann Christian Klemm, geb. zu Stuttgart, 1688. stud. am dortigen Gymnasio; kam in das theol. Stift zu Tüb. 1705. ward Magister, 1707.
Repe-

Repetent, 1710. aufferord. Prof. der Philof. 1717. orb. Prof. der Kritik und der griechischen Sprache, 1720. aufferord. Prof. der Theol. 1725. zugleich Prof. der morgenländischen Sprachen, 1726. Doktor der Theologie, 1730. orb. Prof. derselben und Superattendent des theol. Stiftes, 1736. Dekan der Stiftskirche, und erster Superattendent, 1747. starb als Rektor der Universität, 1954. Eine nicht gemeine Gelehrsamkeit in der Theologie, Philosophie und Philologie, geben seine akademische Schriften zu erkennen. Auch mit der scholastischen Philosophie war er bekannt, und zeigte bey den öffentlichen Streitübungen eine ausnehmende Fertigkeit in der Disputirkunst. Durch seine Schrift, die nöthige Glaubenseinigkeit der protestantischen Kirchen — Tüb. 1719. 4. und darauf in lateinischer Sprache, mit Zusäzen, *Schediasma irenicum* — Ratisb. 1720. 4. ward er der erste Urheber der bekannten Unionsversuche, in welchen sich, unter den Tübingischen Theologen, nebst ihm, vornehmlich Christoph Matth. Pfaff hervorgethan, und hernach eine Menge von Schriftstellern, geistlichen und weltlichen Standes, für und wider, die Feder ergriffen hat. Mosers erläutertes Würtemb. II. Th. S. 189. u. f. *Progr. fun.* Tübingische Berichte von gel. Sachen, J. 1754. St. 42. woselbst auch, St. 45. ein vollständiges Verzeichniß seiner Schriften vorkommt.

§. 72.

Rechtsgelehrte:

Gabriel Schweder, geb. zu Eßlin, 1648. stud. zu Coburg, Jena, und zulezt zu Tüb. 1663. ward Hofgerichtsadvokat, und bald darauf Doktor der Rechte, 1674. Hofgerichtsassessor, 1677. orb. Prof. des Staats-

Staats - und Lehnrechtes, 1681. Comes palatinus, zur Belohnung für die akademische Schrift, *de Jure augustissimi Imperatoris in Ducatum Mediolanensem*, 1703. 4. starb, 1735. Als Schriftsteller erwarb er sich durch viele akademische Abhandlungen, welche sein Enkel, **Wolfgang Paul Burgermeister**, zusammen druken lassen, 1731. 4. II. *Voll.* durch gründliche rechtliche Bedenken, die der neuen Tübingischen Collektion, *Vol. I.* und *VI.* einverleibet worden, vornehmlich aber durch seine *Introductionem in Jus publicum*, worinn er eine neue Bahn öfnete, einen ausgebreiteten Ruhm, und, als 54-jähriger Lehrer der Universität, ein seltnes Verdienst um dieselbe. Ein Greis, dem der Himmel nach allen Theilen günstig war, und der, zu einem ausserordentlichen Beyspiel, 6 Jubelfeierlichkeiten, der Stiftung der Universität, der Reformation, des Augsburgischen Glaubensbekenntnisses, des Ehestandes, der Professur und des Hofgerichtsassessorats erlebte. *Progr. fun.*

Michael Graß, geb. zu Wolgast, 1657. stud. zu Greifswalde, und kam 1683. nach Tübingen; ward hier Hofmeister bey dem Grafen **Wilhelm Friedrich**, von Solms-Braunfels; ausserord. Prof. am hiesigen Collegio illustri, und Doktor der Rechte, 1687. ord. Prof. bey der Universität, 1692. nachgehends des Collegii illustris, und Hofgerichtsassessor primarius; starb, 1731. Durch seine *Collationes Juris civilis romani cum recessibus Imperii*, hat er eigenes und vorzügliches Verdienst, und erhielt deswegen von K. Carl VI. ein Gnadenzeichen, mit Anerbietung des Charakters eines kaiserlichen Raths, und Ritterbriefs, welches er aber von sich ablehnte. Ausser denselben werden viele sowohl in das Privat- als Staatsrecht einschlagende Dissertationen von den

Rechts-

Rechtsgelehrten geschäzt. Seine rechtliche Bedenken sind im Vten Bande der neuen Tübingischen Collection, mit vorgesezter kurzen Lebensbeschreibung, enthalten. *Progr. fun.*

Joh. Andreas Frommann, geb. zu Tüb. 1672. stud. hier; reisete nach Frankreich; ward Doktor und ausserord. Prof. der Rechte, 1699. bald darauf ord. Prof. derselben; nachgehends herzogl. Würtenb. Regierungsrath, und zulezt geheimer Rath; Kreisgesandter und Mitglied der Universitätsvisitationsdeputation; starb zu Stuttgart, 1730. Ein einsichtsvoller und sehr arbeitsamer Mann, der seinen akademischen Lauf mit gleicher Ehre, wie den andern in den Staatsgeschäften, vollendet hätte, wenn er nicht zu diesen bald abgeruffen worden wäre. Neben vielen rechtlichen Bedenken, die er in seinem und der Fakultät Namen ausgearbeitet, sind von ihm folgende akademische Schriften bekannt: *Diss. de oppignoratione feudorum regalium particulari, sine consensu Domini jure & moribus permissa; de revocatione privilegiorum licita; de Commissariis militaribus; de exhaeredatione liberorum bona mente facta. Progr. Profess.*

Stephan Christoph Harpprecht, von Harpprechtstein, geb. zu Lustnau, bey Tüb. 1676. stud. hier, und zu Halle; ward zu Tüb. Doktor der Rechte, und ausserord. Prof. 1702. nachgehends ord. Prof.; herzogl. Würtenb. Regierungsrath und Kammerprokurator, 1709. bezog nach etlichen Jahren seine Professur wieder; ward Fürstl. Lichtensteinischer Hofrath und Kammerdirektor, 1713. fürstl. Mansfeldischer Kanzler; fürstl. Holsteinischer Justizrath, Prof. primarius der Rechte, und zulezt Prokanzler zu Kiel, 1722. Rath der Reichsritterschaft am Mittelrhein, und anderer Reichsstände, 1728. geheimer Rath H. Anton Ulrichs

richs von Sachsen-Meiningen, 1730. starb zu Wien; als fürstl. Lichtensteinischer geheimer Rath, 1735. Seine grosse Lebhaftigkeit, und die verschiedene Hindernisse, die er hier und da seinen Absichten entgegen fand, liessen ihn nicht lange in einer Stelle. K. Carl VI. erhob ihn in den Adelstand, und beehrte ihn mit dem Charakter eines kaiserlichen Raths, und einer Gnadenkette. Als Schriftsteller machte er sich durch, *Non usum modernum speculi suevici & praesertim juris feudalis Alemanniae in terris Vicariatus suevo-franconico-palatini; de jure sessionis & praecedentiae nobilitatis immediatae prae civitatibus imperialibus;* einige andere Dissertationen und Deduktionen, bekannt. *Progr. Prof.*

Jak. Dav. Mögling, geb. zu Tüb. 1680. stud. hier; und ward Licentiat der Rechte, 1703. reisete mit den Schwedischen Grafen, Gustav und Nikolaus von Bonde, durch einen Theil von Teutschland nach Italien, Frankreich und Holland; ward Doktor und ausserord. Prof. der Rechte zu Tüb. 1705. darauf Hofgerichtsassessor, und 1714. ord. Prof. und herzogl. Rath; starb, 1729. Ein sehr geschikter und arbeitsamer Lehrer, von dem noch viel mehr zu erwarten war, wenn nicht ein frühzeitig geschwächtes Nervensystem seinen Bemühungen Grenzen gesezt hätte. Von seinen gedrukten Schriften sind die Abhandlungen, *de summo militiae imperialis Praefecto; de electione certae personae industriae; Collatio juris civilis romani cum senatorio Hallensi circa materiam emphyteuseos in Salinis, & Successionis Conjugum;* wie auch die Ausgaben von *Myleri ab Ehrenbach Stratologia*, und, *Speidelii Bibliotheca juridica*, anzumerken. *Progr. fun.*

Joh. Jakob Moser, geb. zu Stuttgart, 1701. stud. zu Tüb. und ward hier Licentiat der Rechte, und ausseraufferord. Prof. 1720. Prof. derſelben am Collegio illuſtri, 1729. Er privatiſirt dermalen, unter dem Charakter eines königl. Däniſchen Etatsraths, zu Stuttgart. Von den verſchiedenen Aemtern, Schikſalen, Verrichtungen, Schriften, dieſes berühmten und noch immer unermüdeten Schriftſtellers enthält die vollſtändigſte Nachricht: Lebensgeſchichte Joh. Jak. Moſers von ihm ſelbſt beſchrieben, im Jahr 1768. 8. und die neuern Zuſäze zu ſeinen Schriften, mit einer bequemen Klaſſifikation derſelben, das Würtenbergiſche Gelehrten-Lexikon. 1772. I. Th.

Georg Friedrich Harpprecht, geb. zu Tüb. 1676. ſtud. hier, und ward Doktor der Rechte, und Hofgerichtsadvokat, 1699. reiſete hierauf nach Berlin, und beſuchte bey dieſer Gelegenheit verſchiedene Univerſitäten Teutſchlandes; ward herzogl. Würtenb. Rath, und Hofgerichtsaſſeſſor, 1704. ord. Prof. der Rechte, 1722. ſtarb, 1754. Seine Stärke im Privatrecht war vorzüglich, und die von ihm ausgearbeitete *Conſilia* (der ſiebende Theil der neuen Tüb. Collektion), mit den *Decisionibus criminalibus*, haben bey den Rechtsgelehrten einen bekannten Werth. Von dieſer Seite blieb ſeine Brauchbarkeit auch den Auswärtigen nicht unbekannt, daß ihm die anſehnlichſte Aemter angetragen wurden, die er aus Liebe zum Vaterland ausſchlug. In jüngern Jahren verband er mit praktiſchen Arbeiten den akademiſchen Unterricht, und hatte ausnehmenden Beyfall. Dieſen opferte er nachgehends den ſtillen Bemühungen in der Studierſtube gänzlich auf, wo er in ſeinem Elemente war. Er hinterließ viele ſchäzbare Handſchriften. *Progr. fun.* Moſers Lexikon der jezt lebenden Rechtsgelehrten in Teutſchland; Züllich. 1738. 8. Tübingiſche Berichte von gel. Sachen, J. 1754. St. 20.

Johann Theodor von Scheffern, geb. zu Dinkelsbühl, 1687. stud. am Gymnasio zu Rotenburg an der Tauber, zu Jena, zu Halle, und zulezt 1707. zu Tübingen; ward hier Hofgerichtsadvokat, 1710. Doktor der Rechte, 1714. erwarb sich durch seine Brauchbarkeit in verschiedenen Angelegenheiten die Gnade H. Eberhard Ludwigs, und ward ausserord. Prof. der Rechte, 1715. herzogl. Rath und Hofgerichtsassessor, 1716. ord. Prof. der Rechte, 1718. wurde, besonders in den ersten Jahren seines Lehramtes, größtentheils bey Hofe und in Staatssachen gebraucht, auch an verschiedene auswärtige Höfe, und die höchste Reichsgerichte abgesandt; ward zu Wezlar Comes palatinus; endlich herzogl. Würtenb. geheimer Rath, und Oberhofkanzler, 1736. erhielt den Adelstand, 1737. kam nach H. Carl Alexanders Tode in Verdrüßlichkeiten, und starb zu Tüb. 1745. In seinem akademischen Lehramte war ihm besonders das Staatsrecht aufgetragen, worinn er viele, durch Erfahrung vermehrte, Wissenschaft besaß. Dieses, nebst dem kanonischen Rechte und der teutschen Reichsgeschichte, war der vornehmste Gegenstand seiner Bemühungen, die er übrigens bald mit Staatsgeschäften verwechslete. Daß er ein Mann von vorzüglichen Talenten, und einem praktischen Verstande gewesen, giebt das in ihn gesezte Vertrauen der Herzoge Eberhard Ludwigs und Carl Alexanders, in den wichtigsten Angelegenheiten, zu erkennen. Als Schriftsteller ist er durch die akademische Abhandlungen, *de Regalibus; de forma imperii romano-germanici; de jure detractus; de jure famulorum; de praecursu creditorum; de jure natalium nobilium Germaniae; de praesumtione juris & de jure; de Spuriis, eorumque jure respectu illorum, qui cum ipsorum matre concubuerunt; de insigni praeeminentia Principum Imperii majo-*

rum

rum prae *Principibus & statibus aliorum regnorum; de conscensione tori conjugalis;* bekannt. Von einigen geben sich die Respondenten als Verfasser an. *Progr. fun.* Mosers Lexikon.

Wolfgang Adam Schöpf, geb. zu Schweinfurt, 1679. kam nach Tüb. 1698. ward hier Doktor der Rechte, und herzogl. Rath, 1703. übte sich hierauf in der Praxi, und gab zugleich akademischen Privatunterricht; ward Hofgerichtsassessor, 1713. ausserord. Prof. der Rechte, 1716. Assessor der Juristenfakultät, 1718. orb. Prof. der Rechte, 1727. nachgehends des Collegii illustris, und Hofgerichts-Assessor primarius; starb, 1770. Der Name dieses im Dienst der bürgerlichen Rechtsgelehrsamkeit grau gewordenen, und bis ins höchste Alter unermüdeten Lehrers verdienet mit aller Achtung genennet zu werden. Er gehöret in die Reihe Lauterbachs und der Harpprechte. Auffer einer beträchtlichen Anzahl der brauchbarsten Dissertationen, deren verschiedene die Würtenbergische Rechte besonders erläutern, sind von ihm *Consilia* (der achte und neunte Theil der neuen Tübingischen Collektion); *Selectae Decisiones & resolutiones Tubingenses; Consilia juridica selectissima,* mit Sam. Stryks zusammen gedrukt; *Decisiones & resolutiones selectissimae; Tractatus theoretico-practicus de processu summi Appellationum tribunalis Würtenbergici, quod Tubingae est,* eine klassische Schrift, vorhanden. Den größten Theil seines Vermögens bestimmte er zu einer Stiftung für Studierende aus seiner Familie zu Schweinfurt, wohin auch seine Büchersammlung kam. Eine andere Stiftung haben die Studierende von seinen hiesigen Möglingischen und Damischen Anverwandten zu geniessen. Mosers erläutertes Würt. II. Th. S. 183. u. f. Ebendesselben Lexikon; *Progr. fun.*

Joh.

Joh. Jakob Helfferich, geb. zu Göppingen, 1692. stud. am Gymnasio zu Stuttgart; kam nach Tüb. 1707. besuchte hierauf einige andere Universitäten Teutschlandes, und Wezlar; ward Licentiat der Rechte, herzogl. Rath, und Prof. der Geschichte und Politik am Collegio illustri zu Tüb. 1714. reisete nach Holland, England und Frankreich; wurde zu London, mit Newtons Genehmigung, in die Gesellschaft der Wissenschaften aufgenommen; ward Doktor der Rechte, 1716. bald darauf Hofgerichtsassessor und Prof. des Staatsrechts am Collegio illustri; ord. Prof. des Staats- und Lehnrechtes bey der Universität, 1729. starb, 1750. Er beschäftigte sich hauptsächlich mit dem Staatsrechte, der Reichsgeschichte, der Numismatik und Heraldik, in welchen Wissenschaften er eine nicht gemeine Stärke besaß, und, nach seinem offenen und gesellschaftlichen Charakter, nicht nur seinen Schülern, sondern auch andern Freunden, mit Hintansezung eigener Vortheile, sehr mittheilend war. Er gehöret, wenigstens auf der hiesigen Universität, unter die ersten Beförderer der eleganten Jurisprudenz, und hinterließ eine ansehnliche Büchersammlung, nebst einem auserlesenen Münzkabinet, womit Seine jezt regierende Herzogliche Durchlaucht das Ihrige, das vorhin eines der beträchtlichsten in Teutschland ist, vor wenigen Jahren vermehret haben. Seine vornehmste Schriften sind: *de fictitia distinctione terrarum Germaniae in mediatas & immediatas, falsaque cumprimis eidem superstructa Immedietate Nobilium R. I. originaria; de jurisprudentia privata Ordinum Imperii; de eo quod justum est circa mutationem prioris Investiturae.* Mosers erläut. Würt. I. Th. S. 195. u. f. Ebendesselben Lexikon; *Progr. fun.*

Joh. Friedrich Mögling, geb. zu Tüb. 1690. stud. hier; und ward Hofgerichtsadvokat, 1714. Licentiat der

der Rechte, 1715. reisete nach Wezlar und Regens
spurg; advocirte nach seiner Zurükkunft zu Tüb. hielt
juristische Vorlesungen, und verfertigte viele Re
sponsa für die Fakultät; ward Doktor und ord. Prof.
der Rechte zu Giessen, 1731. herzogl. Würtenb.
Rath, und ord. Prof. zu Tüb. 1734. starb, 1765.
Im bürgerlichen Rechte und der Praxi bewies er
viele Geschiklichkeit. Seine akademische Schriften,
worunter einige um ihrer Brauchbarkeit willen beson
ders bemerkt und empfohlen zu werden verdienen,
sind: *Diss. de eo, quod justum est circa proportio-
nem in poenis surrogandis; Specimen differentia-
rum juris communis & Würtenbergici in caussis ma-
trimonialibus*, 2 Dissertationen; *de juramentis publicis; de contractu ad candelam*, vulgo: bey ans
gestektem, angezündetem, brennendem Lichte; *de di-
missione reorum sine sententia; de incendiis ex caussis improvisis; de favore dubio usurarum in concursu creditorum; de circularibus edictis contra
personas palantes, in specie Zingaros*, Jauner und
Spizbuben; *de identitate personae probanda; de
damno diminutionis frumentariae & vinariae im-
putando*, vulgo: Vom Abgang an Frucht und Wein;
*Schediasma selectiorum thesium; Dispositio pande-
ctarum methodica*. Mosers Schwäbische Merkwür
digkeiten. I. B. VII. St. *Progr. fun.*

Christian Heinrich Siller, geb. zu Kirchheim unter
Tek, 1696. stud. am Gymnasio zu Ulm; kam nach
Tüb. 1713. ward hier Licentiat der Rechte, 1717.
reisete nach Sachsen, und hielt sich besonders zu Hal
le auf; hierauf nach Wezlar, Wien und Regen
spurg; ward Doktor und ausserord. Prof. der Rechte
zu Tüb. 1719. zugleich herzogl. Rath und Hofge
richtsassessor, 1726. starb, 1770. Im bürgerli
chen, kanonischen und protestantischen geistlichen Rech
te

te war er sehr wohl bewandert, und hielt, besonders im leztern, über 20 Jahre Vorlesungen mit Beyfall. Ueberdieß verfertigte er viele Consilia und Responsa so wohl zur Fakultät, als unter seinem eigenen, und anderer guten Freunde, Namen, wie auch verschiedene wichtige Deduktionen und Schriften für einige Fürsten und Reichsstände an die höchsten Reichsgerichte. In Würtenberg verewigte er sein Andenken durch viele ansehnliche Stiftungen, für die dürftigste geistliche Wittwen im Lande, für arme und würdige Studierende, besonders die der Theologie gewidmete Siebenbürger, zu den Waisenanstalten zu Stuttgart und zu Ludwigsburg, zur Haltung der hiesigen Donnerstagskinderlehren, zur Vermehrung der Schuldienerbesoldungen, für die hiesige würdige Armen, für die bedürftigsten pia Corpora des hiesigen Oberamtes, und dergleichen. Die Grösse der Geldsumme, und die Art, nach welcher er dieselbe noch bey lebzeiten, mit Genehmigung seiner Kinder, aus den Händen gab, verdienet, als ein seltnes Beyspiel der Freygebigkeit und guten Gesinnungen in unserm Jahrhundert, öffentlich gerühmet zu werden. Seine wohl ausgenommene Schriften sind: *Diss. de figmento tutelae speciei quartae, pactitiae sive conventionalis; de concursu & electione utiliori remediorum contra sententias in supremis Imperii tribunalibus latas; de S. R. I. liberarum civitatum judicio amicabili; de abusibus, qui in Germania nostra in Collegiis vigent opificum, deque medelis contra easdem adhibendis*, von den Handwerksmißbräuchen in Teutschland, 2 Dissertationen, die 1729. als ein Traktat, mit Vermehrungen, herausgekommen; *de legitimatione per Rescriptum Principis Justiniano Imp. tanquam auctori atque inventori vindicata.* Mosers Lexikon; Progr. fun. Gedrukte Personalien.

§. 73.

§. 73.

Aerzte und Naturforscher:

Joh. Zeller, geb. zu Lienzingen, einem Würtenbergischen Dorfe, 1656. kam nach Tüb. 1671. absolvirte hier, 1680. ward Physikus zu Freudenstatt, und erhielt mit Beybehaltung seines Gehalts die Erlaubniß, eine gelehrte Reise zu machen, welche er auch durch Frankreich, Holland, und einen Theil von Teutschland unternahm; ward nach seiner Zurükkunft Doktor der Arzneywiss. 1684. Gefährte und Leibarzt des Erbprinzen, Albert Ernsts, von Oetingen, auf dessen Reise nach Frankreich, wo er seine Geschiklichkeit und Treue in Lebensgefahren des Prinzen bewährte; ausserord. Prof. der Arzneywiss. zu Tüb. 1686. darauf ord. Prof. derselben, herzogl. Würtenbergischer und Braunschweigischer, Fürstl. Oetingischer, auch einiger andern Fürsten und Stände, Rath und Leibarzt; starb, 1734. Einer der berühmtesten praktischen Aerzte seiner Zeit, der die Ehre genoß, im J. 1716. zur Assistenz in der Schwangerschaft und Niederkunft der Kaiserinn nach Wien berufen zu werden. Als Schriftsteller zeichnete er sich nicht durch zahlreiche, aber auserlesene und nüzliche, Dissertationen aus, die zum theil etliche male wieder abgedrukt worden. Die gemeinnüzigsten Institute Tübingens und Würtenbergs, das anatomische Theater, das chymische Laboratorium, die Apothekertaxe, die Visitationen der Apotheken des Landes, das Examen der Hebammen, die Einrichtung der Bäder und Gesundbronnen, haben ihm eine neue und verbesserte Gestalt zu danken. *Progr. fun.*

Rudolph Jak. Camerer, geb. zu Tüb. 1665. stud. hier, und ward Magister, 1682. reisete durch einen

nen Theil von Teutschland nach Holland, England, Frankreich und Italien; ward Doktor der Arzneyw. 1687. ausserord. Prof. derselben, und Aufseher des botanischen Gartens, auch Mitglied der Akademie der Naturforscher, unter dem Namen Hektor II. 1688. ord. Prof. der Naturlehre, 1689. ord. Prof. der Arzneyw. 1695. starb, 1721. Ein in allen Theilen der Arzneywissenschaft bewanderter Mann, und sehr scharfsinniger Beobachter der Natur. Seine akademische Dissertationen, deren über 60 vorhanden sind, haben größtentheils einen bleibenden Werth. Durch seine *Epistolam de sexu plantarum ad M. B. Valentinum*, Tub. 1694. öfnete er sich die Laufbahn seines Ruhms, der dem Ruhm eines Erfinders nahe kommt. Ich will das Zeugniß eines der größten Kenner beysezen: Elegantissimum opusculum, eruditum, dictione ipsa amoena, neque absque experimentis propriis — in numero etiam stirpium ita versatus, ut systematis Linnaeani quoddam rudimentum tradat. Classes enim androgynarum, monoeciarum, dioeciarum constituit. HERMANNI BOERHAVE. *Method. studii med. ed. ab* ALn. v. HALLER, *T. I. p. 210. sq. not.* Mosers erläutertes Würtenb. I. Th. S. 266. u. f. wo das akademische Leichenprogramm, mit der Anzeige einiger seiner Dissertationen, vorkomt.

Elias Camerer, geb. zu Tüb. 1672. stud. hier, und reisete durch einen Theil von Teutschland nach Holland und England; ward ausserord. Stadtphysikus zu Tüb. Mitglied der Akademie der Naturforscher, unter dem Namen Hektor III. und Doktor der Arzneyw. 1692. ausserord. Prof. derselben, 1693. begleitete hierauf den Würtenbergischen Erbprinzen, Friedrich Ludwig, als Leibarzt, nach Turin, 1708. ward durch Krankheit genöthiget, in sein Vaterland zurük-

zurükzukehren, 1710. und erhielt die Stelle eines ord. Prof. der Arzneyw. nebst dem Charakter eines herzogl. Raths und Leibarztes; starb, 1734. Ein Mann von Wize, Belesenheit, philosophischen Kenntnissen, guten Gesinnungen, und selbst in seiner vieljährigen körperlichen Schwachheit geschäftig, lehrreich, und angenehm. Er unterwarf alles einer genauen Prüfung, und besonders, was durch den Schein der Neuigkeit blenden konnte. Eine Probe davon gab er bey Beurtheilung der Hypothese von der Erzeugung der Menschen aus Saamenthierchen, in 2 lesenswürdigen Dissertationen, *de generatione hominis ex verme*, und, *de occulto humani corporis ortu*. Dieser Prüfungsgeist, mit Bescheidenheit verknüpft, machte ihn, in der Arzneywissenschaft und Philosophie, zum Eklektiker, und geneigt, verschiedene Meinungen, wo möglich, zu vereinigen. Einen übrigens mißlungenen Versuch enthält die Abhandlung: *Unionis animae cum corpore systemata tria in unum fusa*. Seine Dissertationen sind um der Wahl der Materien, sinnreichen Gedanken, und lebhaften Schreibart willen würdig, zusammengedrukt zu werden, wozu H. Friedrich Jakob Camerer, der Rechte Licentiat und Hofgerichtsadvokat allhier, die Hoffnung macht. Mosers *Würtenbergia literata viva; Progr. fun.*

Joh. Georg Duvernoy, geb. zu Mömpelgart, 1691. stud. am dasigen Gymnasio, und zu Basel; ward hier Doktor der Arzneywiss. 1710. reisete nach Paris, und trieb nach seiner Zurükkunft, 1712. die Medicin und Chirurgie zu Mömpelgart; ward, mit dem Charakter eines Hofmedikus des Fürsten Leopold Eberhards, Physikus von Horburg und Riquevir; ausserord. Prof. der Arzneyw. zu Tüb. 1716. Prof. der Anatomie und Chirurgie bey der Akademie

zu St. Petersburg, 1725. starb zu Kirchheim unter
Tek, einer anmuthigen Würtenbergischen Amtsstadt,
nachdem er viele Jahre, bey dem Genuß einer ruß-
sisch kaiserlichen Pension, daselbst privatisirt hatte,
1759. Von seinen anatomischen Bemühungen zu
St. Petersburg ist die Zergliederung eines Elephan-
ten bemerkenswerth, und von den hiesigen Ausarbeitungen, die Inauguraldisputation, *de colenda tuto,
cito & jucunde Lucina;* wie auch *Disquisitio ana-
tomica,* quae *V. Cl. Georg. Dan. Coschwiz, Pro-
fessoris Halensis, ductum salivalem novum per glan-
dulas maxillares, sublinguales linguamque excur-
rentem cum figuris aeneis sistit,* welche H. von
Haller unter ihm vertheidigte; und, *Designatio
plantarum circa arcem Tubingensem sponte floren-
tium.* In der Anatomie, nebst dem Handgriffe,
war seine Stärke. Seiner Kenntnisse und edlen Gesinnungen bewußt, verachtete er die ängstliche Bemühungen, sich äusserliche Vortheile und Ruhm zu erwerben, und besaß, in sehr mittelmässigen Umständen, bey dem empfindlichen Anblik einer von Geburt
an unglüklichen Tochter, eine innere Zufriedenheit,
die in seinem Privatleben dadurch verstärkt wurde,
daß er viele Gelegenheit fand, als ein uneigennüziger
und mitleidiger Arzt armen Kranken durch die ein-
fachsten Mittel Hülfe zu schaffen. *Progr. Profess.*
und, mit einigen Zusäzen, Mosers erläut. Würtenb.
L. Th. S. 277. u. f.

Alexander Camerer, geb. zu Täb. 1696. stud.
hier, und ward Doktor der Arzneyw. 1717. reisete
durch Oberschwaben und Franken; ward Aufseher
des hiesigen botanischen Gartens, und ausserord.
Prof. der Arzneywissenschaft; orb. Prof. 1722. und
nachgehends Mitglied der kaiserl. Akademie der Naturforscher unter dem Namen Hektor IV. starb, 1736.
Durch

Durch den Vorgang und Beystand seines Vaters und Onkle zum Fleisse aufgemuntert, übte er sich frühe im Unterrichte der akademischen Jugend, und fand Beyfall. Als praktischer Arzt wurde er, auch von Auswärtigen, öfters zu Rath gezogen. Von seiner Wissenschaft und akademischen Fleisse zeugen verschiedene Dissertationen: *De Botanica; de acidulis Engstingensibus; de apospasmate piae matris; de rhachitide; de peste; de fontibus soteriis sulphureis, Reutlingensi ac Balingensi; de sorbendi actu, modo, usuque multiplici* — Ein früher Tod unterbrach den glüklichsten Lauf dieses Gelehrten. *Progr. fun.*

Burkhard David Mauchart, geb. zu Marbach, 1696. stud. am Gymnasio zu Stuttgart, und darauf zu Tüb. 1712. gieng nach Altorf, und disputirte daselbst als Verfasser, *de vera glandulae appellatione* — unter Heisters Vorsize; reisete nach Straßburg und Paris; ward nach gehaltener inauguraldisputation, *de Hernia incarcerata*, Licentiat der Arzneywiss. zu Tüb. 1722. nach ausgeschlagenen auswärtigen Ruf herzogl. Hofmedikus; ord. Prof. der Anatomie und Chirurgie zu Tüb. 1726. bezog diese Stelle erst, 1728. ward Doktor der Arzneyw. und, auf einen zweiten auswärtigen sehr vortheilhaften Ruf, herzogl. Rath und Leibarzt, 1729. nachgehends Mitglied der kaiserl. Akademie der Naturforscher; starb, 1751. Ein berühmter Arzt, von vieler Theorie und Erfahrung, der zugleich das Glük hatte, das Zutrauen der Grossen zu gewinnen. In dem ihm aufgetragenen Lehramte der Anatomie und Chirurgie leistete er wirklich etwas vorzügliches. Insonderheit beschäftigte er sich mit der Theorie des Auges, und Heilung der Augenkrankheiten, und gab hievon durch seine *Lettre critique sur le Traité des* *maladies des yeux du Mr. S. Yves, 1722.* wie auch die inauguraldisputation, *de opthalmoxyſi novantiqua, ſeu Woolhuſiano-Hippocratica, nobiliſſima operatione ocularia* — 1726. frühe Proben. Seine akademische Schriften sind gründlich, und mit einer gewissen Zierlichkeit ausgearbeitet. Sie sind, ausser den angezeigten: *Progr. de injectionibus anatomicis; Diſſ. de Ectropio,* unter D. Zellers Namen; *de Butyro Cacao; de inſpectione & ſectione legali; Medicina in nuce; de lumbrico terete in ductu pancreatico reperto; de ulceribus corneae; de ungue oculi; de fiſtula corneae; de empyeſi oculi; de hypopyo; de ſetaceo nuchae, auricularum, ipſiusque oculi; de ſtruma oeſophagi; de vini turbidi clarificatione; corneae oculi tunicae examen phyſiologicum; de maculis corneae earumque operatione chirurgica, apotripſi, &c. de Leucomate Tobiae; de paracenteſi oculi in hydrophthalmia & amblyopia ſenum; de hydrophthalmia; de mydriaſi; de pupillae phthiſi & ſynizeſi; de lue vaccarum Tubing.* 2 Diſſ. *de ſaccharo lactis; de capitis articulatione cum prima & ſecunda colli vertebra, &c. de luxatione nuchae; de Synechia; de conjunctivae ac corneae veſiculis ac puſtulis; de epiplo-enterocele crurali; de ſtaphylomate; de pulſu intermittente ac crepitante; de oculo artificiali* ἐκβλεφάρῳ & ὑποβλεφάρῳ; *de palpebrarum tumoribus cyſticis; de meritis & fama D. Joh. Tayloris, Angli, oratio.* Mosers erläut. Würtenb. I. Th. S. 203. u. f. *Progr. fun.* Tüb. Ber. von gel. Sachen, J. 1753. St. 15.

Joh. Bakmeister, geb. zu Travemünde, 1680. ſtud. auf dem Gymnaſio zu Lübek, dem Johanneo zu Lüneburg, und darauf die Theologie zu Rostok, 1699. leiſtete nachgehends seinem Vater im Diakonat Hülse; legte sich aus besonderer Neigung auf die Arzneywissenschaft, zu Leipzig, 1703. gieng nach Jena, 1706. kam durch die Vorsorge seines Vetters, Johann von Bakmeister, kaiserl. Reichshofraths, und herzogl. Würtenb. geheimen Raths, nach Tüb. und ward hier Doktor der Arzneyw. 1707. orb. Physikus der Stadt, des theol. Stiftes, und des benachbarten Klosters Bebenhausen, auch ausserord. Prof. der Arzneyw. 1708. orb. Prof. 1736. Er hatte auch den Charakter eines Hochfürstl. Badenschen, und Gräfl. Pappenheimischen Leibarztes, und starb im Zellerbad, 1748. Ein brauchbarer, leutseliger, und sehr gewissenhafter Arzt. Von seinen akademischen Ausarbeitungen ist die Dissertation, *de eo, quod sanitati obest circa Diaetam, maxime in Aulis*, zu bemerken. *Progr. fun.*

Daniel Hoffmann, geb. zu Stuttgart, 1695. stud. zu Tüb. 1712. reisete nach Straßburg und Paris, und kam durch Lothringen und die Schweiz in sein Vaterland zurük; ward Doktor der Arzneyw. 1717. Mitglied der kaiserl. Akademie der Naturforscher, unter dem Namen, *Niceratus*, 1718. ausserord. Prof. der Arzneyw. 1719. orb. Prof. 1736. starb, 1752. Ein sehr erfahrner, und auch ausser Tübingen öfters mit Nuzen gebrauchter Arzt. Von seinen akademischen Schriften verdienen *Diss. de Podagra*, die erste Frucht seines Fleisses; *de Diarrhœa ac ardente febre, a quibus plerisque exteris, Lutetiae Parisiorum agentibus, periculum imminet; Annotationes ad hypotheses Goveyanas de Generatione, cum Diss. epistolari, de utilitate peregrinationis Gallicanae; Historia rarissimae sanationis cerebri violenter quassati, cum deperditione substantiae notabili*, eine Kur und Schrift, die ihm vorzügliche Ehre gemacht; *de aëre microcosmi factitio;* ange-

zeigt

zeigt zu werdeu. *Progr. fun.* Tübingische Berichte von gel. Sachen, J. 1752. St. 17.

§. 74.

Philosophen, und die zu dieser Fakultät gezählet werden, will ich nach den Disciplinen unterscheiden, welche hier von ihnen hauptsächlich vorgetragen worden. In der theoretischen Philosophie haben ein vorzügliches Verdienst:

Georg Bernhard Bilfinger, geb. zu Cantstatt, 1693. stud. in den Klöstern Blaubeuren und Bebenhausen; kam nach Tüb. 1710. ward Magister, 1712. Vikarius zu Blaubeuren und Bebenhausen; Schloßprediger zu Tüb. und zulezt Repetent; reisete mit herzoglicher Beyhülfe auf einige auswärtige Universitäten; ward ausserord. Prof. der Philos. zu Tüb. 1721. orb. Prof. der Moral und Mathematik am Collegio illustri, 1724. Prof. der Logik, Metaphysik und Physik zu St. Petersburg, 1725. nach geendigter Kapitulation baselbst, ord. Prof. der Theol. zu Tüb. und Superattendent des theol. Stiftes, 1731. herzogl. Würtenb. geheimer Rath, 1735. Präses Consistorii, und Mitglied der Universitätsvisitationsdeputation, 1737. starb zu Stuttgart, 1750. Das Andenken dieses Gelehrten vom ersten Rang ist um so verehrungswürdiger, als er nicht durch äusserliche Vortheile und Hülfsmittel in den Vorbereitungsjahren, und selbst unter einigen Hindernissen des Neides, durch zwekmäßigen Fleiß, und eigenes Verdienst, entwikelt worden, und den Saz, den er öfters im Munde führte, an seinem Beyspiel praktisch bestätiget hat, daß unser Leben ein einziger Zug seyn müsse.

Sein

Sein akademisches Verdienst bestehet theils in der Ausbreitung der mathematischen Wissenschaften und der Naturlehre, nach den darinnen gemachten neueren Entdeckungen, theils vornehmlich in dem mündlichen und schriftlichen Vortrage der metaphysischen, nach den Leibnizischen und Wolfischen Grundsäzen, die er mit Scharfsinn prüfte, und in ein neues Licht sezte; in beständiger Rüksicht auf das brauchbare und praktische bey den trokensten Materien, mit ehrerbietiger Behandlung der geoffenbarten Religionswahrheiten in Einschärfung der natürlichen, und mit rühmlicher Bescheidenheit und Mäßigung gegen alle, die einer andern Meinung sind. Er fand dadurch, bey einer überdieß vorzüglichen Gabe der Deutlichkeit und Lebhaftigkeit im Vortrage, die von seinen noch lebenden Schülern gerühmt wird, einen desto leichteren Eingang, und dämpfte die Bewegungen der Unwissenheit, des Vorurtheils und des Stolzes. Er besaß den wahren Geist der Methode, nicht den, der nur die Sprache der Mathematiker nachbetet, sondern der die Wahrheit Schritt vor Schritt verfolgt, auf alle Nebenwege einen behutsamen Blik wirft, und sich zur Ehre rechnet, in zweifelhaften Dingen seine Unwissenheit zu bekennen. Auch da, wo er Lieblingshypothesen unterstüzt und vertheidiget, wird man diesen würdigen Schüler *Leibnizens* und *Wolfs* durch Gründlichkeit und Bescheidenheit von den meisten seiner Zeit merklich unterscheiden. Als *Mathematiker*, war er scharfsinnig und sinnreich, wovon seine von der Akademie zu Paris gekrönte Preisschrift, *de causa gravitatis*, und die von ihm ausgedachte neue Befestigungsarten, wodurch er sich die vorzügliche Gnade H. *Carl Alexanders*, und den Beyfall vieler andern Kenner der Kriegskunst erwarb, Zeugen sind: als *Theologe*, gründlich, ernsthaft, vornehmlich in den Geheimnissen der Religion, und tolerant, welches seine theologische Dissertationen, Reden, und das im Namen der hiesigen Fakultät, nach den damals noch nicht besser bekannt gewesenen Umständen, verfaßte Bedenken, über die Mährische Brüdergemeinde, zu erkennen geben. Als Staatsmann betrachtet, beweisen sein Verdienst die Gnadenbezeugungen und Belohnungen der Durchl. Regenten Würtenbergs, H. Carl Alexanders, der Administratoren, und des jezt regierenden Herrn Herzogs. Und selbst von dieser Seite wird die Universität die Asche Bilfingers, ihres vormaligen Curators, der manche nüzliche Anstalt befördert, manches Vorurtheil zerstört, manches Genie aufgemuntert und hervorgezogen hat, dankbar verehren. Die Schriften, die er für die seinigen erkannt hat, sind folgende: *De harmonia animi ac corporis humani, maxime praestabilita, Commentatio hypothetica; de origine & permissione mali, praecipue moralis; Specimen doctrinae veterum Sinarum moralis & politicae; Dilucidationes philosophicae de Deo* — welche hier 1768. zum drittenmale aufgeleget worden, und, wenigstens in Würtenberg, immer noch ihre Liebhaber finden; Abhandlungen, verschiedenen Innhalts, in den Kommentarien der Akademie zu Petersburg, vom Jahr 1725. und folgenden; *Varia in fasciculos collecta, I. Dissertationes philosophicae & theologicae, II. Orationes latinae*; Sammlung einiger kleinen Schriften und Reden; *Supplement aux maximes ordinaires de Fortification; Nouveaux projets de Fortification; Idée d'une Citadelle; Nouveau Systeme de Fortification*, französisch und teutsch; Kurze Beschreibung einer ungelehrten Sezungsart; welche leztere Schriften nur in geringer Anzahl abgedrukt, und von dem Verf. an einige grosse Herren, Freunde und Liebhaber versendet worden. *Progr. Prof.* Mosers Beytrag zu einem Lexiko der

jezt

jezt lebenden Theologen; Leichenrede — gehalten von M. Wilh. Gottlieb Tafinger, Stiftsprediger, Consistorialrath ꝛc. Stuttg. 1750. fol. worinn die Lebensgeschichte sehr wohl verfaßt ist, und um so mehr angemerkt zu werden verdienet, als der Verf. von den akademischen Jahren an einer der vertrautesten Freunde Bilfingers war.

Israel Gottlieb Canz, geb. zu Grünthal, 1689. stud. im Kloster Bebenhausen, 1704. kam nach Tüb. 1706. ward Magister, 1709. Repetent, 1714. Diakonus zu Nürtingen, 1720. Klosterpräceptor zu Bebenhausen, 1721. Superintendent und Stadtpfarrer zu Nürtingen, 1733. ord. Prof. der Beredsamkeit und Dichtkunst zu Tüb. und Ephorus des theol. Stiftes, 1734. Prof. der Logik und Metaphysik, 1739. D. und Prof. der Theol. auch Superattendent des theol. Stiftes, 1747. starb, 1753. Er sezte muthig fort, was Bilfinger zur Ausbreitung der neueren Philosophie angefangen hatte, und überwand, von höherer Hand unterstüzt, die Hindernisse des Vorurtheils. Er war kein sklavischer Anhänger Wolfs, dachte selbst, und systematisch, ersann neue Hypothesen, und lehrte mit einem besondern Eifer den rechten Gebrauch der Leibnizischen und Wolfischen Lehrsäze in der geoffenbarten Theologie. Die Unsterblichkeit der Seele und die zukünftigen Dinge waren die angenehmste Gegenstände seiner Betrachtungen, und bey dem Vortrage derselben zeigte er allen Ernst und Nachdruk. In der praktischen Philosophie unternahm er eine neue Anordnung ihrer besondern Theile, bestimmte manche Begriffe genauer, als seine Vorgänger, und gab auch hier, ungeachtet der Unfruchtbarkeit verschiedener darinn vorkommenden abstrakten Säze, seine Fähigkeit zur Speculation, und seinen Hang zum

System zu erkennen. Nicht weniger systematisch behandelte er die geoffenbarte Theologie, mit allen Hülfsmitteln der Philosophie, übrigens auf eine Art, die sich von der falschen und übertriebenen Lehrart einiger andern, nun vergessenen, Gelehrten seiner Zeit vortheilhaft unterscheidet, in Rücksicht auf die Uebereinstimmung der Lehrsäze mit den symbolischen Büchern unsrer Kirche, und genauer Verbindung derselben mit der Moral. Er beschäftigte sich auch mit der Philologie, und hatte viele Belesenheit in den griechischen und römischen Schriftstellern, deren er eine auserlesene Sammlung besaß, die nun größtentheils die Bibliothek seines Sohnes, des hiesigen Rechtslehrers, zieret. Diesen vorzüglichen Eigenschaften ist noch die beyzufügen, wofür ihm die Nachkommen allen Dank schuldig sind, daß er die besten Köpfe unter den Studierenden, vornehmlich vom herzoglichen theologischen Stifte, kräftig schüzte und aufmunterte. Außer vielen Dissertationen, worunter vier *de immortalitate animae* zu ihrer Zeit einer besonderen Aufmerksamkeit würdig geachtet worden, sind von ihm folgende Schriften vorhanden: *Oratoria Scientiarum familiae toti cognata; Rudimenta Grammaticae universalis; Jurisprudentia Theologiae, seu de civitate Dei ex mente Leibnitii; de usu philosophiae Leibnitianae & Wolfianae in Theologia;* Ueberzeugender Beweis von der Unsterblichkeit der Seele; *Ontologia syllogistico-dogmatica; Ontologia polemica; Theologia naturalis thetico-polemica; Philosophia fundamentalis; Disciplinae morales omnes; Positiones de vocatione Ministrorum; Monstrum politicum detectum;* Fortgesezte Reinbeckische Betrachtungen; *Meditationes philosophicae; Compendium Theologiae purioris; Annotationes ad hoc Compendium,* welche von seinem Sohne, S. M. Georg Bernhard Canzen, der-
mali-

maligen Diakonus zu Herrenberg, Tüb. 1755. 8. herausgegeben, und mit einer Vorrede des hiesigen H. D. und Prof. Cotta begleitet worden. Unter den Handschriften, die er hinterließ, ist ein Kommentar über Grotii Buch, *de Jure belli & pacis*, die beträchtlichste. Mosers Lexikon; *Progr. fun.* Tübingische Berichte von gel. Sachen, J. 1753. St. 13.

§. 75.

In der praktischen Philosophie:

Joh. Eberhard Rösler, geb. im Kloster Lorch, 1668. stud. zu Blaubeuren und Bebenhausen, kam in das theol. Stift nach Tüb. 1686. gieng auf herrschaftliche Kosten nach Wittenberg, nach Holland, und zuletzt auf einige Zeit nach Hamburg; ward Informator der Würtenbergischen Prinzen, Carl Alexanders, nachmals regierenden Herzogs, und Heinrich Friedrichs, 1694. begleitete den ersten, als Reisprediger, nach den Niederlanden, an den Rhein, und nach Ungarn; ward ord. Prof. der Beredsamkeit und Dichtkunst zu Tüb. 1699. Prof. der praktischen Philosophie, Rektor des akademischen Contubernii, und Bibliothekar der Universität, 1705. Ephorus des theol. Stiftes, und Pädagogarcha der Schulen des obern Herzogthums, 1716. starb, 1733. Ein gründlich gelehrter, und nach allen Theilen verehrungswürdiger Mann, der zur Bildung der Jugend gebohren zu seyn schien, und die Kunst in einem hohen Grad besaß, von seinen Untergebenen zugleich gefürchtet und geliebet zu werden. Von seiner Stärke im Rechte der Natur, und der gesammten praktischen Philosophie, womit er noch Sprachen, Geschichte, Beredsamkeit, verband, zeugen viele Dissertationen, worinnen er die wichtigste Materien derselben

ben beleuchtete. Seine *Themata Jurisprudentiae naturalis* sind vom hiesigen H. D. und Prof. Schotten in einer verbesserten Gestalt 1756. herausgegeben worden, der auch bisher von Zeit zu Zeit Vorlesungen darüber angestellt hat. *Progr. fun.*

Daniel Maichel, geb. zu Stuttgart, 1693. stud. in den Klöstern Blaubeuren und Bebenhausen; kam in das theol. Stift nach Tüb. ward hier Magister, 1713. und darauf Repetent; reisete auf herzogl. Kosten 1718. durch die Schweiz, Frankreich, England, Holland und Teutschland; mit den beeden Grafen, Friedrich Wilhelm, und Viktor Sigismund, von Gräveniz, zum zweitenmal nach Frankreich, und darauf nach Italien; ward ord. Prof. der Philosophie, ausserord. der Theologie und Abendprediger zu Tüb. 1724. Prof. der Logik und Metaphysik, 1726. Doktor der Theol. 1730. Pädagogarcha der Schulen des obern Herzogthums, 1734. Prof. des Rechts der Natur und der Politik, 1739. Abbt zu Königsbronn, 1749. starb daselbst, 1752. Ein Mann von vorzüglichen Fähigkeiten, und einer ausgebreiteten Gelehrsamkeit. Seine Schüler rühmen die Gabe eines fliessenden und deutlichen Vortrages, und seine Freunde den Charakter eines gesellschaftlichen Mannes. Bey den Auswärtigen erlangte er frühen Ruhm. Die Gesellschaft der Wissenschaften zu Lyon, welche sich unter dem Vorsize des damaligen Erzbischofs, de Villeroi, versammlete, ernannte ihn bey seinem Aufenthalt daselbst nach gehaltener Disputation, *de origine rerum possibilium*, zu ihrem Mitgliede, und entließ ihn mit einem öffentlichen ehrenvollen Zeugnisse. Der Erzbischof von Canterbury, William Wake, gab ihm in seinem Pallaste 4 Monate lang freye Kost und Wohnung, und nahm ihn in die Gesellschaft, de propaganda Fide, auf.

auf. Von seinen Schriften will ich die merkwürdigsten auszeichnen, und zwar theologische: *Diss. de moderatione theologica, deducta ex principiis religionis Protestantium,* welche zu London, 1721. zu Leiden, 1722. herausgekommen, und in eben diesem Jahr an dem lezten Ort in die holländische Sprache übersezt, und mit Anmerkungen vermehret worden; *de via examinis & auctoritatis; de variis moliminibus methodisque ecclesiae romanae in revocandis convertendisque, quos vocant, haereticis; Examen diss. J. A. Turretini contra C. M. Pfaffium de quaestione, an contradictoria credi possint;* metaphysische: *De origine essentiarum; de Ideis; stamina Theologiae naturalis; de distinctione inter ea quae sunt supra & contra rationem;* moralische: *De fide haereticis servanda; de usu doctrinae de moralitate objectiva; de Jure necessitatis,* welche alle sehr wohl aufgenommen worden. Zur Litterargeschichte gehörige: *Introductio ad historiam literariam de praecipuis Bibliothecis Parisiensibus; Lucubrationes Lambetanae ex Bibliotheca Archiepiscopi Cantuariensis, Guil. Wakii, collectae. Progr. Profess. & Doctor.* Mosers Lexikon; Tübingische Berichte von gel. Sachen, J. 1752. St. 10.

§. 76.

In der Mathematik:

Joh. Conrad Creiling, geb. zu Löchgau, im Württenb. 1673. stud. in den Klöstern Hirsau und Bebenhausen; kam in das theol. Stift zu Tüb. 1689. ward Magister, 1692. zerstreute sich bey nahe in alle Wissenschaften, und widmete sich endlich den mathematischen, die er, nebst der Naturlehre und Chymie, zu Basel und Paris von den berühmtesten Män-

Männern lernte, und von den Akademisten zu Paris viele Ehrenbezeugungen empfieng; ward ord. Prof. der Naturlehre und Mathematik zu Tüb. 1701. nachgehends Rektor des akademischen Contubernii; legte 1745. die Professur nieder, und erhielt den Charakter eines Prälaten; starb, 1752. Ein frühzeitiger, zu allen Wissenschaften fähiger Kopf, der an der Seite der größten Mathematiker unsers Jahrhunderts erscheinen würde, wenn er nicht der Chymie einen grossen Theil seiner Zeit und Kräfte aufgeopfert hätte. Indessen war er in den mathematischen Wissenschaften, und der höhern Meßkunst, wohl bewandert, kannte als Schüler eines Jak. Bernoulli, Ozanam, de l' Hopital — die Entdekungen seiner Zeit, und war der glükliche Vorgänger und Lehrer Bilfingers, Krafts, Riesen, welche das Studium der Mathematik und der Naturlehre in Würtenberg zur weitern Aufnahme gebracht haben. In der Chymie hatte er grosse Einsichten und Erfahrung. Einige glükliche und für ihn vortheilhafte Entdekungen, mit der Begierde, Erfinder des grössten Geheimnisses zu seyn, lenkte ihn auf die Seite der Alchymisten, deren Schriften er fleissig las. Uebrigens war er von ihrer gewöhnlichen Eitelkeit entfernt, die Unwissenheit hinter eine nichts bedeutende Zaubersprache zu verstecken, wie von der Thorheit, unter angenehmen Träumen der Einbildung Gesundheit und Geld vom Feuer verzehren zu lassen. Vielleicht hat man der Lesung alchymistischer Schriftsteller, die weniger klug und glüklich waren, als er, den Ton zuzuschreiben, worinn er seine Lebensgeschichte durch lateinische Verse ausgedrükt hat, der etwas paracelsisch klingt:

Mobile perpetuum struxi, cyclumque quadravi,
Quæsivi, inveni, quot lapides Sophiæ!

Seine

Seine vornehmste Schriften sind: *Methodus de maximis & minimis; de statera universali; Antliae pneumaticae phaenomena; Phaenomena laternae magicae; de Motu; de motu & materia Cometarum; de Cometarum cauda, sive coma; Compendium definitionum physicarum in usum juventutis; Principia Philosophiae, auctore G. G. Leibnitio;* Ehrenrettung der Alchymie; *Dissertationes de aureo vellere, vel possibilitate transmutationis metallorum;* Philosophisches Testament; *Progr. sun.* Tübingische Berichte von gel. Sachen, J. 1752. St. 43.

§. 77.

In der Geschichte, Beredsamkeit und Dichtkunst:

Joh. Christian Nell, geb. im Kloster Lorch, 1668. stud. daselbst, und zu Maulbronn; kam in das theol. Stift nach Tüb. 1686. stud. darauf mit herrschaftlicher Beyhülfe zu Wittenberg, und reisete durch Ober- und Niedersachsen nach Holland; ward nach seiner Zurükkunft 1693. Hofmeister der Söhne des herzogl. Würtenbergischen geheimen Raths, Herrn von Rüblen; Klosterpräceptor zu Bebenhausen, und noch vor Beziehung dieser Stelle ausserord. Prof. der Geschichte zu Tüb. 1699. ord. Prof. derselben, wie auch der Beredsamkeit und Dichtkunst, 1705. starb, 1720. Er befand sich in seinem rechten Fache, und erhielt durch einige Schriften den Beyfall der Auswärtigen, besonders des berühmten Ekards. Diese sind: *Diss. de Henrico II. Imperatore; de Conrado II; de Henrico III; de breviario Augusti Imperatoris; Dhegorei Whear relectiones hyemales; Accessiones ad has relectiones; Mantissa ad Whearum, qua rerum germanicarum Scriptores praecipui recensentur.* Ausser diesen gab er noch

noch *Schori thesaurum Ciceronianum linguae latinae* heraus, und schrieb, curieusen Geschichtskalender der allerdurchlauchtigsten römischen Kaiser und Erzherzoge, so aus dem Hause Oesterreich entsprossen; verschiedene Vorreden, akademische Programmen, und Gelegenheitsgedichte, in teutscher und lateinischer Sprache. *Progr. fun.*

Joh. Michael Hallwachs, geb. zu Tüb. 1691. stud. in den Klöstern Maulbronn und Bebenhausen; kam nach Tüb. in das theol. Stift, 1708. ward Magister, 1710., und nachmals Repetent; reisete nach Sachsen und Holland; ward ausserord. Prof. der Philosophie zu Tüb. 1717. ord. Prof. der Geschichte, Beredsamkeit und Dichtkunst, 1721. zugleich der Moral, 1733. starb, 1738. Ein fleissiger Gelehrter, von einem pathetischen Vortrage. Seine Schriften sind: *Diss. de opere secundae diei; de Jurejurando,* die er als Kandidat der Magisterswürde schrieb; *de Atheo; de panis in Atheum; de Juramento Athei; de Juramento religionis;* die er zu Jena öffentlich vertheidigte; *de idearum in homine origine; Positiones historiam Imp. Friderici II. collustrantes; de octo interpontificiis romanis, interregno, quod vocant, Germaniae magno proximis; Lanx satura positionum primas lineas praecognitorum historicorum, summa item capita ex Francorum & Caroli M. historia succincte exhibentium; Biga Orationum de Lothario Francisco, Moguntino Archi- & Papebergensi Episcopo; Panegyricus de Augustanae Confessionis triumphis; Lanx satura positionum historicarum Imp. Lotharii I. res & praecipuas controversias de Johanna Papissa complexarum; Carolus M. Franciae Rex; Locus de legibus generatim ex Jurisprudentia naturali; Diss. de Rudolpho I. Imp. Pars I.*

Pars I. Diss. de sanctitate ac firmitate pactorum, quibus vis metusve ansam praebuit; Würtenbergische Nebenstunden; Oratio de meditatione mortis, vera philosophia; seine lezte akademische Ausarbeitung, die der ihm gehaltenen und gedrukten Leichpredigt beygefüget worden. Ausser diesen sind von ihm noch viele Programmen, wohl gewählten Innhalts, vorhanden, worunter sich zwey für die Würtenbergische Geschichte auszeichnen: 1) Vertheidigung der Würtenbergischen Gelehrten gegen den Kanzler von Ludwig, zu Halle, wegen vorgerükter Vernachlässigung der Geschichte ihres Vaterlandes; 2) Vertheidigung Gr. Eberhards I. gegen eben denselben, wegen der Beschuldigung, daß er von K. Maximilian I. den herzoglichen Titul erbettlet habe. Sie stehen in Mosers erläut. Würt. I. Th. S. 224. u. f. II. Th. S. 198. u. f. Progr. fun. Tübingische wöchentliche gelehrte Neuigkeiten, auf das J. 1739. N. IV.

Paul Biberstein, geb. zu Schlaitdorf, im Tübinger Amte, 1697. stud. in den Klöstern Blaubeuren und Bebenhausen; kam in das theol. Stift nach Tüb. 1714. ward Magister, 1716. Repetent, 1721. Diakonus zu Stuttgart, 1729. ord. Prof. der Geschichte, Beredsamkeit und Dichtkunst zu Tüb. 1741. Prof. der griechischen Sprache und Kritik, 1747. starb, 1750. In der Geschichte ist von ihm die Diss. de praevaricationibus Pontificum Romanorum in Principes Imperii R. G. exemplo Clementis IV. & Conradini, Sueviae Ducis, der Anzeige wehrt. Progr. fun.

§. 78.

In der Philologie, den Alterthümern, und Sprachen:

Johann Nikolai, geb. zu Ilm, in der Grafschaft Schwarz-

Schwarzburg, 1665. ſtud. zu Jena und Helmſtädt, begab ſich hierauf nach Leipzig, Marburg und Gieſſen; ward auſſerord. Prof. der Alterthümer zu Tüb. 1702. ſtarb, 1708. Sein Lieblingsſtudium war die Alterthumskunde, um die er ſich noch vor ſeinem Rufe nach Tübingen durch verſchiedene Schriften, *de ritu antiquo & hodierno Bacchanaliorum; Annotationes ad Sigonium de republica Hebraeorum; Theologiae gentilis ex S. Scriptura demonſtrationem; De triumphis Romanorum; De luctu Graecorum; De ſtatuis Mercurialibus; De Phyllobolia; De nimbis Deorum capitibus adjectis; De juramentis; De ſubſtratione veſtium; De uſu & abuſu Chirothecarum earumque juribus* — ſehr verdient machte. In ſeinen hieſigen öffentlichen Vorleſungen erläuterte er die Evangelientexte aus den Alterthümern, und lehrte überhaupt deren Gebrauch in der Theologie. Seine hieſige Schriften ſind: *Commentarius ad Cunaeum de republica Hebraeorum; Tractatus de Siglis; De uſu atque abuſu calcarium; Antiquitates eccleſiaſticae;* Eine Ueberſezung von Eduard Pearce chriſtlichen Todesbereitung, womit er auch ſein Gemüth in den lezten Tagen ſeines Lebens aufrichtete. *Progr. fun.* Moſers erläutertes Würtenberg, Th. I. S. 284. u. f.

Joh. Ad. Oſiander, geb. zu Tüb. 1701. kam in das theol. Stift, 1715. ward Magiſter, 1717. und nachgehends Repetent; Diakonus zu Calw, 1728. zu Tüb. 1730. auſſerord. Prof. der Philoſ. 1732. ord. Prof. der griechiſchen Sprache, 1739. Rektor des akadem. Contubernii, 1744. Ephorus des theol. Stiftes, 1747. nicht lange hernach zugleich Pädagogarcha; ſtarb, 1756. Er beſchäftigte ſich hauptſächlich mit der Philologie und Kritik des N. Teſtaments. Seine akademiſche Schriften ſind in dieſem Fache brauchbar, und fanden auch auswärts, beſonders

sonders in Holland, Beyfall. Sie sind: *Schediasma criticum de avthentia clausulae Orationis dominicae; De allegatione Jeremiae a Matthaeo, C. XXVII. v. 9. 10. facta; Tentamen conciliationis inter Evangelistas Marcum & Johannem de hora crucifixionis Christi; De Zacharia Barachiae filio in Flavio Josepho inveniendo; Momentum particularum graecarum in expositione N. T. per insignia quaedam specimina comprobatum; De auctoritate canonica dicti Joh. 1. Ep. V. 7. de tribus in caelo testibus; Messias Nazarenus vocandus; De praecipuis lectionibus variantibus in epistolis catholicis N. T. occurrentibus*, 2. Dissertationen; *Historia mulieris adulterae non adulterina, ad Joh. VIII. 1—11. De Davide panes propositionis accipiente ab Achimelecho Sacerdote summo; De interpunctione 1. Tim. III. 16. quod columna & firmamentum veritatis sit magnum pietatis mysterium; Exercitatio, qua ostenditur, 12. postrema commata Marci XVI. esse genuina*, 2. Dissertationen; *De vocabulis ουδε ο υιος, Marc. XIII. 32. De insigni additamento codicis cantabrigiensis, Matth. XX. 28; Ad verba Matth. III. 11. Ipse vos baptizabit Spiritu sancto & igne; De avthentia capitis XXI. in Ev. Johannis; Diss. qua recepta interpunctio in verbis Christi vindicatur, Luc. XXII. 43.* Oeffentlich gehaltene Reden: *De originibus variantium lectionum N. T; De manuscripto Codice N. T. Romano sive Vaticano; De mscto Codice N. T. Alexandrino; De Codicibus msceptis graecis N. T. potioribus,* welche drey zusammengedruckt worden; *De lingua N. T. avthentica contra Joh. Harduinum.* Auſſer dieſen ſchrieb er verſchiedene metaphyſiſche Diſſertationen, worinnen er gute Beleſenheit zeigte; Vollſtändige Diſpoſitionen über die Sonn- und Feiertägliche Evangelien und Epiſteln; *Gentem Osiandrinam*

drinam; Commentationem luculentam de moralitate fœderum cum infidelibus initorum ad Hug. Grotii L. II. C. 15. §. 8. und, *Orationem de obligatione hominis ad excolenda litterarum studia. Progr. fun.* Tübingische Berichte von gel. Sachen, J. 1756. St. 48. J. 1757. St. 2.

Joh. Ulrich Steinhofer, geb. zu Owen, 1709. stud. in den Klöstern Blaubeuren und Bebenhausen; kam in das theol. Stift zu Tüb. 1730. ward Magister, 1732. ausserord. Prof. der Philosophie, 1736. Klosterprofessor und Prediger zu Maulbronn, 1747. starb, 1757. Ein fleissiger, und, besonders in den alten griechischen Schriftstellern, belesener Mann, von dem, bey günstigeren Umständen auf der Akademie, in diesem Theile der Litteratur mehr Gebrauch hätte gemacht werden können. Seine, mir bekannte, Schriften sind: *Diss. inaug. de pœna serpenti irrogata ad illustrandum locum Gen. III. 14. 15. contra Auctorem Pentateuchi Wertheimensis & quorundam aliorum, recentis potissimum aevi, interpretum periculosas aberrationes;* Vom Geheimniß der h. Dreysaltigkeit; *Graecia sacra; G. B. Bilfingeri Dilucidationes contractae,* mit Anmerkungen; Eine lateinische Uebersezung von Leibnizens Theodicee, mit Anmerkungen, welche sich in Ludw. Dutens vollständigen Ausgabe der Leibnizischen Werke befindet, und hier zu Tüb. 1772. zum zweitenmal, auf Kosten der Bergerischen Buchhandlung, in verbesserter Gestalt, gedruckt worden; Würtembergische Chronik, ein Werk von manchen brauchbaren Materialien zur Geschichte Würtenbergs. Er beschäftigte sich auch mit einem Auszuge aus *Fabricii bibliotheca graeca,* und einer neuen Ausgabe Herodots und Herodians, die er in der Handschrift hinterließ.

Chri-

Christoph David Bernhard, geb. zu Lemberg, in Polen, von jüdischen Eltern, 1682. Er übte sich frühzeitig im Talmud und den Rabbinen; ward selbst Rabbi zu Barr; durchreisete verschiedene Provinzen Europens; ward zu Heilbronn und zu Stuttgart in der christlichen Religion unterrichtet, und am leztm Orte getauft, 1713. genoß hierauf eine Zeitlang den Freytisch im theol. Stifte zu Tüb. und ward öffentlicher Lektor der morgenländischen Sprachen, 1718. gieng inzwischen mit Beybehaltung seiner hiesigen Stelle und Besoldung nach Sachsen, und lehrte zu Jena; blieb zulezt über zwanzig Jahre beständig zu Tüb. und starb, 1751. Ein Proselyt, der sich durch Wissenschaft und gute Aufführung von den meisten seiner Art auszeichnete. Er besaß einen edlen Ehrgeiz, seine nicht gemeine hebräische und rabbinische Kenntnisse andern gerne mitzutheilen; und ließ manche noch lebende Schüler zurük, die ihm Ehre machen, und seinen nüzlichen Unterricht öffentlich rühmen. Um dieser Eigenschaften willen wurde er von den hiesigen Gelehrten, besonders dem sel. Kanzler **Pfaffen**, sehr geschäzt und empfohlen. Seine zum Druk gekommene Schriften sind: Hütte Davids, oder grammatische Regeln, teutsch und hebräisch; Die erste Worte Davids von der Menschwerdung Christi, über Jes. VII. 8; Unpartheyische Beurtheilung des Eidschwurs eines Juden gegen einen Christen; Davids Stab, oder, gründliche Unterweisung von unterschiedlichen Fragen gegen die Juden; Discours von Süß Oppenheimern, und den jüdischen Heiligen; Unterredungen zwischen einem Juden und Christen; Davids lezte Worte über das 9te Kap. Daniels, von der Weissagung, daß der Messias müsse getödtet werden, und daß die Erfüllung zu Ende der 70 Jahrwochen geschehen sey. Er hinterließ noch verschiedene, zum Druk fertige, Handschriften. Geschriebene und bey seiner Beerdigung öffentlich verlesene Personalien. **Zellers Merkwürdigkeiten**, S. 514. u. f.

§. 79.

§. 79.

Unter den akademischen feierlichen Handlungen dieser Periode sind diejenige die merkwürdigste, die auf höchsten Befehl, 1717. zum Gedächtniß der Reformation, und, 1730. der Uebergabe des Augsburgischen Glaubensbekenntnisses angestellet worden. (a)

(a) Sie veranlaßten viele Reden, Disputationen, und akademische Beförderungen in allen Fakultäten. Von Schriften, die hier im Druk erschienen, will ich ein paar auszeichnen: *Tubinga jubilans in suo purioris Theologiae artiumque liberalium omnium vigore ipso anno reformationis Lutheranae jubilaeo secundo versu heroico celebrata a* JAC. FRID. JVNGIO, *Philos. Mag.* 1717. 4. JOH. MICH. HALLWACHSII *Panegyricus de Augustanae confessionis triumphis in Alma Eberhardina.* 1730. 4.

Vierter Abschnitt.

Vom Regierungsantritt des Durchlauchtigsten Herrn Herzogs Carls, 1744. bis auf die gegenwärtige Zeit,

mit einer hinlänglichen Nachricht

vom jezigen Zustande der Universität für Auswärtige.

§. 80.

Die glükliche Veränderungen unter der Regierung des Durchlauchtigsten H. Herzogs, Carls, für die Aufnahme der Wissenschaften und Künste in Würtenberg, und den Flor der hohen Schule, bedürfen zu ihrer Empfehlung keiner Kunstgriffe der Beredsamkeit, noch des schmeichlerischen Tons, der die Wahrheit verdächtig macht. Eine getreue Anzeige dessen, was dieser Fürst bisher mit einem alle Erwartung übersteigenden Eifer zum Besten der hohen Schule gethan hat, und das Resultat davon in ihrem gegenwärtigen Zustande wird, nach angestellter Vergleichung mit dem Zustande derselben in den verflossenen Jahrhunderten, selbst den Ausschlag geben, und die jezigen Vorzüge schäzen lassen, wenn man wahrnehmen wird, daß unsre nüzlichste Institute von Carln theils ihr Daseyn, theils eine merkliche Verbesserung empfangen haben: Ich will zuerst die wichtigste und feierlichste Veranstaltungen, nach der Zeitfolge, in die Kürze fassen, und mir damit zur Beschreibung des gegenwärtigen Zustandes der Universität den Weg bereiten, so weit es nöthig seyn wird, die Wißbegierde der Auswärtigen, und vornehmlich der Studierenden, welche hievon wirklichen Gebrauch machen wollen, zu befriedigen.

§. 81.

Der erste angenehme und hofnungsvolle Auftritt geschah vermittelst einer feierlichen Visitation der hohen Schule (a), welche zugleich das Glük hatte, Seine herzogliche Durchlaucht persönlich zu verehren (b). Nach einigen Jahren folgte der zweite (c), dessen Wirkungen von einem so weiten Umfang waren, daß von hier an die Epoche zu nennen ist, die in der akademischen Geschichte den Nachkommen merkwürdig bleiben wird. In kurzer Zeit stand nicht nur eine ansehnliche und mit den nöthigen Werkzeugen wohl versehene Sternwarte, ein neues

chymi-

chymisches Laboratorium, ein erweitertes und nach allen Theilen verbessertes anatomisches Theater, ein zum Vortrage der experimental-Naturlehre eingerichteter, und mit schäzbaren Hülfsmitteln versehener Hörsal, eine beträchtlich vermehrte und gemeinnüziger gemachte öffentliche Bibliothek, sondern auch ein ganz neuer Grund, für das innerliche Wohl der hohen Schule, durch weise Geseze (d), welche seit den Zeiten Friedrichs unverändert geblieben waren, und nunmehro nöthig hatten, der Beschaffenheit des veränderten Zeitalters gemäs eingerichtet zu werden (e).

(a) Im April, 1744. durch die damalige geheimen Räthe, **Ferdinand Reinhard**, Freyherrn von **Wallbrunn**, und, **Georg Bernhard Bilfinger**, den Consistorialdirektor, **Johann Scheffer**, und den Consistorialrath und Prälaten, **Herbert Christian Knebel**. Das Resultat enthält ein besonderer Receß, d. d. Deinach, 24. Jul. 1744.

(b) Den 22sten Apr. 1744. Seine herzogliche **Durchlaucht** hatten die Gnade, den Deputirten des akademischen Senats das Bestätigungsdiplom der Privilegien, unter den nachdrüklichsten Versicherungen der herzoglichen Huld, eigenhändig zuzustellen, und am 24sten darauf aus jeder Fakultät eine öffentliche Vorlesung, von D. **Christoph Matthäus Pfaffen**, D. **Georg Friedrich Harpprecht**, D. **Burkhard David Mauchart**, und Prof. **Israel Gottlieb Canzen**, anzuhören.

M 5   (e) Im

(c) Im April, 1751. durch den geheimen Rath und Consistorialpräsidenten *Philipp Eberhard*, Freyherrn von Zech; den Consistorialdirektor, *Johann Scheffer*, und den Consistorialrath und Prälaten, *Wilhelm Gottlieb Tafinger*. Es folgte darauf ein Receß, *d. d.* Stuttgart, 13. Dec. 1751.

(d) *Statuta renovata Univerſitatis Tubingenſis*, Stuttg. 1752. 4. Das Original wurde am 3ten Oktob. 1752. durch den schon gedachten Freyherrn von Zech dem akademischen Senat eingehändiget. Sie bestehen aus 24. Kapiteln. Cap. I. *De Privilegiis Univerſitatis.* II. *De Rectore.* III. *De Cancellario.* IV. *De Senatu & electione Profesſorum.* V. *De Conſiſtorio & Judicio appellationis.* VI. *De Collegio Decanorum.* VII. *De Collegio Deputatorum.* VIII. *De Facultate theologica & Lectionibus theologicis.* IX. *De Facultate juridica & lectionibus juridicis.* X. *De Facultate medica.* XI. *De Facultate bonarum artium & linguarum, ſive philoſophica, ejusque lectionibus.* XII. *De gradibus academicis.* XIII. *De Contubernio academico, Stipendiis & eorum adminiſtratione.* XIV. *De Bibliothecario Univerſitatis.* XV. *De Secretario Univerſitatis.* XVI. *De Syndico Univerſitatis & Quaeſtoribus provincialibus.* XVII. *De admittendis ad Civitatem academicam litteratis & ſtudioſis.* XVIII. *De ſtudiorum ratione a ſtudioſis ineunda.* XIX. *De moribus ſtudioſorum formandis & diſciplina academica.* XX. *De Convictu & habitationibus ſtudioſorum.* XXI. *De recipiendis civibus illiteratis.* XXII. *De teſtamentis, ſucceſſionibus ab inteſtato, & ſucceſſione Conjugum.* XXIII. *De pupillis eorumque tutoribus.* XXIV. *De Pedello Univerſitatis.* Ein kurzer Auszug aus denselben, sofern sie die Studirende besonders betreffen, ist in 4. gedrukt worden, 1770.

(e) Dieß

(e) Dieß veranlaßte den hiesigen Rechtslehrer, H. D. Friedr. Will). Tafinger, zu seiner Antrittsrede 1753. folgenden Innhalt zu erwählen: *De prærogativis Almæ Eberhardinæ a Principibus Würtenbergiæ concessis, & a S. Duce Carolo auctis. Tub. 1754. 4.*

§. 82.

Hierauf gefiel 'es Seiner herzogl. Durchlaucht, sich von den Folgen dieser Veranstaltungen persönlich zu überzeugen, und bey den Lehrern und Studierenden neue Eindrüke zu machen (a). Eine Reihe glüklicher Jahre floß im Genuß des Friedens dahin, zu einer Zeit, da die meiste hohe Schulen Teutschlandes die Last des Krieges fühlten. Die Anzahl der Studierenden bekam einen ansehnlichen Zuwachs, und der Aufenthalt eines hofnungsvollen Prinzen, der nun auf der Laufbahn der Ehre muthig forteilet (b), neben andern gelehrten Mitbürgern von Stande (c), gab den akademischen Beschäftigungen mehr Leben und Bewegung.

(a) Im Sept. 1756. Eine Beschreibung der damals vorgegangenen Feierlichkeiten stehet in den Tübingischen Berichten von gelehrten Sachen, vom J. 1756. St. 39.

(b) Der Durchl. Prinz von Pfalz-Zweybrük-Birkenfeld, Johann Carl Ludwig, nunmehro Obrister in Römischkaiserlichen Diensten. Seine Durchlaucht

laucht studierten hier im Collegio illustri von 1756 — 1761.

(e) Unter diesen verdienet der berühmte Ritter Stewart, aus Schottland, die erste Stelle, der Verfasser der *Apologie du Sentiment de Mr. le Chevalier Newton sur l'ancienne Chronologie des Grècs*, à Frankf. 1757. 4. der Abhandlung von den Grundsäzen der Münzwissenschaft mit einer Anwendung derselben auf das teutsche Münzwesen, aus der englischen Originalhandschrift (vom hiesigen H. Prof. D. Schotten) übersezt, Tüb. 1761. 8. und insonderheit des mit allgemeinem Beyfall aufgenommen, und gleichfalls vom H. D. Schotten, wie auch zu Hamburg, übersezten Werks: Untersuchung der Grundsäze von der Staatswirthschaft, 5. Bücher. Tüb. 1769 — 1772. gr. 8.

§. 83.

Der glänzendste Auftritt erschien im J. 1767. und ist in der Geschichte dieser hohen Schule ohne Beyspiel. Die höchste Gegenwart, welche Seine herzogliche Durchlaucht derselben eine geraume Zeit schenkten, die von allen akademischen Instituten und Beschäftigungen selbst genommene Einsichten, die scharfen Blike auf alle noch vorhandene Mängel, und die mit Ernst und Klugheit dagegen ergriffene Maßregeln, die ausnehmende Gnadenbezeugungen gegen die Lehrer, und Aufmunterung der Studierenden, vornehmlich aber die unter den regierenden Herzogen

Wür-

Würtenbergs erstmalige Uebernahme der höchsten Rektoratswürde (a), und Benennung der Universität nach dero Namen (b), waren die wirksamste Mittel, ihre Aufnahme zu beschleunigen, und die Triebfedern des akademischen Fleisses zu verstärken. Von dieser nähern und ehrenvollen Verbindung mit ihrem höchsten Oberhaupt hat sie sich bisher mancher schäzbaren Früchte zu erfreuen gehabt (c), und siehet, unter dem beständigen Einflusse desselben, ihrem immer weiteren Wachstum mit der freudigsten Hofnung entgegen (d).

(a) S. Kurze Beschreibung der bey höchster Anwesenheit Sr. herzoglichen Durchlaucht, H. Carls, auf der hohen Schule zu Tübingen vom 28. Okt. bis zum 3ten Dec. 1767. vorgegangenen akademischen Feyerlichkeiten, nebst dem Anhang, welcher die in höchstdero Gegenwart gehaltene Anreden, Reden und Predigt enthält, auch der Sammlung aller damals gehaltenen Vorlesungen der Professoren, und Redeübungen der Studierenden und herzoglichen Stipendiaten. Tüb. 1768. 4. Der Aufsaz ist aus der Feder des H. Prof. Schotts.

(b) Aus höchst eigener Bewegung, vom 14. Dec. 1769.

(c) Vornehmlich bey abermaliger höchsten Gegenwart im Nov. 1770. Seine Durchlaucht geruhten nicht nur verschiedene Vorlesungen und Reden gnädigst anzuhören, sondern auch vom 13—22. Nov. öftere Conferenzen mit besonders hiezu verordneten Deputirten des akademischen Senats, unter eigenem höchsten Vorsize anzustellen, welche die Verbesserung

der

der akademischen Anstalten nach allen Theilen zum Gegenstande hatten, und worauf ein sehr genau und vollständig verfaßter herzogl. Receß, *d d.* Solitude, 20. Merz 1771. folgte. Noch vor der Ankunft S. H. D. wurde gedrukt: Anhang zu den Statuten der herzogl. Universität Tübingen, *d. d.* Teinach, 6. Jul. 1770. Tüb. 4. Einige Geseze 1) in Ansehung der Injurien und Duelle, 2) des Creditirens, 3) der Ordensgesellschaften, 4) der Hazard- und anderer ins Grosse gehenden Spiele, 5) der nächtlichen Unordnungen, werden darinn näher bestimmt, und ernstlicher eingeschärft. S. H. D. liessen dieselben unmittelbar vor Dero Abreise, in höchster Gegenwart, durch den damals neuerwählten Prorektor, H. D. Gottfr. Dan. Hoffmann, in dem grossen Hörsal den Studierenden summarisch bekannt machen. Die unvergeßlichste Denkmäler des damaligen Aufenthalts S. H. D. sind zwo von Denselben öffentlich gehaltene, und nachgehends hier in 4. gebrukte Reden, theils am 1. Nov. in der akademischen Senatsversammlung, theils am 23sten, im grossen Hörsal, wenige Augenblike vor Dero Abreise, deren allgemeine und tiefe Eindrüke sich nicht beschreiben lassen.

(d) Unter dem Abdruke dieses Bogens habe ich die angenehme Veranlassung, neuer feierlichen Vorfälle zu gedenken, welche bey dem abermaligen hiesigen Sejour Seiner Durchlaucht vom 1. bis 11. Nov. 1773. für die Lehrer und Studierende höchst aufmunternd gewesen. In höchster Gegenwart durften einige Professoren akademische Vorlesungen halten, viele Studierende, adelichen und bürgerlichen Standes, als Redner auftreten, und ein paar ihre Disputationen zu Katheder bringen. Das theologische Stift genoß gleiche Ehre, der mehrmaligen gnädigsten Gegenwart so wohl, als Anhörung vieler Reden ben der herzoglichen Stipendiaten, und Besuchung des wochentlichen theologischen Examens. Das Polizeywesen und die akademische Disciplin war gleichfalls ein Gegenstand der höchsten Aufmerksamkeit. Das Ende dieser festlichen Tage krönten Seine Durchlaucht abermals mit einer öffentlichen Rede, voll Ernstes und Nachdruks, wie der edelsten und väterlichsten Gesinnungen. Sie ist, nebst der Anrede an den akademischen Senat bey der Prorektorswahl, sogleich im Druk erschienen, Tüb. gr. 4.

§. 84.

Ich gedenke nunmehro den Abriß des neuesten Zustandes der hohen Schule kurz und zwekmässig in besonderen Abtheilungen vorzulegen, welche I. die unter der Regierung S. H. D. zu ihren Aemtern gekommene, und verstorbene, II. abgekommene und anderwärts beförderte, III. jeztlebende Professoren, mit einer vollständigen Anzeige ihrer Schriften und Vorlesungen, IV. einige besondere den akademischen Senat, die Verfassung der Universität, und ihre allgemeine Institute betreffende Nachrichten, V. die einzelne Fakultäten, deren Einrichtung, Institute, und dabey bemerkenswerthe Vortheile für die Studierende, VI. die Einrichtung des Unterrichtes in den Sprachen, Exercitien und andern

dern nüzlichen Künsten, VII. die vornehmste und blühendste Stiftungen, VIII. die Verordnungen und Geseze, welche insonderheit die akademische Disciplin betreffen, IX. die Polizeyanstalten, und X. die zum Studieren und Erlangung der akademischen Grade, wie auch andern ökonomischen Einrichtungen, erforderliche Kosten, zu ihrem Innhalt haben werden.

I. Unter der Regierung Seiner herzoglichen Durchlaucht zu ihren Aemtern gekommene, und verstorbene Lehrer.

§. 81.

Aus der Juristenfakultät:

Christian Ferdinand Harpprecht, geb. zu Tüb. 1718. stud. hier, und ward darauf Licentiat der Rechte und Hofgerichtsadvokat; ausserord. Prof. derselben, 1747. ord. Prof. der praktischen Philosophie, 1749. ord. Prof. der Rechte und herzogl. Rath, 1750. starb, 1758. Eines der seltnen Genies, welche sich jeder Wissenschaft, die sie ergreifen, in kurzer Zeit bemächtigen. Er breitete sich über alle Theile der Jurisprudenz, philosophische und mathematische Wissenschaften, Naturlehre, Chymie, Philologie und Sprachen, selbst die morgenländische, Alterthümer, und schöne Künste aus. Erweiterung seiner Kenntnisse durch Reisen, Umgang mit der grossen Welt, und vornehmlich eine dauerhafte Leibesbeschaffenheit, würden ihn auch den Auswärtigen auf

auf einer der höchsten Stufen des Ruhms gezeiget haben. Seine Schriften sind: *Diss. de differentia testimonii judiciarii & instrumentarii; De exheredatione patriam potestatem non tollente; De conventione super dolo futuro; De effectibus actus nulliter gesti; De hypothesi communis Systematis fœderatarum civitatum, difficultates circa formam S. R. I. non solvente; De limitibus præsumtionis boni & mali in homine; De casibus potioribus extinctæ Expectativæ; De conversione actuum negotiorumque juridicorum jamjam peractorum; De absolutione ab instantia; De jure in rempublicam obsides deferentem; De eo, quod justum est circa probationem tabulis testamenti amissis; De jure Principis circa artes subditorum singulares & arcanas; De liquidatione per confessionem debitoris in concursu creditorum; De jure contractus vitalitii in concursu creditorum; De jure decimatoris universalis ex mente juris canonici & ecclesiastici Protestantium, Sect. I. & II. Flores sparsi ad Jura singularia Alpirspacensia.* Einige sind auch unter seinem Vorsitze von Verfassern vertheidigt worden. Progr. fun. Tüb. Berichte von gel. Sachen, J. 1759. St. 8.

Eberhard Christoph Canz, geb. zu Nürtingen, 1720. stud. zu Tüb. und ward Hofgerichtsadvokat, 1744. Licentiat der Rechte, 1745. ausserord. Prof. derselben, 1755. herzogl. Rath, D. und ord. Prof. 1759. auch nachgehends D. der Philos. und Administrator der adelichen von Grempischen Stiftung; starb, 1773. Der schleunige Tod dieses Lehrers, in seinem glüklichsten akademischen Laufe, ist ein wahrer Verlust für die Universität. Gründlichkeit und Präcision herrschten in seinem mündlichen Vortrage, wie in den schriftlichen Ausarbeitungen. In seinen Vorlesungen, besonders über die Pandekten, hatte er ungemeinen Beyfall. Man erkannte in ihnen den Sohn und Schüler des berühmten Philosophen. Seine edle und menschenfreundliche Gesinnungen, mit seltner Bescheidenheit verknüpft, erwarben ihm überdiß allgemeine Hochachtung und Liebe. Schriften: *Tractatio synoptica de probabilitate juridica, sive de præsumtione; Diss. de Adjunctis Commissariorum; Diss. de adcitatione tertii ad litem; Diss. de emtione venditione annuorum redituum, etiam sine consensu Magistratus vel Principis jure Würtenbergico valida; Diss. de uno ex pluribus litis consortibus suo, non simul alieno, nomine agente;* Eine Vorlesung, vom Soldatentestamente, in Gegenwart des jtzt regierenden Durchl. Herrn Herzogs; (Sammlung der damals gehaltenen Vorlesungen und Reden — S. 82 — 95.) *Diss. de juribus & obligationibus uxoris vel repudiato vel denegato beneficio renuntiandi communioni bonorum, maxime secundum Jus Würtenbergicum;* Unter seinem Vorsitze sind von ihren Verfassern vertheidiget worden: *Diss. de Contradictore in concursu Creditorum, A. & R.* LEYPOLDO, *nunc Ser. Würt. Ducis in secretioribus status Conferentiis Registratore; De conditione Facti indebite præstiti, A. & R.* CHRIST. GOTTL. GMELINO; *Observationes de tutela fructuaria personarum S. R. I. G. illustrium, A. & R.* HOSERO; *Questiones de beneficio ordinis seu excussionis, A. & R.* CHRIST. GOTTL. CANZIO, *Filio; De furto ex necessitate commisso, ad Art.* CLXVI. Ord. crim. Car. *A. & R.* SCHOTTIO; *De jure detractus, speciatim Würtenbergico, A. & R.* ERBIO. Progr. *suo.*

§. 86.

Aus der medicinischen Fakultät:

Joh.

Joh. Georg Gmelin, geb. zu Tüb. 1709. stud. hier, und ward Lic. der Arzneyw. 1727. gieng in eben diesem Jahr nach Petersburg; ward, nachdem er der dasigen Akademie eine geraume Zeit Dienste geleistet, ord. Prof. der Chymie und Naturgeschichte, 1731. reisete auf kaiserl. Befehl durch Sibirien, 1733 — 1743. erhielt die Erlaubniß auf ein Jahr in sein Vaterland zurük zu gehen, 1747. begehrte darauf seine Entlassung, und ward ord. Prof. der Botanik und Chymie zu Tüb. 1749. starb, 1755. Mit der Chymie, wozu er bey seinem Vater, einem sehr geschikten Apotheker, die beste Gelegenheit hatte, und der Naturgeschichte ward er frühe bekannt. Der Ruhm seiner Landesleute, **Bilfingers, Duvernoi, Maiers, Grossen, Krafts, Weitbrechts**, entflammte die edle Ehrbegierde des Jünglings, und zog ihn nach Petersburg. Hier suchte er eigene Lorbeern, fand sie unter vielen Gefahren und Beschwerlichkeiten, und brachte sie als Verfasser von der *Flora Sibirica* in sein Vaterland zurük. Seine vieljährige Reisen und überstandene Gefahren härteten ihn gegen das Schiksal ab, und sezten ihn in eine Art von Gleichgültigkeit und Ruhe, die sich in seinem ganzen Charakter, und selbst in den Gesichtszügen, ausdrükte, und womit sich ein Herz voll Aufrichtigkeit vereinbarte. Sein Naturalienkabinet kam nach Petersburg. Schriften: *Floræ Sibiricæ T. I. II.* Leben Georg Wilhelm Stellers, worinn die bisher bekannt gemachte Nachrichten von desselben Reisen, Entdekungen, und Tode theils widerlegt, theils ergänzet und verbessert werden; Eine Vorrede zu Joh. Georg Models Abhandlung von den Bestandtheilen des Borax; Reise nach Sibirien, 4. Theile, welche auch in die bekannte Sammlung neuer und merkwürdiger Reisen zu Wasser und zu Lande, aufgenommen worden. Dissertationen und kleinere Abhandlungen: *De glandularum mesenterii actione in chylum retardativa; Examen acidularum Deinacensium atque Spiritus vitrioli volatilis ejusdemque phlegmatis per reagentia; De radiis articulatis lapideis.* S. Comment. Petrop. *T. III; De augmento ponderis, quod capiunt quaedam corpora, dum igne calcinantur,* ibid. *T. V. De salibus alcalibus fixis plantarum,* ibid. *T. V. De frigore & calore glaciei, nivis & aquae, T. X. Sermo academicus, an praeter ea vegetabilia, quae summus rerum Creator in primis rerum initiis omnipotenti suo verbo existere jussit, alia per series temporum exorta sint, aut hodie exoriantur sine nova divini artificis creatione; Diss. de rhabarbaro officinarum; De febre miliari; Progr. diluens quaestionem, qua ratione balsama, unguenta & linimenta in humanum agant corpus; Diss. de viis urinae ordinariis & extraordinariis; De tactu pulsus, certo in morbis criterio.* Noch einige Dissertationen sind unter seinem Vorsize vertheidiget worden. Progr. fun. Tüb. Berichte von gel. Sachen, J. 1755. St. 24. 25. 27. 30. 33. 34. 35. 37.

Christian Ludwig Mögling, geb. zu Tüb. 1715. stud. hier, und ward Licentiat der Arzneyw. 1735. reisete hierauf durch Teutschland, Holland, Frankreich und Italien; ward Doktor der Arzneyw. 1738. Stadt= und Amtsphysikus zu Tüb. 1741. ausserord. Prof. der Arzneyw. 1748. ord. Prof. 1752. erhielt den Charakter eines Marggräfl. Baden=Durlachischen Raths und Leibarztes, 1758. starb, 1762. Auf seinen Reisen erwarb er sich viele Wissenschaft, und gewann die Freundschaft der berühmtesten Gelehrten, daß seine nachmalige Empfehlungen reisender Landesleute von der besten Wirkung waren. Die Akademien zu Lyon und Bologna nahmen ihn als Mitglied auf, mit denen er durch eingesandte Abhandlungen lnugen die Gemeinschaft unterhielt. Seine vieljährige Kränklichkeit entzog der hiesigen hohen Schule manche Früchte seines Lehramtes, und hatte selbst auf sein Privatleben einen merklichen Einfluß. Schriften: *Diss. de saluberrimo aëris moderate calidi & sicci in microcosmum influxu; De tutissima methodo curandi morbos quam plurimos eosque gravissimos; Oratio de iis, quae in curationis negotio contingunt quandoque extra ordinem, & quam maxime de curationibus dictis vulgo & creditis miraculosis; Tentamina Semiotica, P. I. II. III; Tractatus pathologico-practicus exhibens 1) febres continuas & 2) febres intermittentes. Progr. fun.* Tüb. Ber. von gel. Sachen, J. 1762. St. 9.

Philipp Friedrich Gmelin, geb. zu Tüb. 1722. stud. hier, und ward Licentiat der Arzneyw. 1742. reisete hierauf durch Teutschland, Holland und Engelland; prakticirte nach seiner Zurükkunft zu Tüb. und gab zugleich akademischen Privatunterricht; ward ausserord. Prof. der Arzneyw. wie auch Stadts-Amts- und Klosterphysikus zu Tüb. und Bebenhausen, 1750. ord. Prof. der Chymie und Botanik, 1755. starb, 1768. In der Chymie und Botanik besaß er eine bekannte, durch Schriften bewährte, Stärke. In diesen Theilen, nebst der Naturgeschichte, war er ein sehr nuzlicher Lehrer, und bey den Kranken ein fleissiger und behutsamer Arzt. Sein Verdienst ehrten auch Auswärtige, und die königliche Gesellschaft der Wissenschaften zu London nahm ihn zu ihrem Mitgliede, wie die zu Göttingen zu ihrem Correspondenten, an. Sanftmuth und Menschenliebe machten seinen Charakter liebenswürdig, und lassen seinen frühen Hintritt noch immer beklagen. Die von ihm hinterlassene Naturaliensammlung wird von seinem Sohne, dem jezigen ausserord. Prof. der Arzneyw. H. Joh. Friedr. Gmelin zum Vortheil der

der Studierenden genützt. Schriften: *Otia botanica; Onomatologia medica completa; Onomatologia historiæ naturalis, I. Th.* Disputationen: *Lumbrici teretes in ductu pancreatico reperti; Specificum antidotum novum adversus effectus morsus rabidi canis, febres malignas pesti proximas & exanthematicas varias, inflammatorias singultui junctas, manias & melancholias; Botanica & Chemia ad medicam praxin adplicata; De tincturis antimonii minus usitatis, utcunque saluberrimis; De Cholelithis humanis; De probato tutoque usu interno vitrioli ferri factitii adversus hæmorrhagias spontaneas largiores; De sero lactis dulci Hoffmanniano; De materia toxicorum hominis vegetabilium simplicium in medicamentum convertenda; De noxis ex abusu potuum spirituosorum in hominem sanum & ægrum redundantibus.* Kleinere Abhandlungen und Reden: *Progr. de singulari quodam ossis petrosi humani fœtus foramine occasione fœtus bicipitis nuperrime dissecti observato;* Gesammlete Nachrichten von dem vortreflichen Gesundbrunnen bey Reutlingen; Umständliche Nachrichten von dem in den Hochfürstl. Nassau=Saarbrück=Usingischen Landen unsern Born und Langenschwalbach befindlichen Sauerbrunnen; *Oratio de imperio animæ in nervos non voluntario; De plantis sacræ scripturæ; De prima primi hominis veste; De annis climactericis;* welche 4 Reden H. D. Heinr. Wilh. Clemm seinen *Novis Amœnitatibus litterariis* einverleibt hat. In den Tübingischen gelehrten Berichten war er auch der Verfasser von beynahe allen medicinischen Artikeln. Auch befinden sich von ihm in den Londonschen Transaktionen einige Aufsäze. *Progr. fun.*

Ferdinand Christoph Oetinger, geb. zu Göppingen, 1719. stud. zu Tübingen die Philosophie; legte

legte sich zu Leipzig, Halle, Tübingen, auf die Arzneywissenschaft; begab sich eine Zeitlang nach Sulz zu dem damaligen Physikus und nunmehrigen herzogl. Würt. Leibarzte, H. D. Reussen, und darauf nach Hessen-Homburg, zu dem dasigen Leibarzte, D. Kämpfen; reisete auf eine kurze Zeit nach Leiden; gieng zum zweitenmal nach Halle, und ward Doktor der Arzneyw. 1739. prakticirte nach seiner Zurükkunft eine Zeitlang zu Stuttgart und Urach; ward ord. Physikus zu Nagold, und 1747. zu Urach und Münsingen; Stadt- Amts- und Klosterphysikus zu Tübingen und Bebenhausen, 1759. zugleich ausserord. Prof. der Arzneyw. 1760. orb. Prof. derselben, 1762. starb, 1772. Seine wichtigste Bemühung war, die Naturlehre und Chymie auf die Staatswirthschaft anzuwenden. Er machte darinn eigene Versuche, mit Aufwand, und war öfters nicht unglüklich. Ueberdiß hat er das Verdienst eines sehr erfahrnen, fleissigen, und methodischen Arztes, und als Docent, besonders in der Heilungskunst, eines ungemein nüzlichen und unermüdeten Lehrers. Er hatte ein feuriges Temperament, war immer geschäftig und nachsinnend, und scheute in Verfolgung seiner Endzweke keine Gefahr, Hindernisse und Beschwerlichkeiten. Seine jeztregierende herzogl. Durchlaucht ernannten ihn zum Mitgliede von Dero immediaten Deputation, zogen ihn in manchen in die Staatswirthschaft einschlagenden Dingen zu Rath, und lassen in Rüksicht auf sein Verdienst die hinterlassene Wittwe einen jährlichen Gnadengehalt geniessen. Er war auch Mitglied der Churmaynzischen Akademie nüzlicher Wissenschaften. Schriften: *Diss. de Belladonna, tanquam specifico in cancro; De Cinnabari exule, reduce in pharmacopolium; De problemate practico, an Achorum insitio, imitando variolarum in-*

sitio-

sitionem, pro curandis pueritiæ morbis rebellibus tuto tentari possit; De prejudiciis & erroribus quibusdam circa usum acidularum consuetis, inveteratis; De viribus radicis rubiæ tinctorum antirachiticis, a virtute ossa animalium vivorum tingendi non pendentibus; De lapsu palpebræ superioris; der unter seinem Vorsize vertheidigten Disp. nicht zu gedenken. *Progr. fun.*

Gottlieb Benjamin Faber, geb. zu Neustadt, an der Linde, 1731. stud. zu Tüb. und Straßburg; ward Lic. der Arzneyw. 1753. prakticirte hierauf in seiner Vaterstadt; ward Doktor der Arzneyw. und ausserord. Prof. zu Tüb. 1755. Mitglied der kaiserl. Akademie der Naturforscher; starb, 1760. Ein geschikter, belesener, und liebenswürdiger Arzt, der seinen Lauf zu frühe vollendete. Schriften: *Diss. qua novum febrium acutarum specificum Anglicanum proponitur; Ulterior expositio novæ methodi Kempfianæ curandi morbos chronicos inveteratos, præcipue malum hypochondriacum. Progr. fun.* Tüb. Ber. von gel. Sachen, J. 1760. St. 20.

David Mauchart, geb. zu Tüb. 1734. stud. hier, und ward Doktor der Arzneyw. 1755. reisete nach Holland und Frankreich; ward Feldarzt bey den Völkern des schwäbischen Kreises, 1757. Stadt- Amts- und Klosterphysikus zu Tübingen und Bebenhausen, auch ausserord. Prof. der Arzneyw. 1762. starb, 1767. Das Schiksal entrieß ihn, wie den vorigen, da er kaum angefangen hatte, seine akademische Geschiklichkeit, und, als praktischer Arzt, die Früchte seiner im Felde erlangten Erfahrung zu zeigen. Schrift: *Diss. de therapia purpuræ receptiori tutiore & solidiore. Progr. fun.*

§. 86.

§. 87.

Aus der philosophischen Fakultät:

Simeon Friedrich Rues, geb. zu Dürrmenz, im Würt, 1713. stud. in den Klöstern Denkendorf und Maulbronn; kam in das theol. Stift zu Tüb. 1731. ward Magister, 1733. Hofmeister bey jungen Herren; Repetent, 1738. reisete durch Teutschland, Holland, Frankreich und die Schweiz; ward Diakonus zu Stuttgart, 1743. ord. Prof. der Geschichte, Beredsamkeit und Dichtkunst zu Tüb. 1747. starb, 1748. Ein früher Tod vereitelte die grosse Erwartung von diesem Gelehrten, der mit gründlicher Wissenschaft die Gabe des Vortrages und anhaltenden Fleiß verband. Schriften: *De admissione irregenitorum ad cœnam Domini Commentatio theologica*; Aufrichtige Nachrichten von dem gegenwärtigen Zustande der Mennoniten und Collegianten — die auch in die holländische Sprache übersezt worden; *Diss. de Chronologia primi orbis ex hebrœo sacri Codicis fonte haurienda. Progr. sun.*

Georg Wolfgang Krafft, geb. zu Tuttlingen, 1701. stud. in den Klöstern Blaubeuren und Bebenhausen; kam in das theol. Stift zu Tüb. 1722. ward Magister, 1725. gieng in eben diesem Jahr nach Petersburg, als Lehrer der Mathematik am dasigen Gymnasio, und Adjunkt der Akademie der Wissenschaften; ward ord. Prof. der Mathematik und Mitglied der Akademie, 1731. Prof. der theoretischen und experimentalphysik, 1734. mit Beybehaltung des Charakters eines Mitglieds der Akademie, und Genuß einer jährlichen Pension; ord. Prof. der Mathematik und Naturlehre an der Univ. und dem Collegio illustri zu Tüb. 1744. Mitglied der Akademie zu Berlin; starb, 1754. Ich will hier zum Lobe dieses durch Schriften berühmten Mathematikers, der Bilfingers Schüler und Freund war, nichts beysezen, als was ihm die hiesige hohe Schule zu verdanken hat. Durch ihn wurde das Studium der Mathematik und der Naturlehre mit mehr Lebhaftigkeit und Eifer, als zuvor, ausgebreitet, und von dieser Zeit an hat Würtenberg mehrere Kenner und Liebhaber der mathematischen Wissenschaften aufzuweisen. Er wußte die Jugend zum Fleiße zu ermuntern, war selbst ein Beyspiel des Fleißes, und hatte die Gabe eines deutlichen und angenehmen Vortrages. Sein Ruhm zog auch auswärtige Liebhaber der Mathematik, selbst aus Rußland, herbey. Schriften: Ausser einer Menge mathematischer und physischer Abhandlungen, welche in den Commentarien der Akademie zu Petersburg stehen, und vom H. Prof. Volzen, zu Stuttgart, in den Tübingischen Berichten von gelehrten Sachen, J. 1755. St. 11. 12. 13. 17. 23. 24. 48. auszugsweise mitgetheilet worden, sind zu Petersburg herausgekommen: Beschreibung und Abbildung des Hauses von Eis, mit dem Hausgeräthe, so 1740. im Jan. in St. Petersburg aufgerichtet worden; von dieser Schrift ist auch eine französische Uebersezung vorhanden; Einleitung zur Erkenntniß der einfachen Maschinen; Einleitung zur theoretischen Geometrie; Einleitung zur mathematischen und natürlichen Geographie; *Experimentorum physicorum brevis descriptio*; Kurze Einleitung in die Geographie; Politische Geographie. In den Denkschriften der Akademie zu Berlin vom J. 1746. kommen von ihm vor: *Observations meteorologiques, faites à Tubingue, pendant l'année 1745.* Tübingische Schriften: *Prelectiones academicæ publicæ in Physicam theoreticam. P. I. II. III.* welche H. Prof. Kies verbessert und vermehrt herauszugeben angefangen hat; *Institutiones Geometriæ sublimioris*. Disputationen: *De vaporum & halituum*

tuum generatione ac elevatione experimenta & sententiæ; De atmosphæra Solis atque hinc explicandis equssis macularum solarium, I. II. De Triglyphis; De tubulis capillaribus; De vera experimentorum physicorum constitutione; De gravitate terrestri; De hydrostatices principiis generalibus; De phialis vitreis ab injecto silice dissilientibus; De Iride; De quadratura circuli præsertim Merkeliana; De corporum naturalium coherentia; De infinito mathematico ejusque natura; De numero pari, rectis parallelis & principio actionis minimæ theses inaugurales; De præcipuis experimentorum physicorum Scriptoribus. **Reden:** *De monitis quibusdam ad Physicam experimentalem hodie etiamnum summe necessariis; De quibusdam borealium climatum prærogativis in observandis naturæ miraculis & instituendis observationibus physicis; De insoliti caloris æstivi causa.* Tüb. Berichte von gel. Sachen, J. 1754. CHRISTOPH. FRID. SCHOTTII *Oratio de singularibus providentiæ divinæ documentis in Vita Krafftiana conspiciendis.*

Otto Christian von Lohenschiold, geb. zu Kiel, 1720. stud. am Gymnasio zu Schleswig, und darauf zu Jena; reisete mit dem Erbprinzen von Nassau-Weilburg als Hofmeister nach Lausanne, 1744. darauf mit dem Grafen von **Degenfeld-Schomberg** nach Frankreich, Frankfurt und Straßburg; ward Hofmeister der jungen Herren **Rödern von Schwende** zu Tüb. 1749. orb. Prof. der Geschichte und ausserord. der Rechte, 1750. starb, 1761. Ein schöner Geist, von der edelsten und uneigennüzigsten Denkungsart im gesellschaftlichen Leben. Zur Geschichte hatte er frühen Hang, und seine auf Reisen erlangte Kenntniß der Welt, und vielfache Gelegenheit von einzelnen Staaten besondere Nachrichten einzuziehen, verschafte ihm eine Stärke in den

Anekdoten der Geschichte, wovon er bey dem akademischen, mit Lebhaftigkeit und Wiz begleiteten, Vortrage so glüklichen Gebrauch zu machen wußte, daß er auch da gefiel und einnahm, wo er paradoxe Säze vertheidigte. Er hat das Verdienst eines pragmatischen, mit gutem Geschmak versehenen Docenten, der die Geschichte mit Philosophie und schönen Wissenschaften zu vereinigen wußte. **Schriften:** *Diss. de investituris Episcoporum per annulum & baculum*; Ode auf den Marschall Grafen von Sachsen; *Diss. de modo probabiliori, quo primae in Americam septentrionalem immigrationes sunt factae*; *Diss. historico-numismatica, nummum antiquum argenteum Apolloniae, urbis Illyridis, descriptum & illustratum sistens*; *De floribus Lygiis, vulgo Lilia vocatis, regni Galliae insignibus*; *De expugnatione urbis Constantinopoleos per Mahammetem II.* Peters Giannone bürgerliche Geschichte des Königreichs Neapel, nach der lezten vermehrten und verbesserten italiänischen Ausgabe ins teutsche übersezt, und mit neuen Anmerkungen vermehret, I. Th. welches Werk vom H. Prof. Le Bret, zu Stuttgart, auf eine für die Leser vortheilhafte Art fortgesezt worden. *Progr. fun.* Tüb. Berichte von gelehrten Sachen, J. 1761. St. 46.

Immanuel Hoffmann, geb. zu Tüb. 1710. stud. hier im theol. Stifte, und ward Magister, 1728. Repetent, 1733. Diakonus zu Urach, 1738. zu Tüb. 1741. ord. Prof. der griechischen Sprache, und Ephorus des theol. Stiftes, 1756. starb, 1772. Er beschäftigte sich hauptsächlich mit der Kritik des neuen Testamentes, und behandelte den heiligen Text, in Ansehung jeden Ausdruks, mit gewissenhafter Ehrfurcht. Als Docent war er gründlich, fleißig, und gewohnt, alles zuvor pünktlich aufzuzeichnen. Seine kritische Vorlesungen waren zum Gebrauch zukünftiger Theologen ganz eingerichtet. In seiner Amtsführung war er gesezmäßig und ernsthaft, und das hiesige theologische Stift, dem er als Aufseher den größten Theil seiner Zeit und Kräfte aufopferte, ist seinem Andenken viele Verehrung schuldig. Unter seinen akademischen Schriften sind diejenige die wichtigste, die er über die im neuen Testament vorkommende Allegate aus dem alten verfertigte. Diese, nebst den andern in der Handschrift hinterlaßenen hieher gehörigen Abhandlungen, hat H. Prof. Hegelmaier, zu Bebenhausen, mit vorgesezter Lebensbeschreibung des Verfaßers herauszugeben angefangen, unter der Aufschrift: IMMAN. HOFFMANNI *Demonstratio evangelica per ipsum scripturarum consensum in oraculis ex vet. T. in novo allegatis. Edidit, observationibus illustravit, vitam Auctoris & Commentationem historico-theologicam, de recta ratione allegata ista interpretandi, præmisit,* TOBIAS GODOFREDVS HEGELMAIER. *P. I. 1773. 4:* Schriften: *De stilo Apostoli Pauli ex 2. Cor. XI. 6. De oraculo Zachariæ Matth. XXVII. 9. 10. allegato; Notæ philologico-criticæ in oraculum Luc. IV. 6—21. ex Es. LXI. 1. 2; Observationes philologico-criticæ ad periocham 2. Petr. I. 16—21. Diss. philol. criticæ in loca 2. Petr. II. 9—13. & Jud. 8—10; Philologema sacrum in oraculum Rom. X. 5—8. complectens allegatum ex Levit. XVIII. 5. & parod. ad Deut. XXX. 11—14; Diss. in duo allegata N. T. e pluribus uno locis V. T. petita Rom. XI. 8. & ejusd. Cap. V. 26. 27; Diss. in oraculum Ps. XCV. 7—11. a Paulo Ebr. III. 7—11. citatum, & C. V. 12—19. nec non IV. 1—13. prolixe adplicatum; Diss. in allegata quædam Cap. I. Ebr; Diss. in oracula Hos. II. 1—25. & Es. X. 22—23. a Paulo allegata Rom. IX. 25—28; Diss. in verba Pauli 1. Cor. I.*

19. 20. 31. *Diss. sistens Paulum Apostolum scripturas profanas ter allegantem, nec tamen in omni literatura græca versatissimum;* Diss. *in Orat. Act. II. 25—28. ex Ps. XVI. 8—11. citatum; Observationes philolog. crit. in pericopam Ep. Jac. III. 1—12. de moderamine linguæ.* Unter seinem Vorsize sind vertheidiget worden: *Observationes philologico-critice ad ultima Davidis verba II. Sam. XXIII. 1—7. A. & R.* KESLERO; *Diss. super Odyssea Homeri, A. & R.* SEYBOLDO, *nunc Prof. Philos. Jenensi. Progr. sun.*

II. Abgekommene und anderwärts beförderte Lehrer, und zwar

§. 88.

Aus der theologischen Fakultät:

Johann Gottlieb Faber, D. der Theologie, herzoglicher Consistorialrath und Oberhofprediger, Prälat zu Adelberg, Generalsuperintendent, und Mitglied der zur Universitätsvisitation verordneten Deputation; geb. zu Stuttgart, 1717. stud. am dortigen Gymnasio; kam in das theol. Stift nach Tüb. 1733. ward Magister, 1735. Repetent, 1741. Pfarrer zu Dußlingen, 1746. ord. Prof. der Geschichte, Beredsamkeit und Dichtkunst zu Tüb. 1748. der praktischen Philosophie, 1752. ausserord. Prof. der Theol. 1753. vierter Prof. derselben, Stadtpfarrer und Superintendent, auch D. der Theol. 1755. erhielt den Ruf als Senior Ministerii nach Frankfurt am Mayn, mußte es aber auf höhern Befehl verbitten, und trat als vierter ord. Prof. in die theol. Fakultät und den akademischen Senat ein, 1761. ward herzogl. Consistorialrath, und Prälat zu Alpirspach, 1767. Stiftsprediger zu Stuttgart, und Prälat zu Herrenalb, 1772. Oberhofprediger, Prälat zu Adelberg, Generalsuperintendent, und Mitglied der Universitätsvisitationsdeputation, 1773. Schriften: *Diss. histor. de Leone III. Pontifice Rom. Tub. 1748. 4. Diss. de Naturalismo morali, maxime subtiliori, Tub. 1752. 4. Diss. de Anima Legum, Tub. 1752. 4. Diss. de Principe christiano, Ecclesiæ nutritio, ad Esa. XLIX. 23. Tub. 1753. 4. Systema virtutum christianorum pragmaticum, ex oraculo 2. Petr. I. 5 — 7. Tub. 1754. 4. Diss. quo jure sanctificatio diei dominicæ ex oraculis veteris Testamenti adseratur, Tub. 1757. 4.* Akademische Reden über die Moraltheologie, 2. Theile, Tüb. 1757. 1759. 8. *Specimen problematis exegetici, ex Apoc. XIII. 8. Tub. 1757. 4. Diss. de sensu morali, Spiritus S. officina, Tub. 1758. 4.* die 1769. ins holländische übersezt worden; *Diss. de rigore virtutis christianæ, ex Jac. II. 10. Tub. 1760. 4. Diss. de dubio Juris naturæ lumine, cum lumine Spiritus S. comparato. Tub. 1762. 4 Disquisitio, an adæmonismus cum fide & pietate christiana conciliari possit? Tub. 1763. 4. Diss. de dæmoniacis contra Wetstenium, Tub. 1763. 4. Succincta Theologiæ antideisticæ delineatio*, zwo Dissertationen, *Tub. 1764. 4. Diss. de miraculorum Christi ejusque Legatorum evidentia historica, adversus Dav. Humium. Tub. 1764. 4. Meletema philosophicum de Virtute, contra hypotheses libri,* Dictionnaire philosophique portatif *inscripti, Tub. 1765. 4. Disquisitio, an in negotiis humanis conditio mutandæ vel non mutandæ religionis per leges Christianismi sit honesta? Tub. 1766 4. Meletema de diversis fontibus tolerantiæ dissentientium in religione, Tub. 1769. 4.* Einleitung in die heil. Geschichte des ersten Weltalters, als den Grundriß der göttlichen Haushaltung

rung unter den Menschen, in Wochenpredigten über
I. Buch Mos. I. II. III. Kap. Tüb. 1757. 8. Neue Sammlung von Predigten, über I. Mos. III. IV. oder fortgesezte Einleitung ꝛc. nebst einem Anhang von Predigten über einige Sonn- und Feyertagsevangelien, Tüb. 1770. 8. Zwelte Fortsezung dieser Einleitung, über I. Mos. V — IX. Tüb. 1772. 8. Verschiedene einzelne Predigten und Reden von ihm sind zu Tübingen und Stuttgart im Druk erschienen. Er ist auch der Verfasser vieler akademischen Programmen über auserlesene Materien.

§. 89.

Aus der medicinischen Fakultät:

Ludwig Rudolph Seubert, der Arzneygelehrsamkeit Licentiat, Stadt- und Amtsphysikus zu Urach; geb. zu Maulbronn, 1733. stud. zu Tüb. und ward daselbst Licentiat; reisete nach Straßburg und Paris; ward ausserord. Prof. der Arzneywissenschaft zu Tüb. 1756. Stadt- und Amtsphysikus zu Urach, 1760. Schriften: *Diss. de pathologia & therapia generali malorum, exteros plerosque Lutetie Parisiorum degentes diversimode affligentium*, Tub. 1756. 4. *Diss. de signis puerperii fallacibus*, Tub. 1758. 4. Kurzer Auszug aus der Lehre von der Hebammenkunst, in Fragen und Antworten, Ulm, 1770. 8.

III. **Jezt lebende Professoren mit einer vollständigen Anzeige ihrer Schriften und Vorlesungen.**

§. 90.

In der theologischen Fakultät lehren:

Jeremias Friedrich Reuß, D. und Prof. primarius der Theol. Kanzler der Universität und Probst der Stiftskirche, herzoglicher Rath und Abbt zu Lorch; geb. zu Horrheim, 1700. stud. in den Klöstern Denkendorf und Maulbronn, und darauf im theol. Stifte zu Tübingen; ward Magister, 1723. Repetent, 1729. königlich Dänischer Hofprediger, und ord. Prof. der Theol. zu Kopenhagen, 1732. Doktor, 1742. kön. Dänischer Oberconsistorialrath und Generalsuperintendent der Herzogthümer Schleßwig und Hollstein, 1749. wurde zu obigen Stellen nach Würtenberg zurük beruffen, 1757. Schriften: *Diss. de principio rationis sufficientis*, Tub. 1723. 4. Predigt über die Worte des sterbenden Erlösers: Vater vergieb ihnen ꝛc. und: Wahrlich, ich sage dir, heute wirst du ꝛc. Tüb. 1732. 8. *Diss. de usu experientiæ spiritualis in Scripturarum interpretatione*, Hafn. 1732. 4. auch zu Frankfurt und Leipzig, unter der Aufschrift: *Schediasma de &c. 1735. Meletema de sensu septem parabolarum Matth. XIII. prophetico*, Hafn. 1733. und zu Jena, 1734. 4. *Meletema de testimonio Spiritus S. interno*, Hafn. 1734. 4. *Justæ vindiciæ thesium quarundam cum aphorismis de cultu Dei*, Hafn. 1735. 8. *Annotationes practicæ ad formam doctrinæ scholastico-acroamaticam in articulo de justificatione*, Hafn. 1735. 4. *Succincta doctrinæ de fide justificante expositio, qua æque & theoriæ puritati & praxeos integritati consulitur; partem secundam annotationum practicarum ad formam doctrinæ scholastico-acroamaticam in articulo de Justificatione in se continens*, Hafn. 1736. 4. *Theses de Scylla quadam philosophiæ recentioris*, Hafn. 1737. 4. Die rechte Versicherung von der Vergebung der Sünden, in einer Predigt abgehandelt, Kopenh. 1737. 8. *Meletema de Scylla quadam philosophiæ recentioris*, Hafn. 1737. und zu Göttingen, 1737. 4. Etliche Predigten über einige Grundstüke des Christenthums. Kopenh. 1737. 8. *Meletema de lucta pœnitentium*, *Hafn. 1738. 4. Specimen Theologiæ naturalis, justa & utili methodo ab inferioribus ad superiora progredientis*, *Hafn. 1739. 4.* Die Lehre von der Rechtfertigung, in 4. Predigten abgehandelt, Leipzig 1739. 8. in die dänische Sprache übersezt, Kopenh. 1739. 12. Ein Stük der Lehre vom Gebet, in einer Predigt aus Jak. IV. 2. 3. vorgetragen. Kopenh. 1739. 8. in die dänische Sprache übersezt, 12. *Oratio die natali Regis Christiani VI. dicta Hafniæ, d. 30. Nov. 1739. 4.* Die Versieglung der Gläubigen mit dem heiligen Geist, in einer Predigt aus Eph. I. 13. vorgestellt, Kopenh. 1740. 8. *Dilucidationes doctrinæ de mundo optimo, 4. Dissertationen*, *Hafn. 1741 — 1745. 4. Doctrina de officiis Christiani erga se ipsum*, *Hafn. 1742.* Sammlung h. Reden über verschiedene Terte h. Schrift, vor hoher kön. Dänischer Herrschaft gehalten, Nürnb. und Leipz. 1743. 8. Eine lateinische Trauerrede auf die Frau Marggräfin Sophia Christiana, zu Culmbach, s. die Dänische Bibliothek, II. Th. Die rechten Quellen einer gottgefälligen Jubelfreude, in der Domkirche zu Schleßwig vorgestellt, Hamb. 1749. 8. Vorrede (zu Hrn. Stresow Hauspostill) von der Einfältigkeit in Christo, 1750. Vorrede zum Hollsteinischen Gesangbuch, Altona, 1752. *Diss. qua oraculum illustre Zachar. VI. 12. 13. explanatur*, *Tub. 1758. 4.* Predigten in Kopenhagen gehalten, 2. Theile, Tub. 1759. 8. *Momentum doctrinæ de Salvatoris nobis nati divinitate*, *Tub. 1759. 4. Diss. de gratia Spiritu S. applicatrice*, *Tub. 1760. 4. Diss. de divina vocatione hominum ad salutem*, *Tub. 1761. 4. Diss. de Ecclesia Ruthenica*, *Tub. 1762. 4. Theologiæ propheticæ primæ lineæ*, *Tub. 1763. 4. Diss. de Illuminatione*, *Tub. 1764. 4. Progr. Domino & Salvatori nostro J. C. divinam suam gloriam*

contra

contra novos Arianos adserens, *Tub. 1767. fol. Elementa Theologiæ moralis*, *Tub. 1767. 8. Opuscula varii generis theologica, passim emendata, haud paucis in locis aucta*, *Fasc. I. & II. 1770. 8. Diss. de Auctore Apocalypseos*, *Tub. 1767. 4.* Eine Vorlesung von dem eigentlichen Zwecke der göttlichen Offenbahrung und der Lehre Christi. S. Sammlung der in höchster Gegenwart des Herrn Herzogs gehaltenen Vorlesungen und Reden, S. 9. u. f. *Diss. de donis Spiritus S. miraculosis, ut præcipuo pro veritate doctrinæ apostolicæ argumento, P. I. Tub. 1768. P. II. 1769. P. III. 1770. 4. Diss. qua Systema doctrinæ Reformatorum de prædestinatione & gratia ad liberale & ingenuum examen revocatur, P. I, & II. Tub. 1771. 4.* Vertheidigung der Offenbarung Johannis gegen den berühmten Hallischen Gottesgelehrten, Hrn. D. Semler, Tüb. 1772. 8. *Diss. de recta ratione modoque divinam Scripturæ S. originem & auctoritatem probandi, Tub. 1772. 4. Disquisitio theologico-hermeneutica de Oeconomia, qua in docendo ipse etiam Dominus usus esse dicitur, Tub. 1773. 4.* Unter seinem Vorsitze sind folgende Dissertationen vertheidiget worden: *Decentia restabilitionis generis humani ex idea Entis summi & mundi physici ac pneumatici rationaliter explanata, Auct. & Resp.* M. GRIESINGERO, *Tub. 1758. 4. An ex vaticiniis V. T. probari possit futura generalior Judæorum conversio? A. & R.* M. SCHELLINGIO, *Tub. 1761. 4. Regia Jesu Christi Domini Majestas, A. & R.* M. HERBORTO, *Tub. 1765. 4. De Prothesi eonum, fundamento doctrinæ de Christo & Ecclesia, Eph. III. 11. A. & R.* M. KRAFFTIO, *Tub. 1766. 4. De periodis œconomiæ divinæ scripturariis, A. & R.* M. HARTMANNO, *Tub. 1766. 4. De Christi Domini in omnia imperio, A. & R.* M. KOESTLINO, *Tub. 1767. 4. Diss. qua insigne de Christo oraculum Es. LII. 13.— LIII. 12. illustratur,* A. & R. M. STORRIO, *Tub. 1768* 4. *Diss. qua ex vaticiniis ipsius Christi insigniter impletis probatur religionis christianæ veritas,* A. & R. M. STEINHOFERO, *Tub. 1768. 4.* Vorlesungen: In den öffentlichen, dogmatischen, exegetischen und polemischen, wechselt er von Jahr zu Jahr mit den übrigen ordentlichen Professoren der Theologie ab. Von seinen Privatvorlesungen ist kein Theil der Theologie ausgeschlossen, nach jedesmaliger Veranlassung. Vornehmlich aber beschäftiget er sich mit der Hermenevtik, Erklärung der heil. Schrift, der Moral und Pastoraltheologie.

D. Johann Friedrich Cotta, orb. Prof. der Theol. Dekan der hiesigen Stiftskirche, des herzogl. theol. Stiftes erster Superattendent, und der Gesellschaft der freyen Künste zu Leipzig Ehrenmitglied; geb. zu Tüb. 1701. stud. hier, und ward Magister, 1718. Repetent, 1724. unternahm hierauf 1725. mit herzogl. Genehmigung eine gelehrte Reise, hielt sich einige Jahre zu Jena auf, las als Magister legens Collegia, und ward 1728. Adjunkt der dasigen philos. Fakultät; reisete weiter durch Teutschland, Holland, England und Frankreich; ward nach seiner Zurükkunft orb. Prof. der Philosophie zu Tübingen, 1733. orb. Prof. der morgenländischen Sprachen, und ausserorb. der Theologie zu Göttingen, 1735. Doktor der Theol. daselbst, 1737. ausserorb. Prof. der Theol. und orb. der Geschichte, Beredsamkeit und Dichtkunst zu Tüb. 1739. vierter Prof. der Theol. Stadtpfarrer und Superintendent, 1741. britter Prof. und zweiter Superattendent des herzogl. theol. Stiftes, 1753. zweiter Prof. erster Superattendent, und Dekan der Stiftskirche, 1755. vom J. 1756. an vertrat er verschiedene Jahre hindurch
die

die Kanzlerstelle, bis zur Ankunft des hieher beruffenen Kanzlers D. Reussen. Schriften: *Themata miscellanea ex Jurisprudentia naturali desumta, uberioribus notis illustrata, Tub 1718. 4.* Allerneueste Historie der theologischen Gelehrsamkeit, auf das Jahr 1721. und 1722. Tüb. 8. *Exercitatio historico-critica de origine Masoræ, punctorumque V. T. hebraicorum, Tub. 1726. 4. De probabilismo morali,* zwo Dissertationen, Jen. 1728. 4. und französisch: *Traité de la probabilité, ou du choix & de l'usage des opinions probables dans les matiéres de la Morale. Rheims* (Amsterdam), *1732. 8. Commentatio historico-theologica de fallibili Pontificis Rom. auctoritate, ex Actis Concilii Constantiensis maximam partem deducta, atque Matth. Petitdidierio opposita, Lugd. Bat. 1732. 8. Exercitatio de philosophia exoterica atque esoterica, sive de Veterum doctrina externa atque interna, Tub. 1734. 4.* Gelehrtes Journal, oder Nachrichten von allerhand neuen Büchern, und andern zur Litteratur gehörigen Materien, 2. Theile, Tüb. 1734. 1735. 8. Flavii Josephi sämtliche Werke, auch Egesippus von der Zerstörung Jerusalems; neu (zum theil von ihm selbst) übersezt, und mit Anmerkungen versehen, Tüb. 1735. fol. Entwurf zu der vom sel. Kanzler Pfaffen vorgeschlagenen neuen Sammlung einer *Bibliothecæ maximæ Patrum, 1734. Diss. critico-theologica adversus novam de Codice hebraico e Fl. Josephi libris emendando hypothesin Whistonianam, Gœtt. 1736. 4. Observationum ad Gen. III. 22. Specimina III. Gœtt. 1737. 1738. 4. Disquisitio philologico-theologica de ritu inaugurationis apud Hebræs, speciatim summi Pontificis, in adplicatione ad perfectissimum Pontificem, Jesum Christum, Gœtt. 1737. 4. Ecclesiæ Romanæ de attritione & contritione contentio, ex dogmatum historia breviter delineata, & exa-*

examini theologico subjecta, Gœtt. 1739. 4. *Exercitatio historico - critica qua conjectura R. I. Tourneminii, qui Epistolas Cypriani ac Firmiliani adversus decretum Stephani I. P. R. de non iterando hereticorum baptismo, tanquam spurias atque a Donatistis confictas, penitus rejiciendas esse statuit, examini subjicitur,* Tub. 1740. 4. Zuſätze und Verbeſſerungen zu dem zweiten Band von Arnolds Kirchen-und Kezerhiſtorie, Schaffh. 1741. fol. Dritter Band derſelben, mit einer unpartheyiſchen Einleitung in die Geſchichte der Arnoldiſchen Streitigkeiten, Schaffh. 1742. fol. *Commentatio theologica de nativitate Jeſu Chriſti majeſtatica*, ad Luc. II. 8. 9. Tub. 1743. 4. *Diſſ. hiſtorico - theologica de Conſtitutionibus apoſtolicis*, Tub. 1746. 4. *Sacrarum obſervationum ad oraculum* Paulinum Act. XX. 28. Partes IV. Tub. 1747 — 1751. 4. *Diſſ. de miraculoſo linguarum dono, ſuper Apoſtolos effuſo,* ad Act. II. 2. 3. 4. Tub. 1749. 4. *Commentatio ſacra ad locum* Petrinum, II. Ep. II. 11. Tub. 1750. 4. Theologiſches Sendſchreiben an einen vornehmen Herrn von Adel, in welchem die zwiſchen der evangeliſchen und röm. katholiſchen Kirche obſchwebende Religionsſtreitigkeiten unterſucht, und zugleich des P. Seedorfs Sendſchreiben geprüft werden, Frankf. und Leipz. 1750. 8. *Diſſ. de rectitudine hominis primæva,* ad Eccles VII. 30. Tub. 1753. 4. *Diſſ. theol. prior, de redemtione Eccleſiæ, proprio Dei ſanguine facta,* ad Act. XX. 28. Tub. 1753. 4. *Diſſ. altera, qua hiſtoria hujus dogmatis ediſſeritur,* Tub. 1754. 4. *Exercitatio theol. de calumnia Samaritaniſmi, Chriſto Servatori a Judæis olim adſperſa,* ad Joh. VIII. 48. Tub. 1754. 4. *Gloria cultus religioſi Chriſto Servatori aſſerta,* ad Joh. V. 23. Tub. 1755. 4. *Hiſtoria doctrinae de cultu adorationis Chriſto Servatori debito,* Tab. 1755. 4. *Comm. theol. de Filio Dei, non Angelos, ſed ſemen Abrahae adſumente, te.*, *ex Hebr. II. 16. Tub. 1755. 4. Comm. historico-theol. de lamina pontificali Apostolorum, Johannis, Jacobi & Marci, Tub. 1755. 4. Praefatio. b. D. Canzii* Annotationibus ad Compendium Theologiæ purioris, ex Manuscripto Auctoris Tub. 1755. 8. editis, *praemissa. Vindiciae verborum Naamanis Syri proselyti, II. Reg. V. 18. eorum, qui religionum indifferentiam docent, cavillationibus oppositae,* zwo Differtationen, *Tub. 1756. 4. De gloria Christi primogeniti in orbem introducti, ipsis Angelis adoranda, Hebr. I. 6. coll. Ps. XCVII. 7.* zwo Differtationen, *Tub. 1757. 4. Diss. de religione Apostoli Pauli, qua omnibus omnia factus est, I. Cor. IX. 22. Tub. 1757. 4. Diss. historico-theol. prior de diversis gradibus gloriae beatorum, Tub. 1758. 4. De sortibus Sanctorum, Tub. 1758. 4. Diss. de mundo Spiritum S. non accipiente, ad Joh. XIV. 17. Tub. 1758. 4. Diss. de constitutione Theologiae, Tub. 1759. 4. De variis Theologiae speciebus,* zwo Differtationen, *Tub. 1759. 4. De varia Theologiam praesertim dogmaticam tradendi ratione, Tub. 1760. 4. De recta Theologiae dogmaticae conformatione, Tub. 1760. 4. De religione in genere, & speciatim naturali, Tub. 1761. 4. De religione revelata ejusque necessitate, Tub. 1761. 4. De religione gentili, Tub. 1761. 4. De religione Muhammedica, Tub. 1761. 4. Theses theologicae de novissimis.:* 1) *de morte naturali, Tub. 1762. 4.* 2) *de resurrectione mortuorum, Tub. 1762. 4.* 3) *de judicio extremo, Tub. 1763. 4.* 4) *de consummatione seculi, Tub. 1763. 4. Joh. Gerhardi Loci theologici, cum Dissertationibus & Observationibus, XII. Tomi.* Tub. 1762 — 1773. 4. *De Christo infante, Patre aeternitatis, ad Esai. IX. 6.* Tub. 1763. 4. *Diss. historiam dogmatis de Christo hominum Redemtore succincte exponens,* Tub. 1764.

*1764. 4. Historia succincta dogmatis theologici
de Angelis,* zwo Differtationen, *Tub. 1766. 1767. 4.
Sylloge controverfiarum de juftificatione cum Socinianis agitatarum,* Tub. *1767. 4.* Diff. *de vita
aeterna,* Tub. *1768. 4.* Verſuch einer ausführlichen
Kirchenhiſtorie des neuen Teſtamentes, von Anfang
der chriſtlichen Zeitrechnung, bis auf gegenwärtige
Zeiten, 3. Theile, Tüb. 1768 — 1773. gr. 8. Der erſte
Theil iſt in die holländiſche Sprache überſezt. *Hiftoria fuccincta dogmatis de vita aeterna,* Tub. *1770. 4.*
Diff. *de morte aeterna,* Tub. *1771. 4. De cœlis
terraque novis a Deo creandis, ad illuftranda loca, Efai. I.XV. 17. XLVI. 22. II. Petr. III. 13.
Apoc. XXI. 1.* Tub. *1772. 4.* Diff. *dogmatico-polemica, de diverfis gradibus gloriae beatorum,* Tub.
1773. 4. Unter ſeinem Vorſitze ſind folgende Differtationen, an deren einigen er ſelbſt Antheil hat, von
ihren Verfaſſern vertheidiget worden : Diff. *philol.
de Peniculamentis Judaeorum, Auct. & Refp.* M.
SCHWARZIO, Gœtt. *1737. 4.* Diff. *de peccato in
Spiritum S. irremiffibili, A. & R.* M. HOCHSTETTERO, Tub. *1753. 4.* Diff. *de Sanctis mundum &
Angelos judicaturis, ad I. Cor. VI. 2. 3. A. & R.*
M. HEGELMAIERO, *nunc Profeffore & verbi divini Miniftro in Monafterio Bebenhufano,* Tub. *1755.
4.* Diff. *hiftorico-throl. de jure docendi in conventibus facris, A. & R.* M. GLANZIO, Tub.
*1755. 4. Juftitia Lothi expenfa & ab objectionibus Deiftarum vindicata, ad II. Petr. II. 7. 8.
A. & R.* M. HAUGIO, *nunc Profeffore ill. Gymnafii Stuttgardiani,* Tub. *1756. 4.* Diff. *de gloriofa Majeftate Dei triunius, Jer. VI. 1 — 3. A. &
R.* M. GESNERO, Tub. *1756. 4.* Diff. *de Deo in
corpore & anima glorificando, occafione oraculi
I. Cor. VI. 20. A. & R.* M. NEVFFERO, Tub. *1757.
4. De ftatu animae poft mortem recentiores quaedam*

dam controverſiae, *A. & R. M.* MEZGERO, *Tub.*
*1758. 4. De cauſſis medias inter perſecutiones cre-
ſcentis Chriſtianiſmi*, *A. & R. M.* HARTERO, *Tub.
1758. 4. Diſſ. num Davides fit Auctor Pſalmi
CXIX. A. & R.* HOPFFERO, *Tub. 1758. 4. Diſſ.
de Juramenti divini decentia*, *A. & R.* VISCHERO,
*nunc Profeſſore & Bibliothecæ Ducalis Ludovico-
politanæ Cuſtode*, *Tub. 1759. 4. De religione eorum, quos in Anglia Latitudinarios vocant*, *A.
& R. M.* HOBBHAHN, *Tub. 1759. 4. Recentiores de
S. Cœna controverſiæ in Anglia cumprimis agitatæ.
A. & R. M.* HEFELENO, *Tub. 1759. 4. Diſſ.
de methodo præſcriptionis ad dogmata resque ſacras
adplicata*, *A. & R. M.* ENGELHARDO, *Tub.
1761. 4. Diſſ. hiſtorico - theol. de Inquiſitione ad
extirpandos, quos vocant, haereticos in Eccleſia
rom. inſtituta*, *A. & R. M.* STEEBIO, *Tub. 1766.
4. Diſſ. de veritate religionis chriſtianae ex miraculis certa*, *A. & R. M.* FISCHHABERO, *Tub.
1766. 4. De memorabilibus Juſtini Martyris hi-
ſtoricis atque dogmaticis*, *A. & R. M.* GRATIA-
NO, *Tub. 1766. 4. Lapis rejectus caput anguli,
ad illuſtrandum oraculum ſacrum Pſ. CXIIX. 12.
A. & R. M.* KURRERO, *Tub. 1770. 4.* Predigten und Reden: Erklärung der herrlichen Abſchieds-
rede des H. Jeſu; eine bey ſeinem Abſchiede aus
Göttingen in der daſigen Univerſitätskirche gehaltenen
Predigt, Gött. 1739. 8. Gedächtnisrede auf die Erfindung der Buchdruckerkunſt; in D. Kleinns Angedenken des dritten Jubelfeſtes derſelben, Tüb. 1740. 4.
Antrittsrede von dem gekreuzigten Jeſu, als dem Haupt-
innhalt aller Predigten des neuen Bundes, Tüb. 1741. 4.
Paſtoralerinnerung von Verſorgung der Armen, Tüb.
1743. 3. Huldigungs-Predigt bey der dem durchl. H.
Herzog Carln perſönlich geleiſteten Huldigung, Tüb.
1744. 4. *Sermo ſolennis de ſtella ex Jacob oriun-*
da,

da, ad Num. XXIV. 17. Tub. 1750. 4. Die Glückseligkeit eines frühzeitigen und dabey geschwinden Todes, in einer Trauerrede, Tüb. 1750. fol. Geistliche Rede, welche bey der Confirmationshandlung des durchl. Prinzen, Johann Carl Ludwigs, von Pfalz-Zweybrück-Birkenfeld in der Stiftskirche zu Tübingen den 3. Merz, 1760. gehalten worden, 8. Eine Vorlesung von dem Siege, den der Kaiser Antoninus Philosophus vermittelst des Gebets der sogenannten *Legionis fulminatricis* über die Markomannen erhalten. Sie stehet in der Sammlung der in höchster Gegenwart des Herrn Herzogs gehaltenen Vorlesungen und Reden, S. 29. u. f. Ausser vielen akademischen Programmen, die er als Prof. der Beredsamkeit und Dichtkunst verfertiget, sind folgende theologische von ihm vorhanden: *Mysterium verbi caro facti,* Gatt. 1736. 4. *Meditatio paschalis de Christi redivivi manifestatione, non omni populo, sed testibus a Deo præordinatis facta, ad Act. X. 40—41.* Gatt. 1738 4. *De annuntiatione nativitatis Christi Pastoribus Bethlehemiticis facta, ejusque cauſſis,* Tub. 1751. fol. *De filio Dei eo fine in carne manifestato, ut opera Diaboli destrueret, I. Joh. III. 8.* Tub. 1753. fol. *De variis admirandis, quæ nativitatem Christi illustrem reddiderunt ac gloriosam,* Tub. 1755. fol. *De magno pietatis mysterio, I. Tim. III. 16. caute & sobrie tractando,* Tub. 1761. fol. *De iis qui veritatem humanæ Christi naturæ tum antiquiori tum recentiori ævo in dubium vocarunt,* Tub. 1770. fol. *De vaticinio Mich. V. 1. 2. in Jesu Nazareno impleto,* Tub. 1773. fol. Vorlesungen: Seine öffentliche sind dogmatische, exegetische und polemische, abwechslungsweise mit seinen Kollegen. In seinen Privatvorlesungen beschäftiget er sich hauptsächlich mit der Kirchengeschichte des neuen Testamentes, und erbietet sich auch, nach Veranlassung der Umstände,

über

über die hebräischen Alterthümer, die symbolischen Bücher der evangelischen Kirche, die Litterargeschichte der Theologie, das Kirchenrecht, die Pastoraltheologie, Homiletik, Kasuistik, u. s. w. zu lesen.

Christoph Friedrich Sartorius, der Theol. D. und ord. Professor, des herzogl. theologischen Stiftes zweiter Superattendent, und dritter Frühprediger an der hiesigen Stiftskirche; geb. zu Oberiflingen, 1701. stud. am Gymnasio zu Stuttgart, und kam 1718. in das theol. Stift zu Tübingen; ward Magister, 1719. Repetent, 1728. Klosterpräceptor und Prediger zu Bebenhausen, 1733. Superintendent und Stadtpfarrer zu Ludwigsburg, 1747. erhielt obige Stellen, 1755. D. der Theologie, 1756. Schriften: *Meditationes ad Psalmum LIII. de Salute ex Zione, divino adversus mala generis humani quæcunque remedio,* Tub. 1755. 4. *Diss. de gentium desiderio ac templo gloria implendo,* Tub. 1756. 4. *Positiones generaliores de libro Geneseos, Partes III.* 1756. 4. *Diss. de modo loquendi ad cor,* Tub. 1756. 4. *Diss. de Messe, Filii Dei, generatione æterna,* ad Ps. II. 7. Tub. 1758. 4. Leichenpredigt H. Summels, Bebenhäusischen Pflegers, Tüb. 1758. *Articulus de Creatione thetice tractatus,* Tub. 1759. 4. Predigt bey der Confirmation des durchl. Prinzen Johann Carl Ludwigs von Pfalz-Zweybrück-Birkenfeld, Tüb. 1760. 4. *Diss. de Sacramentis in genere,* Tub. 1760. 4. *Diss. de Baptismo,* Tub. 1761. 4. *Diss. de S. Cæna,* Tub. 1761. 4. *Diss. de lege divina, & speciatim morali,* Tub. 1762. 4. *Diss. de lege ceremoniali,* Tub. 1762. 4. *Positiones theologicæ in usum prælectionum dogmaticarum,* Tub. 1764. 8. Editio IIda, Tub. 1766. 8. Eine ganz umgearbeitete Ausgabe davon befindet sich wirklich unter der Presse. *Vindiciæ Cantici canticorum ad-*

adversus novissimam quandam obtrectationem (des
Dictionnaire philosophique portatif), *Tub. 1765.
4. Diss. exegetica super Psalm. XIX. Tub. 1766. 4.*
Eine Anrede an den Durchl. Herrn Herzog, wie auch
eine akademische Vorlesung vom ewigen Leben, 1767.
S. Beschreibung der Feierlichkeiten, und deren Anhang, S. 91. u. f. wie auch Sammlung der Vorlesungen und Reden, S. 36. u. f. Leichpredigt H. Prälaten
J. C. Glöklers, Tüb. 1768. Predigt am Pfingstfest,
Tüb. 1768. Rede bey dem Doktorat H. D. Bauren,
Tüb. 1770. 4. *Theologumena symbolica, Partes III.
Tub 1770. 4.* Trauerrede bey der Beerdigung H. Joseph Burks, *Med. Cand.* Tüb. 1770. 4. Leichpredigt
der Frau Prof. Hillerin, Tub. 1770. fol. Leichpredigt
H. Prof. Hillers, Tub. 1770. fol. Trauerrede bey der
Leichbegängniß H. Joh. Peter Mart. Müllers, aus Hamburg, *Med. Stud.* Tüb. 1772. 4. *Diss. de utilitate
librorum V. T. historicorum, Tub. 1772. 4.*
Unter seinem Vorsitze sind vertheidigt worden: *Diss.
de duratione brutorum ad Rom. VIII. 19 — 22.
Auct. & Resp.* M. HESLERO, *Tub 1756. 4. Diss.
de pretio ministerii reproborum, A. & R.* M. ESENWEINIO, *Tub. 1756. 4. Diss. de vocatione ministrorum ecclesiasticorum divina, A. & R.* M. GEORGII, *Tub. 1757. 4. Diss. de die Christi ab Abrahamo viso, A. & R.* M. HILLERO, *Tub 1758. 4.
Diss. de glorificatione Christi, ad Joh. XIII. 31.
32. A. & R.* M. HARPPRECHTIO, *Tub. 1758. 4.
Diss. an ὀργὴ Marc. III. 5. proprie Christo tribuatur, A. & R.* M. WEYSSERO, *Tub. 1758. 4. Vindiciæ potiorum thesium de imagine divina, A. &
R.* M. VARENBÜLERO, *Tub. 1760. 4. Diss. de antirationalismo apostolico ad II. Cor. X. 5. A. & R.*
M. GOEZIO, *Tub. 1760. 4. Diss. de somniis divinis, A. & R.* M. SCHWINDRAZHEIM, *Tub. 1760. 4.
Historia excidii Babylonici, collata cum vaticiniis
V. T.*

V. T. A. & R. M. Keslero, *Tub. 1766. 4. Diſs. de principiis theologiæ typicæ. A. & R. M.* Gavppio, *Tub. 1766. 4. Diſs. de Sacramentis Pontificiorum, A. & R. M.* Gollio, *Tub. 1767. 4. Veritas religionis chriſtianæ ex admiranda ejus propagatione, A. & R. M.* Schmidlino, *Tub. 1768. 4. Fontes tolerantiæ recentiores examinati. Reſp. M.* Fabro, *Tub. 1769. 4.* Zu den Chriſtfeſtreden hat er in den Jahren 1756. 1759. 1762. 1764. 1766. 1771. die akademiſchen Programmen verfertiget. **Vorleſungen:** In den öffentlichen, dogmatiſchen, exegetiſchen und polemiſchen, wechſelt er mit ſeinen Kollegen ab, jedesmal in einem jährigen Curſu. In den Privatvorleſungen hat er eine allgemeine Einleitung in die h. Schrift, zugleichen eine Erklärung des Briefs an die Römer vorgetragen, auch verſchiedene male Collegia über die ſymboliſchen Bücher, Katechetik, Homiletik, Polemik, über einzelne Theile der Religionsſtreitigkeiten, geleſen. Er erbietet ſich in Zukunft, ſowohl zu dieſen, als auch zu andern theologiſchen Vorleſungen, wie es die Zeit und Umſtände zulaſſen, oder die Zuhörer es verlangen werden.

Chriſtoph Friedrich Schott, D. der Theol. und auſſerord. Prof. derſelben. S. ſein Leben und Schriften in der philoſophiſchen Fakultät. In ſeinen theologiſchen Privatvorleſungen hat er bisher die Dogmatik, Katechetik, und Litterargeſchichte der Theologie vorgetragen, auch wöchentliche Diſputirübungen über den in dem herzogl. theologiſchen Stifte jedesmal abgehandelten Locum theologicum angeſtellt. Er erbietet ſich zu dieſen und andern Vorleſungen, nach den Wünſchen der Zuhörer.

Heinrich Wilhelm Clemm, D. der Theol. und auſſerord. Profeſſor, Superintendent und Stadtpfarrer,

rer, auch vierter Frühprediger allhier; geb. zu Hoheneusperg, 1725: ſtud. in den Klöſtern Denkendorf und Maulbronn; kam in das theol. Stift zu Tüb. 1743. ward Magiſter, 1745. Repetent, 1750. reiſete durch Teutſchland, und ward Prof. und Prediger im Kloſter Bebenhauſen, 1755. Prof. der Mathematik am Gymnaſio zu Stuttgart, wie auch Mittwochsprediger und Konſiſtorialbibliothekar, 1761. erhielt obige Aemter, 1767. Schriften: Diſſ. *de limitibus creaturarum*, Tub. 1745. 4. *Examen temporum mediorum secundum principia astronomica & chronologica, sive Chronologia mathematica*, Berol. 1752. gr. 8. *Lettre sur quelques paradoxes du Calcul analytique*, à Mr. Euler, Tub. 1753. 8. *Lettre sur l' Observatoire de Tubingue*, à Mr. Kies, Tub. 1753. 8. Theologiſche Unterſuchung der Frage, ob die h. Schrift dunkel und zweydeutig wäre, wenn die hebräiſche Punkte kein göttliches Anſehen hätten? Tüb. 1753. 8. Verſuch einer kritiſchen Geſchichte der hebräiſchen Sprache, Heilbr. und Tüb. 1753. 8. Betrachtungen über die Abſichten der Religion, III. Bände, Heilbronn, 1753 — 1760. 8. *Amœnitates academicæ, sive Sylloge thematum theologico - philosophico - historicorum*, Faſciculi III. Stuttg. 1758. 8. *Principia cogitandi*, Stuttg. 1758. 8. Erſte Gründe aller mathematiſchen Wiſſenſchaften, Stuttg. 1759. 8. Zweite Ausgabe. 1769. 8. Sammlung einiger Beyträge zu den Betrachtungen über die Abſichten der Religion, Heilbronn, 1760. 8. Schriftmäſſige Gedanken von den Kräften der menſchlichen Seele, Heilbr. 1760. 8. Schriftmäſſige Betrachtung über den Tod der Menſchen, und ihren Zuſtand nach dem Tode, Stuttg. 1761. gr. 8. Moraliſche Betrachtungen, Stuttg. 1761. 8. *Novæ Amœnitates litterariæ*, Faſciculi IV. Stuttg. 1762. gr. 8. Mathematiſches Lehrbuch — nebſt einem Anhang von der Naturgeſchichte und Experimentalphyſik, II. Theile, Stuttg. 1764. 8.

8. Zwette Ausgabe, 1768. 8. Vollständige Einleitung in die Religion und gesammte Theologie, VII. Bände, Tüb. 1762 — 1773. 4. Ersten Bandes derselben 2te vermehrte Ausgabe, 1773. 4. Sammlung einiger Sonn= und Festtagspredigten, Tüb. 1766. 8. *Diss. de origine & significatione vocis* λόγʊ, *Joh. I. caute & circumspecte investiganda*, Tub. 1767. 4. *Diss. de moderatione theologica in dijudicandis argumentis pro auctoritate dicti, I. Joh. V. 7.* Tub. 1767. 4. Predigt vom Selbstbetrug, Tüb. 1767. 8. *Opuscula varii argumenti,* Tub. 1767. 4. *Oratio de Concordia Theologorum nostris temporibus quam maxime necessaria*, Tub. 1767. 4. Rede von dem Vorzug der theologischen Moral vor dem philosophischen, Tüb. 1767. gr. 8. Sie stehet auch in der schon angezeigten Sammlung der in höchster Gegenwart des Herrn Herzogs gehaltenen Vorlesungen und Reden, S. 52. u. f. Zweite Sammlung einiger Sonn= und Festtags= auch Kasualpredigten, Tüb. 1768. 8. Unter seinem Vorsitze sind vertheidiget worden: *Diss. sistens generales quasdam observationes circa vaticinia antiquorum Prophetarum de Christo. A. & R. M.* HAASIO, Tub. 1768. 4. *Diss. qua nexus verborum, Rom. IX. 5. vindicatur, A. & R. M.* MAJERO, Tub. 1771. 4. Vorlesungen: In den öffentlichen trägt er entweder die Moraltheologie, oder die Kirchengeschichte vor. In den besondern hat er bisher den Pentateuchus kursorisch durchgegangen, auch über die Dogmatik, Reformationsgeschichte, Kirchengeschichte des jezigen Jahrhunderts, und Geschichte der Glaubenslehren gelesen. Zu diesen, wie auch zu Vorlesungen über die Homiletik, ältere Kirchengeschichte, Litterargeschichte der Theologie — ist er auf Verlangen immer bereit.

Johann Jakob Baur, D. der Theol. und ausserord. Prof. derselben — S. sein Leben und Schriften

ten in der philosophischen Fakultät. In seinen theologischen Privatvorlesungen hat er öfters die Dogmatik vorgetragen, auch Disputir= und Repetitionsübungen angestellt. Er lehret dermalen die Alterthümer der heil. Schrift, und sezt seine Vorlesungen über die vornehmste Beweisstellen der heil. Schrift fort.

§. 91.

In der Juristenfakultät:

Christoph Friedrich Harpprecht, D. der Rechte und ord. Professor, herzoglicher Rath; geb. zu Tüb. 1700. stud. hier; reisete mit dem berühmten Johann Osiander nach England, 1721. ward Hofgerichtsadvokat; Licentiat, und der erste ausserord. Prof. des Würtenbergischen Rechtes, 1727. herzoglicher Rath und Hofgerichtsassessor, 1729. Prof. der Rechte und Geschichte am hiesigen Collegio illustri, auch D. der Rechte, 1730. orb. Prof. der Rechte bey der Universität, 1731. Schriften: *Commentatio de fontibus juris civilis moderni Würtenbergici — Præloquium, instituti rationem & Generalia selectiora, quæ ad Juris Würtenbergici prudentiam spectant, explanans, Tub. 1724. 4. Themata miscellanea ex Jure civili moderno Würtenbergico, Tub. 1724. 4. Specimen vindiciarum Juris civilis moderni Würtenbergici, tam considerati quoad fundamenta Legislatoris, quam speciatim, Part. I. Tit. XI. &c. Tub. 1727. 4. Oratio præcipua quædam historiæ legum Würtenbergicarum puncta in compendio, & methodum insimul, utilitatem ac necessitatem studii juris patrii exponens. Accedunt conjecturæ ad problema: an Adolphus Imp. Comitibus Würtenbergensibus privilegium de Jure communi romano in futurum usurpando conces-*

cesserit? Tub. 1727. 4. Consultatio, 1) de colligendo corpore juris Würtenbergici, 2) scribendis Institutionibus juris Würtenbergici privati omnis, 3) edenda Bibliotheca juridico - historica jurium, queis speciales in imperio romano germ. respublicæ utuntur, 4) adornanda Commentatione ad leges privatas tam universales, quam particulares Ducatus Würtenbergici, Tub. 1727. 4. Oratio de recte præparando & conformando studio juris ad usum Scholarum illustrium, Tub. 1730. 4. Diss. de necessaria conformatione sententiæ ad libellum, monita tam generalia, quam specialia, Leyserianis dubiis opposita,. Pars prior, Tub. 1731. 4. Diss. de Curiis superioribus in Germania, von den Oberhöfen in Teutschland, *Tub. 1732. 4.* auch in H. Mosers *Misc. diss. jur. publ. n. II.* Nähere Anzeige seiner Lehren, und besonders der Lehrart, *Tub, 1734. 4. Observationes juridicæ miscellæ, Tub. 1736. 4. De usufructu ac dominio utili observationes miscellæ ex jure romano, germanico & feudali longobardico, Tub. 1737. 4. Observationes juridicæ miscellæ, Tub. 1739. 4. Ev. Ottonis Commentarius & notæ criticæ in Justiniani Institutiones, cum præfatione, Tub. 1743. 4. Lanx satura rerum ad testamentarias leges adtinentium, Tub. 1744. 4. Ad diversas jurium partes adnotamenta miscellanea selecta, Tub. 1745. 4. Diss. I. de jurejurando, scriptura præstito, Tub. 1745. 4. Diss. de eo, qui extremam voluntatem in alterius dispositionem committit, Tub. 1749. 4.* Eine in höchster Gegenwart Seiner herzogl. Durchl. 1767. gehaltene Vorlesung, von der Glückseligkeit eines Staats, darinn Prozesse und Juristen sind; (S. Sammlung der Vorlesungen und Reden — S. 63 — 72.) Unter seinem Vorsitze ist vertheidiget worden: *Diss. de cessione nominis XX. florenos excedentis absque judiciali*

insi-

inſinuatione facta, *A. & R.* Hehlio, *Tub. 1764. 4.*
Vorleſungen: Hauptſächlich über die Pandekten, nach dem Heineccius; Inſtitutionen und das kanoniſche Recht, das er gegenwärtig vorträgt, nie ausgeſchloſſen. Er giebt auch auf Verlangen im Kriegsrechte Unterricht, und erbietet ſich, bey dem Beſiz der Lippertſchen Daktyliothek, und andrer guten Hülfsmittel, über Klozens Abhandlung vom Nuzen und Gebrauch der alten geſchnittenen Steine zu leſen.

Ludwig Conrad Smalcalder, D. und orb. Prof. der Rechte, herzoglicher Rath, geb. zu Gieſſen, 1696. ſtud. zu Tüb. ward Licentiat der Rechte, 1721. adjungirter, 1724. und wirklicher Univerſitätsſekretär, auch auſſerord. Prof. der Rechte allhier, 1733. Prof. am Collegio illuſtri, 1735. orb. Prof. bey der Univerſität und herzogl. Rath, 1746. Schriften: *Diſſ. de ſententia Judicis ſecundum leges extra territorium latas ferenda*, Tub. 1721. 4. *Diſſ. de Jurisdictione Academiarum privilegiaria in cauſis civilibus*, Tub. 1734. 4. Eine Rede in teutſchen Verſen, im Namen des herzogl. Collegii illuſtris, bey der dem durchl. H. Herzog Carln, perſönlich geleiſteten Huldigung, Tüb. 1744 fol. *Diſſ. de Jurisdictione Academiarum privilegiaria in cauſis criminalibus*, Tub. 1746. 4. Unter ſeinem Vorſize ſind vertheidiget worden: *Diſſ. de Pictura principali, ſcriptura acceſſorio*, *A. & R.* M. Hubero, *nunc J. U. D. & Ser. Würt. Duci a Conſiliis Regiminis*, Tub. 1747. 4. *Diſſ. de judiciali bonorum oberati aſſignatione*, *A. & R.* Weisio, Tub. 1749. 4. *Diſſ. de illo, quod juſtum eſt, circa eos, qui diſparuerunt*, vom Recht der Verſchollenen, *A. & R.* Stockmajero, *nunc Ser. March. Bad. a Conſiliis Legationum intimis, aliorumque ſtatuum Conſiliario*, Tub. 1758. 4. Vorleſungen: Seit 1751. beſchäfschäftiget er sich, so weit es die Gesundheit und das Alter zulassen, mit öffentlichen und Privatvorlesungen über das Lehnrecht, nach dem Stryk.

Gottfried Daniel Hoffmann, D. der Philosophie und der Rechte, kaiserl. Hofpfalzgraf, ord. Prof. des Staats- und Lehnrechts, herzogl. geheimer Rath, erster Hofgerichtsassessor auf der gelehrten Bank, Prof. primarius am Collegio illustri, des Martinianischen und Fiklerischen, wie auch andrer Stipendien Administrator, der herzogl. Würtenb. Akademie des Arts, der gelehrten Gesellschaften zu Erfurt, München, Duisburg, Leipzig und Jena Mitglied; geb. zu Tüb. 1719. stud. allhier, und ward Hofgerichtsadvokat, 1739. Licentiat der Rechte, 1740. Doktor legens zu Giessen, 1740. nach zurükgelegten Reisen, 1740. 1741. durch Teutschland und Holland, und einem Aufenthalt bey dem Anfang der Kaiserswahl Carls VII. zu Frankfurt, noch 1741. ausserord. Prof. der Rechte; ord. Prof. am Collegio illustri, 1743. ord. Prof. besonders des Staats- und Lehnrechtes bey der Universität, herzogl. Rath und Doktor der Rechte, 1747. D. der Philos. 1751. kaiserl. Hofpfalzgraf, 1752. adjungirter, 1768. und wirklicher erster Hofgerichtsassessor auf der gelehrten Bank, wie auch Prof. primarius am Collegio illustri, 1769. erhielt den Charakter eines herzogl. geheimen Raths, 1773. Während seiner Amtsführung that er, in Geschäften, einige kleine Reisen, nach Wezlar, Straßburg ꝛc, 1752. nach Oberschwaben, 1753. 1771. Er wohnte auch mit herzogl. Erlaubniß der römischen Königswahl und Krönung zu Frankfurt bey, 1764. und besuchte den Kreiskonvent zu Ulm, 1771. Vom Kaiser Franz I. erhielt er einen goldnen Gnadenpfenning, und hatte 1767. die Ehre, den jetzt regierenden durchlauchtigsten Herrn Herzog zum Rectore Magnificentissimo zu proklamiren. **Schriften**: *Observationes juridicæ miscellæ*, Tub. 1739. 4. *Diss. de independentia Juris circa Sacra Statuum Ordinumque Imperii germanici evangelicorum, intuitu Imperatoris & Imperii*, Tub. 1740. 4. *Positiones Juris miscellaneæ*, Gieß. 1741. 4. *Diss. de voto Evangelicorum communi*, Gieß. 1741. 4. Edit. II. ibid. 1770. Von dem wahren Alter des Schwabenspiegels aus einer Senkenbergischen Handschrift, in den Tübingischen gel. Zeit. vom J. 1740. *Diss. de pluralitate suffragiorum in electione Imperatoris*, Tub. 1742. 4. *Progr. de præcipuis quibusdam Comitiorum Imperii rom. germ. antiquiorum & recentiorum differentiis*, Tub. 1742. fol. *Tractatus de jure Imperatoris Principibus Germaniæ veniam ætatis concedendi*, Tub. 1745. 4. *Observationes quædam testamentariæ*, Tub. 1745. 4. Standhafte Widerlegung der Limburgischen Ausführung wegen Adelmannsfelden, puncto consolidationis dominii directi cum utili, Eßling. 1746. fol. *Diss. de jure Principum Statuumque suffragandi ad Capitulationes Imperatorum*, Tub. 1747. 4. *De eodem argumento Liber singularis, parte secunda, Actorum quorundam publicorum editorum partim, partim ineditorum auctus*, Tub. 1748. 4. *Diss. de Advocatia Imperatoris judaica, sigillatim de homagio ab urbium imperialium Judæis Illi præstando*, Tub. 1748. 4. *Commentatio de Advocatia Imperatoris judaica, sectione romana & historica aucta*, Tub. 1749. 4. Nach allen so gemeinen als besondern Rechten und Geschichten besser gegründete Vohensteinische Schlußantwort, wegen Adelmannsfelden, mit Beylagen, 1750. fol. *Tractatus de die decretorio, Cal. Jan. 1624. omnique ex pace Westphalica restitutione, anno executionis pacis illius seculari*, Tub. 1750. 4. *Diss. de feudo panæ*, Tub. 1752. 4. *Diss.*

Diſſ. de anno decretorio 1624. an & quatenus ad politica ſpectet? Tub. 1752. 4. Tübingiſches Reſponſum Juris ad cauſſam der reformirten Bürger und Schuzangehörigen zu Frankfurt am Mayn, das von erſtern bey einem hochpreislichen Reichshofrath nachgeſuchte *Exercitium religionis reformatæ publicum* binnen den Ringmauren der Stadt Frankfurt betreffend, 1752. fol. *Statuta Stipendii Martiniani eique in - & concorporatorum denuo renovata,* Tub. 1752. 4. Diſſ. *de uſu moderno judicii Parium Curiæ Würtenbergici,* Tub. 1753. 4. Diſſ. *de libera venatione, ſpecialim Suevo - Memmingenſi,* Tub. 1753. 4. Sie ſtehet auch in Wegelins *Theſauro rer. ſuev. Vol. IV. p. 200. ſqq. Vindiciæ capitulationum noviſſimarum circa uniones & conventus electorales,* Tub. 1753. 4. *Progr. de promovendis commerciorum ſtudiis,* Tub. 1753. fol. *Variæ ex tempore ſubnatæ juris publici & feudalis theſes,* Tub. 1755. 4. *Conſideratio hiſtor.-juridica eorum, quæ in pacificatione Weſtphalica expediri nequiverant, ad proxima comitia remiſſorum,* Tub. 1754. 4. Diſſ. *de unico juris feudalis Longobardici libro,* Tub. 1754. 4. Diſſ. *de nummo Maximiliani I. camerali,* Tub. 1755. 4. Diſſ. *de feudis throni ad Art. XI. §. 7. Capitulationis noviſſimæ,* Tub. 1755. 4. Diſſ. *de ſuffragiis, quæ Electores in Collegio Principum, tum habent, tum poſtulant,* Tub. 1755. 4. Sie iſt auch in eben dieſem Jahr als ein Traktat ausgegeben worden. *De Principibus eccleſiaſticis, in comitiis plura ſuffragia habentibus,* Tub. 1756. 4. *Tractatus, cui tit. Obſervationes circa bombyces, ſericum & moros, ex antiquitatum, hiſtoriarum juriumque penu depromtæ,* Tub. 1757. 4. *Judicia eruditorum & opuſcula Hiſtoricorum longe graviſſimorum, illuſtriſſimi Comitis Keyſerlingii,* Joh. Dan. Ritteri, *Chr. Lud. Scheidii, &* Joh. Frid. Joachimi, mi, *de Henrici VI. Imp. conatu, regnum & Imp. rom. germ. genti suæ hereditarium reddendi, collegit, suumque addidit God. Dan. Hoffmann, Tub. 1757. 4. Tractatus de non usu judicii Parium Curiæ in caussis feudorum Haffiacorum, singulatim Cattimelibycensium, inter Convasallos controverss. Tub. 1757. 4. Diss. de continuatione torturæ interruptæ, Tub 1757. 4* die der jetzige Herr Reichs-hofrath von Maudhart vertheidiget. *Progr. de tortura Germanorum, Tub. 1757. fol. Florum sparso in jus marmoris regale, Tub. 1758. 4. Diss. cui tit. Consilia de novo Recessu Imperii conficiendo, hoc & superiori seculo agitata. Tub. 1758. 4.* Sie ist in eben diesem Jahr als ein Traktat wieder aufgelegt worden. Rechtliches *Responsum Juris nomine Fac. Jurid. Tubing.* nach Frankfurt, puncto eines *hominis tolliabilis*, oder von der Freybeit, welche Leibeigene in den Reichs- und andern Städten, sonderlich zu Frankfurt, durch das Jahr und Tag ruhig besessene Bürgerrecht erhalten, und wodurch sie von der Ansprache ihrer alten Herrn sicher werden, auch andern dahin einschlagenden Materien, in Sachen der Königlichen Carthauß zu Vallon wider die Monetische oder Bellische Wittib. 1759. (in H. D. Orths zu Frankfurt Sammlung merkwürdiger Rechtshändel VII. Th. S. 131 — 383.) Abhandlung von Phil. Melanchthons Verdiensten um die teutsche Reichs- und Staatsgeschichte, nebst einem Vorbericht von den auf seinen Tod herausgekommenen Schriften, Tüb. 1760. 4. Diplomatische Belustigung mit des niedersächsischen Grafen Utonis und Herzog Heinrichs, des Löwen, an die Kaiser Conrad II. und Friedrich I. vertauschten Schwäbischen Gütern Nürtingen und Baden, Tüb. 1760. 4. Vermischte Beobachtungen aus den teutschen Staatsgeschichten und Rechten, IV. Theile, Ulm und Augsb. 1761 — 1764. Im I. Th. sind folgende Abhandlungen enthalten: 1) Von Oesterreich dem Schild und Herz des römischen Reichs,

Reichs, von alten österreichischen Privilegien, und zwey alten österreichischen Geschichtschreibern, Arnold von Puchlarn, und Ottilo von Lilienfeld; 2) Versuch der Geschichte des österreichischen Wappens; 3) Diplomatischer Beweis und Rettung Graf Ludwigs von Würtenberg, vor und nach dem Jahr 1208. 4) Von zwey Grafen von Würtenberg, Eberhard dem Milden, und Eberhard, dem Durchlauchtigen, die zu Kaisern erwählt werden sollen; 5) Ob Kaiser Wenzel nach seiner Absezung und König Ruperts Tode von neuem zum König und Kaiser erwählt werden sollen? 6) Von Kaiser Friedrichs III. Monogramma; 7) Von dem Ende der Monogrammen unter Kaiser Maxim. I. 8) Von dem Alter der papiernen Ueberzüge der wächsernen Siegel; 9) Zusäze und Anmerkungen zu den Mannsfeldischen Thalern. Im II. Th. 1) Von den Siegeln Kaiser Maxim. I. 2) Von den goldnen Bullen der Carolinger; 3) Von Carln, des Kahlen, goldnen Bullen; 4) Nichtigkeit des Beweises, daß Kaiser Arnulph goldne Bullen gegeben, von dem unbenannten Hasenrieder Mönchen, und der goldnen Schrift in Urkunden; 5) Von dem Namen und Schuzheiligen des Johanniterordens; 6) Von einem Stadt Lübekischen Thaler vom Jahr 1625. 7) Von Kaiser Carls V. römischer Königswahl bey Lebzeiten K. Maxim. I. 8) Einige Zusäze zu dem ersten Theil der Beobachtungen. Im III. Th. 1) Von der ersten und römischköniglichen Wahlkapitulation Carls V. von 1518. 2) Mart. Crusii Traum von der eigentlichen Sterbzeit Irene, Kaiser Philipps Wittib, und derselben Begräbnisort; 3) Historische und diplomatische Widerlegung des Schlusses, daß diejenige, von welchen die Redensarten, *bonæ, piæ, beatæ, sanctæ, divæ memoriæ* oder *recordationis* in dem mittlern Zeitalter gebraucht worden, damals wirklich verstorben gewesen; 4) Kritische Beantwortung der Sphragistischen Frage, ob der dreyen Kaiser Ottonum Einer goldne Bullen gegeben? 5) Von einer goldnen oder vergoldeten Bulle Kaiser Heinrichs II. 6) Untersuchung der goldnen Bullen der Kaiser Conrads II. III

und Heinrichs III. IV. V. von 1125 —1152. 7) Geschichte der lateinischen und teutschen Formularbücher; 8) Der nunmehro hundertjährige teutsche Reichstag. Im IV. Th. 1) Von dem *Syntagmate dictandi*, und andern diplomatischen Formularbüchern bis ins 14te Jahrhundert; 2) Beweis, daß unter Kaiser Carl IV. die Reichskanzley sehr viel auf die Vorschriften und Formularien gehalten habe; 3) Kurze Nachricht von den gedrukten Formularbüchern des 15ten und 16ten Jahrhunderts; 4) Ob Kaiser Heinrich II. und Pabst Benedikt VIII. den kaiserlichen Titul erst nach der römischen Krönung anzunehmen ausdrukentlich verordnet? 5) Zwey Erempel goldner Bullen von römischen Königen, noch vor dem grossen Interregnum, in heutig=eigentlichen Verstande; 6) Von den goldnen Bullen der schwäbischen Kaiser vor ihrer römischen Krönung; 7) Von den goldnen Bullen der Kaiser, von Rudolph I. bis Marim. I. überhaupt; 8) Von einer goldnen Bulle des Westphälischen Friedens; 9) Scheinbarer Beweis, daß schon Kaiser Friedrich III. einige seiner Urkunden selbst eigenhändig unterschrieben habe; 10) Vertheidigung des Sazes, daß ein römischer König als Kaiser in Teutschland nicht wieder gekrönt werde. *Tractatus de unico juris feudalis longobardici libro a. 1754. jam vero auctior edit. cui nunc primum accedit, Oratio de antiquissima quadam juris feudalis longobardici editione, duos illius libros neutiquam distinguente,* Tub. 1760. 4. *Diss. juris cambialis, maxime Würtenbergici, de opifice & rustico cambiante,* Tub. 1761. 4. *Diss. de adsecuratione ædium,* Tub. 1761. 4. *Responsum* im Namen der Juristenfakultät, *puncto juris Consistorii evangelischer* Unterthanen — in der aktenmässigen Nachricht, was von dem hochfürstlich Löwensteinischen hohen *Condominio* in der mit dem hochgräflichen Hause Erbach-Schönberg in Gemeinschaft besizenden evangelischen Herrschäft Breuberg zu vermeintlicher Aufhebung des dortigen gemeinschaftlichen evangelischen Consistorii eigenmächtig, und so reichsgrundgesez= als recesswidrig
unter=

unternommen, und was von dem hochgräflich Erbach-Schönbergischen evangelischen hohen *Condominio pro justa defensione possessionis in jure Consistorii* dagegen vorgekehrt worden, 1761. fol. *Responsum Juris* im Namen der Juristenfakultät, die Frankfurter Reichs-Messen betreffend, 1761. fol. *Diss. de jure publico potissimum Imperii rom. germ. generatim*, Tub. 1762. 4. eine Probe seines künftigen Lehrbuchs. Ein Programm von den römischen Königen, sonderlich Heinrichen, welche noch als solche, ehe sie Kaiser geworden, wieder verstorben, Tüb. 1762. 4. *Diss. de electione & coronatione Imperatoris Regisque Romanorum*, Tub. 1763. 4. *Libri singulares de electione & coronatione Imperatoris Regisque Romanorum generatim, & de loco electionis atque coronationis Regis Romanorum speciatim*, Tub. 1764. 4. *Diss. de Rege Romanorum, miscellaneæ theses historico-juridicæ*, Tub. 1764. 4. *Diss. de Capitulationibus Regum Romanorum*, Tub. 1764. 4. *Tract. cui tit. Antiquitates & Jura pomatii nonnulla, cum adp. Rescriptorum Würtenb.* Tub. 1765. 4. Tübingisches *Responsum Juris* über die Frage: ob der *Status anni normalis* auch bey den Handwerkern, worinn sich damals keine katholische Meister befunden, zu beobachten seye? 1766. fol. in der Frankfurter Deduktion: Kurze oder kameralakenmäßige Nachricht von der bey dem kaiserlichen Reichskammergericht anhängig gemachten Sache Joh. Christ. Müllers wider die Reichsstadt Frankfurt und die dasige Mauermeisterinnung, 1769. fol. Bestens gegründeter Regreß der von der hochgräflich Hanauischen Verzichtstochter, Anna Magdalena, vermählten von Criechingen, abstammenden, bey dem höchstpreislichen kaiserl. Reichshofrath behörig legitimirten Freyherrlich von Weissenbergischen, Gräflich von Perusischen, und Freyherrlich von Freybergischen Herrn Regredienterben von und zu der Hanau-Lichtenbergischen Allodialerbschaft, 1766. fol. Verschiedene *Theses Juris publici*, und zum theil *feudalis*, in den Jahren 1767. 1769. 1770. auf einzelnen Bögen, 8. gedrukt, und von Respondenten vertheidigt. *Diss. de odio revisionis cameralis sublato, ad Capit. noviss. Art. XVII. §. 2. pr. 4. Tub. 1767. 4.* Eine Anrede bey der Ankunft Seiner herzogl. Durchlaucht den 26. Okt. 1767. *Oratio solennis, qua Serenissimum Ducem, Carolum, Rectorem Magnificentissimum renuntiavit d. 2. Nov. 1767.* Rede auf den herzoglichen Namenstag, von Carln dem Grossen, (S. Beschreibung der Feierlichkeiten — S. 51 — 76.) Eine akademische Vorlesung in höchster Gegenwart S. H. D. und hernach teutsche Disputation, vom wahren Begrif des Worts Staat, Tüb. 1767. 4. (S. Sammlung der Vorlesungen und Reden — S. 73 — 81.) *Tractatus de etate & numero caussarum revisionis cameralium, meletemata Actorum publicorum, Tub. 1767. 4. Responsum* im Namen der Fakultät in der von Tucherischen Familienstiftungssache, *puncto conditionis mutandæ religionis*; (S. Auserlesene neueste Staats-Acta, I. Th. Kap. 10. Num. 3. S. 464 — 518. III. Th. Kap. 8. S. 419 — 447. IV. Th. Kap. 8. Num. 5. S. 419 — 447.) Von dem Mangel alter teutscher Gedächtnißmünzen, und daher nöthiger heutiger Münzfolgen ganzer fürstlicher Geschlechter, Tüb. 1768. 8. Von dem Münzwesen der Universitäten, fürnehmlich ihrer *Rectorum Magnificentissimorum*, Tüb. 1768. 4. *Commentatio juris publici germanici, de eo, quod Visitatio judicii cameralis in singularibus coram hoc pendentibus causis potest & solet, Francof. & Lips. 1769. 4. Oratio de itinere Augustissimi italico, Tub. 1769. 4. Analecta quædam juris publici Biberacensis*, Tub. 1769. 4. *Diss. de adhæsione & communione adpellationis, presertim ad supremum Dicasterium Würtenbergicum*, Tub. 1769. 4. welche der jezige herzogl. Würt. Herr Regierungsrath von Riedesel vertheidigt. *Diss. de restitutione Universitatis Tubin-*

bingenſis ex parte Weſtphalica, Tub. *1769. 4. Diſſ. de ſcamnis eorumque diverſitate in Comitiis & Judiciis Imperii*, Tub. *1769. 4.* D*iſſ. de jure Principum ecclefiaſticorum, Praelatorum & Capitulorum, ſubdelegandi ad Viſitationem Camerae*, Tub. *1769. 4.* Diſſ. *de decendio adpellationis, ſpeciatim Wŭrtenbergico,* Tub. *1770. 4. Commentatio de inſtauratione ſuffragii comitialis S. R. I. liberae & immediatae civitatis Hamburgenſis,* Tub. *1770. 4. Juris Imperatoris & Imperii in Mutinam primae lineae usque ad Rudolphum I.* Tub. *1771. 4.* worüber die Akademie zu Modena ein ſehr verbindliches Danksagungsſchreiben, mit dem Wunſche der Fortſezung, an ihn hat ergehen laſſen. *Poſitiones inaugurales,. quinam ſint immediati, nec ne,* Tub. *1771. 4. Commentatio inauguralis, qua libertas & immedietas antiquiſſimi Collegii Ordinis S. Auguſtini Canonicorum regularium congregationis Lateranenſis ad S. Martinum Beuronenſis in Suevia defenditur, cum libro documentorum,* Tub. *1771. 4.* Rede am Geburtstage des durchl. Herrn Herzogs, von dem Recht eines Regenten, ſeine Unterthanen geſchikt und fleißig zu machen, auch etwas von den älteſten und größten Bibliotheken, Tüb. 1772. 4. *De nummis Romanorum frumentariis,* Tub. *1772. 4.* Diſſ. *de Capitulo Salisburgenſi ſede vacante Collegium Principum dirigente,* Tub. 1772. 4. Diſſ. *de venia aetatis faeminarum illuſtrium,* Tub. *1773. 4.* Diſſ. *de aetate apanagiali, ſive de termino apanagiorum a quo,* Tub. *1773. 4.* Diſſ. *de termino apanagiorum ad quem, ſive quando apanagia deberi deſinant?* Tub. *1773. 4.* Diſſ. *de Succeſſione in apanagium,* Tub. *1773. 4.* Beede dieſe wurden in höchſter Gegenwart Seiner Durchlaucht von den Herrn Dertinger und Spittler vertheidiget. Rede an dem Jahrstag der Militarakademie den 14. Dec. 1773.

von den Oberlandesherrlich und Obervormundschaftlichen Rechten über die Jugend, sonderlich in Ansehung ihrer Erziehung, in der Beschreibung der Feyerlichkeiten jenes Jahrstags. 1774. 4. Unter seinem Vorsitze sind von Respondenten, als Verfassern, folgende Disputationen vertheidiget worden, an deren einigen er auch selbst Antheil hat: *De munere & immunitate metatorum militarium electa quædam capita, A. & R.* NICOLAI, *nunc Legionis Würt. Præfecto, Ordinis Würt. militaris Carolini Equite, &c.* Tub. *1750. 4. De appropriatione feudorum ex utroque jure feudali longobardico & germanico, tam publico quam privato, A. & R.* KOCHIO, *nunc Consilii Ducalis Würt. intimi Secretario,* Tub. *1751. 4. De jure devolutionis maxime in Capitulis Evangelicorum immediatis, A. & R.* STECKIO, *nunc Potentiss. Borussiæ Regi a Consiliis belli intimis,* Tub. *1752. 4. Specimen juris publici Würtenbergici, sistens historiam & jus unionis territorii Würtenbergici, A. & R.* FRID. DAV. HOFFMANNO, *Tub. 1754. 4.* Sie stehet auch in WEGELINI *thesaur. rer. suev. P. III. p. 416 — 507. Specimen inaug. jurium circa bombyces, moros & sericum, A. & R.* WAECHTERO, *nunc Ser. Würt. Duci a Consiliis Regiminis,* Tub. *1756. 4.* in höchster Gegenwart des regierenden Herrn Herzogs vertheidigt. *Collectio actionum earumque divisionum, A. & R.* b. ROSERO, *Tub. 1757. 4. De regali marmoris jure, A. & R.* KAPFFIO, *nunc Prof. Jur. ord.* Tub. *Tub. 1757. 4. Meletemata de testamentis & heredis institutione ad Jus provinc. March. Bada-Durl. P. V. Tit. 10. A. & R.* KIESLINGIO, *cum Epistola Præsidis de Jure provinciali Badensi,* Tub. *1758. 4. De præsenti forma sacri Imperii rom. germanici, A. & R.* HEZELIO, *cum Epistola Præsidis de eodem argumento,* Tub. *1759. 4. De Centena sublimi Suevo-*

Ha-

Halenſi, *A. & R.* HASPELIO, *Tub. 1761. 4.* De *conjungendo cum ſtudio Juris S. Theologiæ ſtudio*, *A. & R.* WALTHERO, *nunc Conſiliario Limburgenſi, cum Epiſtola Præſidis de Jureconſultis Theologis, Tub. 1763. 4. De ſpectando in conventionibus initio, pauca quædam capita, A. & R.* KOELLIO, *nunc Statuum provincialium Würt. arctioris Conſeſſus, & ſupremi Dicaſterii Würt. Adſeſſore, Tub. 1765. 4. Linguæ gallicæ Jus publicum germanicum*, *A. & R.* JOH. DAN. HOFFMANNO, *Filio, nunc Prof. Jur. ord. Tub. Tub. 1765. 4. De effectu induſſationis cambii proprii, A. & R.* BÜHLERO, *Prof. Jur. Tub. & ſupremi Dicaſterii Würt. Adſeſſore, Tub. 1767. 4. Romana Themis commerciorum fautrix, A. & R.* ELSAESSERO, *cum Epiſtola Præſidis, Romanorum commercia ſtrictim vindicante, Tub. 1767. 4. Jureconſultus mathematicus & in ſpecie analyſta circa antichreſin & interuſurium, A. & R.* BEVTTLERO, *Tub. 1767. 4. De initiis delictorum, A. & R.* ELSAESSERO, *Tub. 1768. 4. De fideicommiſſo Sereniſſimæ Gentis Würtenbergicæ, inprimis de Corpore dicto*, Kammerſchreibereygut, *A. & R.* BREYERO, *nunc Prof. Jur. Tub. extraord. & ſupremi Dicaſterii Würt. Adſeſſore, cum Epiſtola Præſidis, cui ineſt Fideicommiſſum Feudi Ducatus Würtenbergici, Tub. 1769. 4. Potiora quædam jura & privilegia S. R. I. liberæ civitatis Memmingæ, A. & R.* A WACHTER, *Tub. 1771. 4. De interdictis exportationis frumentorum territorialibus*, *A. & R.* REVSSIO, *Tub. 1772. 4. De Præcipuo Conjugum Würtenbergico rite deducendo, A. & R.* JAEGERO, *cum Epiſtola Præſidis de eodem argumento, Tub. 1773. 4. De jure reformandi ex inſtrumento pacis Weſtphalicæ reliquo, A. & R.* KERNERO, *Tub. 1773. 4.* Zum Druk hat er eine groſſe Auswahl von Reſponſis

und

und Deduktionen, sonderlich aus dem Staats= und Kirchenstaatsrecht, fertig. Vorlesungen: Er hat bisher das Staats= und Lehnrecht, die teutsche Reichsgeschichte, das geistliche Staatsrecht, die Diplomatik, Numismatik, Heraldik, und vormals die Geschichte der Rechte, und die Institutionen, neuerlich aber den Würtenbergischen, sonderlich Hofgerichtsproceß, das Wechsel= Handwerks= und andere Rechte vorgetragen.

Friedrich Wilhelm Tafinger, D. der Philos. und der Rechte, orb. Prof. herzoglicher Rath, des Weinmännischen Stipendii Administrator, der Akademie der Wissenschaften zu Roveredo, der Jenaischen und Marggräfl. Badenschen lateinischen, der Göttingischen und Helmstädtischen teutschen Gesellschaften Mitglied; geb. zu Tüb. 1726. stud. hier, und ward Licentiat der Rechte, 1749. Doktor derselben, 1751. reisete durch Teutschland, besuchte die meisten Universitäten, hielt zu Jena Vorlesungen über den Proceß des Reichskammergerichts, brachte auch eine geraume Zeit zu Wezlar, Wien und Regensburg zu; ward ausserord. Prof. der Rechte, 1753. orb. Prof. und herzogl. Rath, 1759. D. der Philos. 1763. Schriften: *Diss. de suprema in Imperio romano-germanico jurisdictione*, Tub. 1753. 4. *Institutiones jurisprudentiæ cameralis*, Tub. 1754. 8. von welchen eine neue vermehrte Ausgabe unter der Presse ist. *Oratio de prærogativis Almæ Eberhardinæ, a Principibus Würtenbergiæ concessis, & a Serenissimo Duce Carolo auctis, habita 1753. Tub. 1754. 4. Diss. de suprema in Imper. rom. germ. jurisdictione tempore interregni*, Tub. 1755. 4. *Selecta juris cameralis, ad illustrandas supplendasque Institutiones jurisprudentiæ cameralis edita*, Tub. 1756. 8. Abhandlung von der Sprache des kaiserlichen und des Reichskammergerichts, in den

Carls=

Carlsruher nüzlichen Sammlungen, vom J. 1758. St. 23. 24. 25. 26. *Diſs. de jure Principis circa Eccleſiam, ejusque Miniſtros in genere, & Sacramenta in ſpecie*, Tub. 1759. 4. *Progr. de Francisco Juegert, Jcto, differens*, Tub. 1764. 4. *Commentatio de caſtrenſibus exercituum imperialium atque circularium Sacris*, Tub. 1764. 4. *Progr. an Adſeſſorem Cameræ imperialis præſentandi jure gaudeat S. R. I. G. nobilitas immediata? disquirens*, Tub. 1764. 4. *Progr. de Directorio Cameræ imperialis generalia quædam proponens*, Tub. 1765. 4. *Oratio de Anatomia ejusque honore*, Tub. 1766. 4. Ein Programm von der Lehre der Polizeywiſſenſchaft auf teutſchen Univerſitäten, Tüb. 1767. 4. *Diſs. de piarum cauſſarum mutatione*, Tub. 1767. 4. Ein Programm, worinn das Andenken des berühmten Rechtsgelehrten, Joachim Mynſingers von Frundek, erneuert wird, Tüb. 1767. 4. Eine Vorleſung in Gegenwart des durchl. H. Herzogs, von der Polizey, ihrem Rechte und Beſorgung in dem teutſchen Reiche; (S. Sammlung der Vorleſungen und Reden — S. 96 — 103.) *Commentatio de Directoriorum equeſtrium poteſtate judiciaria ſuperiorique tutela*, Tub. 1768. 4. Abhandlung der Frage: Ob und wie fern einzelne Beyſizer des Reichskammergerichts in einer beſondern Verbindung mit ihren hohen Präſentanten ſtehen, Tüb. 1770. 4. *Oratio de meritis Eberhardinæ in Cameram imperialem*, Tub. 1771. 4. *Oratio de Collegiorum Facultatis juridicæ poteſtate, dignitates conferendi, eorumque ceu verorum Germaniæ tribunalium conſideratione*, Tub. 1773. 4. Unter ſeinem Vorſize ſind von ihren Verfaſſern vertheidiget worden: *Diſs. de Auſtrægis liberæ S. R. I. civitatis Lindavienſis, A. & R.* KINCKELINO, *nunc Conſiliario Lindavienſi*, Tub. 1762. 4. *Diſs. de poteſtate judiciaria Statuum Imperii rom. germ. generatim, Sereniſſimorum Haſſiæ Landgraviorum, in-*
primis

primis Darmstadiensium, speciatim, A. & R.
SCHÜBLERO, *Tub. 1772. 4. Diss. de effectibus potioribus communionis bonorum universalis constante matrimonio, A. & R.* STRAMPFFERO, *Tub. 1773. 4.* Vorlesungen: Bisher hat er Joh. Gottl. Heineccius *Elementa juris civilis secundum ordinem institutionum,* Joh. Ad. Kopps *Historiam juris,* Dan. Nettelbladts *Initia historiæ litterariæ juridicæ universalis,* Joh. Rud. Engau *Elementa juris canonico-pontificio-ecclesiastici,* Joh. Heinr. Gottl. von Justi Grundsätze der Polizeywissenschaft, Samuel Stryks *Introductionem ad praxin forensem,* wie auch die von ihm selbst geschriebene *Institutiones jurisprudentiæ cameralis* erklärt, dabey den Unterschied der beiden höchsten Reichsgerichte gezeigt, praktische Ausarbeitungen damit verbunden, und Disputirübungen angestellt. Er erbietet sich inskünftige nicht nur zu diesen Vorlesungen und Uebungen, sondern auch zur Erklärung von des gedachten Heineccius *Elementis juris civilis secundum ordinem pandectarum,* Ge. Ludw. Böhmers *Principiis juris canonici, speciatim Juris ecclesiastici publici & privati, quod per Germaniam obtinet,* Joh. Christoph Kochs *Institutionibus juris criminalis,* Friedrich Andreas Gottlieb Gnügens gründlichen Anleitung zum Kriegsrecht, und will, auf Verlangen, jungen Rechtsgelehrten zu einer vortheilhaften Reise durch Teutschland Anweisung geben, auch einen Cursus der gesammten Jurisprudenz in einem Jahre, in täglich zu haltenden zwo Stunden, anfangen, und endigen.

Sixt Jakob Kapff, D. der Rechte und ord. Prof. herzoglicher Rath, der gelehrten Gesellschaft zu Duisburg Mitglied, des Wolfisch-Siberischen Stipendii Administrator; geb. zu Pliederhausen, 1735.
stud,

stud. zu Tüb. und ward Licentiat der Rechte und Hofgerichtsadvokat, 1757. ausserord. Prof. der Rechte, 1761. Hofgerichtsassessor, 1765. ord. Prof. am Collegio illustri, 1766. D. und ord. Prof. bey der Universität, herzogl. Rath, 1767. Schriften: *Diss. de regali marmoris jure, Tub. 1757. 4. Commentatio de detractione Falcidiae portione gravata vel non gravata cohaeredi adcrescente, Tub. 1760. 4. Diss. de transactione imperata, Tub. 1761. 4. Commentatio juris germanici, de Curatorum consensu ad ultimas voluntates subinde necessario, Tub. 1766. 4.* Rechtliche Untersuchung, ob der Torf zu den Regalien gehöre? Tüb. 1767. 4. Vermehrte Ausgabe derselben, Tüb. 1769. 4. *Diss. de locatione Cambii proprii in concursu creditorum, Tub. 1767. 4.* Eine Vorlesung in Gegenwart des durchl. H. Herzogs, von der Ahnenprobe. (S. Sammlung der Vorlesungen und Reden — S. 103 — 112. Unter seinem Vorsitze sind vertheidiget worden: *Diss. de jure retrahendi res mobiles, speciatim Würtenbergico, A. & R.* Jaegero, *Tub. 1771. 4. De Judiciis, quae Rüge-Gerichte vocantur, A. & R.* Malblanc, *Tub. 1773. 4.* Vorlesungen: Schon als Licentiat verband er mit den praktischen Geschäften Privatvorlesungen über die Institutionen und Pandekten, und unterrichtete 1759. 1760. den durchl. Prinzen Johann Carl Ludwig, von Pfalz-Zweybrük-Birkenfeld, in den Institutionen und römischen Alterthümern. Seine gewöhnlichen Vorlesungen sind über die Institutionen des Heineccius und Gebauers, über Zellfelds Pandekten, über das teutsche Privatrecht des H. v. Selchow, und über das Würtenbergische Privatrecht, nach einem von ihm selbst verfertigten Grundrisse. Er giebt auch in der gerichtlichen und aussergerichtlichen Praxi Anleitung, und erbietet sich, denen, welche in besondern Stunben eine ausführlichere Erklärung des Privatrechts erlauchter Personen, des Wechsel-Bergwerks- oder Handwerksrechts verlangen, seine Bemühungen zu widmen.

Johann Daniel Hoffmann, D. der Philos. und der Rechte, ord. Prof. bey der Universität und dem Collegio illustri, herzogl. Rath; ein Sohn Gottfried Daniels; geb. zu Tüb. 1743. stud. hier, und ward Magister, 1759. D. der Rechte, 1765. reisete durch Teutschland; ward ausserord. Prof. der Rechte, 1767. ord. Prof. am Collegio illustri, 1768. ord. Prof. bey der Universität, herzogl. Rath und Hofgerichtsassessor, 1769. Schriften: *Linguae gallicae jus publicum germanicum*, Tub. 1764. 4. *Diss. de remediis adversus sententias Revisorum cameralium*, Tub. 1767. 4. Eine Rede über die gnädigst vorgeschriebene Frage: Ob es einem Sohn erlaubt sey, seinem Vater zu widersprechen? (S. Sammlung der Vorlesungen und Reden — S. 113—120.) *Diss. de judicio aedilitio Würtenbergico, Untergang dicto*, Tub. 1770. 4. Vorlesungen: Seine öffentliche und Privatvorlesungen sind bisher der teutschen Reichsgeschichte, der Geschichte der Rechte, den Pandekten und dem teutschen Staatsrechte gewidmet gewesen. Auch im peinlichen Rechte, und andern Theilen der Rechtsgelehrsamkeit ist er Privatunterricht zu geben bereit.

Johann Christoph Friedrich Breyer, D. der Rechte und ausserord. Professor, wie auch herzogl. Rath und Hofgerichtsassessor; geb. zu Stuttgart, 1749. stud. zu Tüb. und ward D. 1769. in eben diesem Jahr, worinn er auch durch Teutschland reisete, herzogl. geheimer Archivarius; ausserord. Prof. zu Tüb. 1772. Rath und Hofgerichtsassessor, 1773. Schriften: Eine Rede, in Gegenwart S. H. Durchl. über die Frage: Ob viele oder wenige Geseze einem Staat

Staat vorträglicher seyen? (S. Sammlung aller Vorlesungen und Reden — S. 345—352.) *Diſſ. de Fideicommiſſo Ser. Gentis Würtenbergicae, inprimis de Corpore, dicto Kammerſchreibereygut, Tub. 1769. 4. Commentatio primis lineis ſiſtens Proceſſum criminalem in Foro Würtenbergico receptum, ejusque leges & conſuetudines potiores in materia delictorum obſervandas, Tub. 1769. 4. Diſſ. de poteſtate Auguſtiſſimi ſuppletoria, utpote parte poteſtatis judiciariae neceſſaria, Tub. 1772. 4. Oratio de Succeſſionum inter Illuſtres Germaniae noviſſimis caſibus, extinctis quippe lineis Bada-Badenſi ac Brandenburgico-Baruthina, earumque effectibus in Jus publicum utrumque, Tub. 1772. 4.* Zum Druk liegt eine Geſchichte der Herzoge von Tek fertig. **Vorleſungen:** Er lieſet über das teutſche Staatsrecht, das peinliche Recht, die Inſtitutionen, und andere Theile der Rechtsgelehrſamkeit, die verlangt werden. —

§. 92.

In der medicinischen Fakultät:

Georg Friedrich Sigwart, D. der Philoſ. und Arzneywiſſ. orb. Prof. der Anatomie und Chirurgie, herzogl. Hofmedikus, der Frontenhauſiſchen Stiftung und des akademiſchen Lazareths Adminiſtrator; geb. zu Großbettlingen, 1711. ſtud. zu Tüb. im theologiſchen Stifte, und ward Magiſter, 1731. Katechet am Waiſenhauſe zu Frankfurt am Mayn, 1734. ſtud. darauf die Medicin zu Leipzig und Halle; ward am lezten Orte D. derſelben, 1742. prakticirte nachgehends zu Stuttgart, und ward herzogl. Hofmedikus, 1746. reiſete als ernannter Prof. der Arzneywiſſ. zu Tüb. nach Paris, 1751. trat die Profeſſur wirklich an, 1753. **Schriften:** *Theſes miſcellae metaphyſicae, Tub. 1731. 4. Diſſ. de ſana-*

sanatione ophthalmiæ sine ophthalmicis externis, ut singulari specie solidioris praxeos medicæ, sine Præside defensa, Hal. Magdeb. 1742. 4. *Pantometrum eruditionis maxime medico - chirurgicæ, novis principiis mathematicis præmunitum, methodo systematica demonstrativa exaratum,* Paris. 1752. gr. 4. Diss. pro loco : *Novum problema chirurgicum de extractione cataractæ ultra perficienda,* Tub. 1753. 4. Vid. Comment. Lips. de rebus med. Vol. II. p. 453. Oratio: *Idea medicinæ organicæ irenica,* Tub. 1753. 4. Progr. super argumento: *Pulsus sanus, urina sana, æger moritur,* Tub. 1753. fol. Diss. *de Tripede Heiterbacensi, I. & II.* Tub. 1755. 4. Diss. *Cor humanum veri nominis antlia hydraulica pressoria methodo analytico-systematica delineatum, cum icon.* Tub. 1755. 4. Diss. *de Polyæmia nosologia,* Tub. 1756. 4. Diss. *Carie consumtæ tibiæ notabilis jactura sub feliciori Empirica naturæ maxime beneficio restituta,* Tub. 1756. 4. Diss. *Phthisis hæmorrhoidalis illustri exemplo illustrata,* Tub. 1756. 4. Epistola : *Imaginatio;* Ep. *Musæ mulæ;* Ep. *Homo in singulari dualis, nec dyssyllabum tantum, & biceps animal, ut vulgaris fert fama, sed supra vulgi captum totus anceps & duplex, neque vel ibi simplex, ubi videtur simplex & simplicissimus, novo dichotomiae anatomicae specimine dualistico conspectior factus;* Oratio : *Character testium & testimoniorum academicorum,* Tub. 1757. 4. Diss. *Anthropotomes historico-chondrologicae conspectus systematicus,* Tub. 1758. 4. Diss. *de haemorrhagia intestino-hepatica haemorrhagiarum hypochondriacarum specie vulgo neglecta,* Tub. 1758. 4. Diss. *Fragmenta Dynamices Hippocratico-Galenicae sparsis monumentis memoriae prodita,* Tub. 1759. 4. *Medicina dynamica summatim praefinita,* Tub. 1759. 4. *Conspectus pathologiae psychologicae*

eae anthropologicae, Tub. 1759. 4. Quaestiones
medicae Parisinae, Fascic. I. & II. Tub. 1759.
1760. 4. Diss. de febre tertiana intermittente soporosa, utplurimum funesta, feliciter tamen curanda, Tub. 1759. 4. Medicinae dynamicae specimen quartum, Tub. 1761. 4. Diss. de exploratione per tactum, Tub. 1761. 4. Oratio: Medicus non Anatomicus non Medicus &c. Tub 1761. 4. Historia
& therapia pneumonitidis benignae, Tub. 1763. 4.
Historia pneumonitidis malignae, Tub.1763.4. Diss.
de experientia praxeos medicae magistra, Tub.1764.
4. Exemplam verminosi non a vermibus epileptici, Tub. 1764. 4. Triga morborum male artificialium, Tub. 1765. 4. Diss. de Phthisi, Tub. 1765.
4. Venenorum discrimina summatim excussa, Tub.
1765. 4. Eine Vorlesung von dem Auge, (S. Sammlung aller Vorlesungen und Reden — S. 121 — 145.)
Febris malignae Pathologia, Tub. 1768. 4. Diss.
de vermibus intestinalibus, Tub. 1770. 4. De morborum differentiis quoad eorum subjecta, Tub. 1770.
4. Nosologia luxationis brachii, Tub. 1771. 4.
Aetiologia luxationis brachii, Tub. 1771. 4. Novum notisque hactenus perfectius instrumentum chirurgicum tractorium fractis luxatisque brachiis maxime. accommodum, Tub. 1772. 4. Unter seinem
Vorsitze sind von ihren Verfassern vertheidiget worden: Novae Observationes de infarctibus venarum
abdominalium internarum, eorumque resolutione
per enemata potissimum instituenda, A. & R. ELLWERTO, nunc Ser. Würt. Ducis Archiatro, Tub.
1754. 4. De insectis coleopteris, nec non de plantis quibusdam rarioribus, cum icon. A. & R.
KOELREVTERO, nunc Ser. March. Bad. Consiliario & Botanico, Tub. 1755. 4. Antagonismus
fibrarum cordis humani musculosarum controversosus, A. & R. SVLZERO, Tub. 1755. 4. De balneis

neis infantum, *adnexa Bupeſtris deſcriptione, cum tab. aen.* A. & R. Hozio, Tab. 1758. 4. *Specimen Sialologiae phyſico-medicae, novis experimentis chymicis ſuperſtructae*, A. & R. Textore, *cum Progr. Praeſidis, de ſubtiliori Anatome*, Tab. 1759. 4. *De hydrope uteri gravidi*, A. & R. Bilfingero, Tab. 1761. 4. *De aëre & alimentis militum praecipuis Hygienes militaris momentis*, A. & R. Diezio, *nunc Prof. extraord.* Tab. Tab. 1762. 4. *De Chloroſi*, A. & R. Clessio, Tab. 1763. 4. *Hiſtoria rarior mammae cancroſae ſanguinem menſtruum fundentis, methodo ſimpliciore ſanatae*, A. & R. Petro, Tab. 1763. 4. *De ſcabie ovium*, A. & R. Revssio, *nunc Medico aulico Würt.* Tab. 1763. 4. *De gonorrhœa virulenta, ſine contagio nata*, A. & R. Clossio, Tab. 1764. 4. *De Naphtha vitrioli*, A. & R. Dieterichio, Tab. 1764. 4. *Cyſtotomia lateralis Moreauiana nova, eademque receptis longe praeſtantior, quin omnino tutior*, A. & R. Breyero, *Ser. March. Brandenb. a Conſiliis Aulae intimis & Archiatro*, Tab. 1764. 4. *De me ipſo olim varioloſo & morbilloſo*, A. & R. Hübnero, Tab. 1768. 4. *De vegetabilium ulteriori examine*, A. & R. Hillero, Tab. 1769. 4. *Hiſtoria gemellorum coalitorum monſtroſa pulcritudine ſpectabilium*, A. & R. J. D. A. Sigwarto, *Profectore, Filio*, Tab. 1769. 4. *De vi imaginationis in producendis & removendis morbis*, A. & R. Kleinio, Tab. 1769. 4. *De Plethora ſanguinis ſpuria*, A. & R. Christmanno, Tab. 1770. 4. Vorleſungen: Seine öffentliche ſowohl als Privatvorleſungen erſtreken ſich über die geſammte Anatomie und Chirurgie, welches ſein Hauptdepartement iſt. Er giebt zugleich zur Privatzergliederung Anweiſung; lehret die Oſteologie; die chirurgiſche Operationen; den Verband; die

die Materiam chirurgicam, mit Vorweisung der
kostbaren Werkzeuge, die er besizt; die Geburtshülfe, wobey die Zuhörer die wichtigsten Fälle über
der Maschine nachmachen können. Nicht weniger
hält er, auf Verlangen, ein Casualcollegium; über
die Augenkrankheiten; Beinkrankheiten; Diätetik;
gerichtliche Medicin; über die Geschichte der Anatomie und Chirurgie; Institutiones medicas — so weit
es die Bearbeitung des ihm besonders angewiesenen
Feldes zuläßt.

Christian Friedrich Jäger, D. der Philos. und
Arzneywiss. ord. Professor, der teutschen Gesellschaft
zu Helmstädt Mitglied; geb. zu Stuttgart, 1739.
stud. in den Klöstern Denkendorf und Maulbronn,
und kam in das herzogl. theol. Stift zu Tübingen,
1758. ward Magister, 1760. verwechselte mit herzoglicher Erlaubniß das Studium der Theologie mit
der Arzneygelahrheit, die er anfänglich zu Tübingen,
und hernach zu Leiden, Berlin und Wien bey einem
fast dritthalbjährigen Aufenthalt ausser dem Vaterlande studierte; ward D. der Arzneyw. ausserord.
Prof. derselben, ord. Physikus des theol. Stiftes zu
Tüb. und Klosters Bebenhausen, 1767. ord. Prof.
der Botanik und Chymie, 1768. erhielt die zwote
Stelle in der Fakultät, mit dem Auftrage, die Pathologie und Praxin medicam zu lehren, 1772.
Schriften: *Diss. de antagonismo musculorum,
Tub. 1767. 4. Observationes de fœtibus recens na-
tis jam in utero mortuis & putridis, cum subjun-
cta epicrisi, Tub. 1767. 4. Diss. de spiritu salis
Ammoniaci cum calce viva, praecipueque de ejus a
spiritu salis Ammoniaci cum alcali fixo parato differentia, Tub. 1768. 4. Experimenta de submer-
sis, cum subjuncto examine phaenomenorum in iis
observandorum, Tub. 1769. 4. Diss. de Cantha-
ridibus earumque actione & usu, Tub. 1769. 4.
Diss.*

Diss. de genesi calculi urinarii, Tub. 1770. 4.
Diss. de metastasi lactis, Tub. 1770. 4. *Phthisis pulmonalis casu notabiliore & epicrisi illustrata*, 2 Differtationen, Tub 1772. 4. Unter seinem Vorsize ist die Diss. von ihrem Verf. vertheidiget worden: *Musta & vina Nectarina examine maxime hydrostatico explorata*, A. & R. REVSSIO, *nunc Physico ord. Stuttgardiano*, Tub. 1773. 4 Vorlesungen: Ausser dem, daß er noch zur Zeit, in Abwesenheit des neu erwählten Prof. der Botanik und Chymie, D. Sam. Gottlieb Gmelins, die Botanik, die theoretische und experimentalchymie, die Pharmakologie und Materiam medicam vorzutragen fortfährt, lehret er in den öffentlichen Vorlesungen wechselsweise die Pathologie, Semiotik, allgemeine Therapie, und die Kunst, Recepte zu schreiben; in den Privatvorlesungen, die ganze Praxin medicam, in einem ununterbrochenen Cursu. Er wird auch künstighin Casual= und Disputircollegia, oder über die medicinische Geschichte, Diätetik, Kinderkrankheiten, halten; und hat auch sonst auf Verlangen in der Physiologie, nach Hallers Lehrbuche, mehrmalen, und in der Medicina forensi Unterricht gegeben.

Samuel Gottlieb Gmelin, D. der Arzneywiss. ord. Prof. bey der Russischkaiserlichen Akademie der Wissenschaften zu St. Petersburg, der Gesellschaft der Wissenschaften zu Harlem Mitglied; erwählter und hieher beruffener ord. Prof. der Botanik und Chymie; geb. zu Tüb. 1744. stud. hier, und ward D. der Arzneyw. 1763. reisete noch in diesem Jahr nach Straßburg; von da aus nach Holland, und kam durch Frankreich in sein Vaterland zurük, 1766. ward Prof. der Naturgeschichte bey der k. Akademie zu St. Petersburg, 1767. unternahm auf kaiserl. Befehl und Kosten die bekannte, nunmehro bald vollendet=

lendete, Reise durch Rußland, 1768. erwählter und von Seiner herzogl. Durchl. bestätigter vierter ord. Prof. der Botanik zu Tüb. 1768. dritter ord. Prof. der Botanik und Chymie, 1772. welches Amt er nach vollendeter Reise antreten wird. Schriften: *Diss. de analepticis quibusdam nobilioribus e cinamomo, aniso stellato & asa foetida, Tub. 1763. 4.* Verschiedene mit seinem Namen bezeichnete Aufsäze in den Abhandlungen der Gesellschaft der Wissenschaften zu Harlem, und den *Commentariis Petropolitanis; Historia fucorum, cum fig. Petrop. 1768. 4.* Die Ausgabe von *Tom. III.* und *IV.* der *Florae Sibiricae Joh. Georg Gmelini, Petrop. 1769. 1771. gr. 4.* Reise durch Rußland zur Untersuchung der 3. Naturreiche, mit Kupf. I. Th. Petersb. 1771. gr. 4.

Carl Philipp Diez, D. der Arzneyw. und ausserord. Prof. derselben, herzoglicher Hofmedikus, des herzogl. theol. Stiftes, wie auch der Stadt und Oberämter Tübingen und Bebenhausen ordentlicher Physikus; geb. zu Denkendorf, 1739. fieng seine Studien zu Tüb. an, 1756. gieng nach Straßburg, 1759. nach Paris, 1760. an welchem Orte er sich, neben den anatomischen und chirurgischen Beschäftigungen, besonders in der Geburtshülfe den Unterricht Frieds und Levret zu Nuzen machte; ward D. der Arzneyw. zu Tüb. 1762. zu gleicher Zeit Feldmedikus bey sämtlichen Trouppes des Schwäbischen Kreises; prakticirte zu Stuttgart, und ward herzogl. Hofmedikus, 1763. Physikus der Stadt und Oberämter Tübingen und Bebenhausen, 1767. zugleich ausserord. Prof. der Arzneyw. wie auch ordentlicher Physikus des hiesigen theol. Stiftes, und Alumnei zu Bebenhausen, 1768. Schriften: *Diss. de aëre & alimentis militum, praecipuis Hygieues militaris momentis. Tub. 1762. 4. Diss.*

de nova methodo inserendi variolas anglicana, Tub. 1768. 4. Vorlesungen: Besonders über die Geburtshülfe und die praktischen Theile der Arzneywissenschaft. Vermöge seines Amtes hat er vielfache Gelegenheit, sowohl in dem hiesigen Hospital und den Armenhäusern, als sonst bey armen Kranken, theils in der Stadt, theils in den beeden weitläufigen Amtsdistrikten, aus den piis Corporibus Hülfe geniessenden Bürgern, die Studierende wirklich vor die Krankenbette zu führen. Auch zum Vortrage der gerichtlichen Medicin, und andern verlangten Vorlesungen, ist er bereit.

Christian Friedrich Reuß, D. der Arzneyw. und ausserord. Prof. derselben; geb. zu Kopenhagen, 1745. stud. zu Tüb. und ward Doktor, 1769. reisete durch Teutschland; ward ausserord. Prof. der Arzneyw. zu Tüb. 1771. Schriften: *Diss. de nova methodo, lacte caprillo, viribus medicatis digestionis animalis & artis ope impraegnato, morbis chronicis curabilibus cito, tuto, jucunde medendi*, Tub. 1769. 4. *Diss. œconomico-medica, de diapasmate (Poudre)*, Tub. 1771. 4. Vorlesungen: Er ist, wie bisher, bereit, über die Osteologie, Pathologie, Materiam medicam, Institutiones medicas, Mineralogie, Chymie, Botanik, und zwar diese inskünftige nach seinem unter der Presse sich befindenden Handbuche, Vorlesungen anzustellen. Bey den 3 lezten Wissenschaften ist er besonders bemüht, deren Einfluß in die Oekonomie, Handwerke, Künste und Manufakturen zu zeigen.

Johann Friedrich Gmelin, D. der Arzneyw. und ausserord. Prof. derselben; geb. zu Tüb. 1748. stud. hier, und ward D. 1769. reisete hierauf durch Holland, England und Teutschland; ward ausserord. Prof. der Arzneyw. 1772. Schriften: *Irritabilitas vegetabilium in singulis plantarum partibus*

bus explorata, ulterioribusque experimentis confirmata, Tub. *1768. 4. Onomatologia botanica completa*, oder, vollständiges botanisches Wörterbuch, Frankf. und Leipz. I. und II. B. 1772. III. und IV. B. 1773. V. B. 1774. gr. 8. *Enumeratio stirpium agro Tubingensi indigenarum*, Tub. *1772. 8. Disquisitio chemico-medica, an adstringentia & roborantia stricte sic dicta ferreo principio suam debeant efficaciam?* Tub. *1773. 4.* Vorlesungen: Er hat bisher die Mineralogie, und gesammte Naturgeschichte, unter Vorzeigung seiner ansehnlichen Naturalienfammlung, vorgetragen, und erbietet sich auch zu Vorlesungen über die Materiam medicam, Botanik, Chymie, Geschichte der in der Hauswirthschaft nüzlichen oder schädlichen Gewächse, und über die Litterargeschichte der Arzneywissenschaft.

§. 93.

In der philosophischen Fakultät:

Gottfried Ploucquet, orb. Prof. der Logik und Metaphysik, der königl. Akademie der Wissenschaften zu Berlin Mitglied, der Hochmannischen und Glokischen, wie auch Vito-Müllerischen Stiftungen Administrator; geb. zu Stuttgart, 1716. stud. am hasigen Gymnasio, kam in das theol. Stift nach Tüb. 1732. ward Magister, 1734. Pfarrer zu Röthenberg bey Alpirspach, 1743. Diakonus zu Freudenstädt, 1745. auswärtiges Mitglied der königl. Preussischen Akad. der Wiss. 1749. ord. Prof. der Logik und Metaphysik zu Tüb. 1750. Schriften: *Diss. theol. qua Varignonii demonstratio geometrica possibilitatis transsubstantionis enervatur*, Tub. 1740. 4. *Primaria monadologiae capita*, Berol. 1748. 4. *Methodus tractandi infinita in metaphy-*

taphyficis, *Berol. 1748. 4.* Disquifitio philof. de corporum organifatorum generatione, *Berol. 1749. 4.* Difs. de Materialismo, *Tub. 1750. 4.* Supplementa ad hanc Difs. cum confutatione libelli: L'homme machine, *Tub. 1751. 4.* Difs. de libero arbitrio, *Tub. 1752. 4.* Difs. de natura affectuum, *Tub. 1753. 4.* Difs. de perfecte fimilibus, *Tub. 1753. 4.* Principia de fubstantiis & phaenomenis, *Francof. & Lipf. 1753. 8.* Difs. de forma corporis, *Tub. 1754. 4.* Difs. de Cofmogonia Epicuri, *Tub. 1755. 4.* Difs. de miraculorum indole, criterio & fine, *Tub. 1755. 4.* Difs. de principio mundi, *Tub. 1756. 4.* Difs. de fpeculationibus Pythagorae, *Tub. 1758. 4.* Difs. anti-Bayliana, qua cum idea bonitatis abfolutae malum cum fuis effectibus non pugnare evincitur, *Tub. 1758. 4.* Difs. de epoche Pyrrhonis, *Tub. 1758. 4.* Solutio problematis Lugdunenfis, qua ex propofitione conceffa: Exiftit aliquid; exiftentia entis realiffimi cum fuis attributis eruitur, *Tub. 1758. 4.* Fundamenta Philofophiae fpeculativae, *Tub. 1759. 8.* Animadverfiones in principia Helvetii, quae de natura mentis humanae expofuit in libro: de l'Efprit, *Tub. 1759. 4.* Examen meletematum Lockii de perfonalitate, *Tub. 1760. 4.* Difs. hiftorico-cosmologica de lege continuitatis five gradationis, *Tub. 1761. 4.* Providentia divina res fingulares curans e natura Dei & mundi adftructa, *Tub. 1761. 4.* De dogmatibus Thaletis & Anaxagorae, *Tub. 1763. 4.* Obfervationes ad Commentationem Imman. Kant, de uno poffibili fundamento demonftrationis exiftentiae Dei, *Tub. 1763. 4.* (Methodus tam demonftrandi directe omnes fyllogismorum fpecies, quam vitia formae detegendi, ope unius regulae, *Tub. 1763. 8.* Methodus calculandi in Logicis, praemiffa Commentatione de arte characte-
riftica

riſtica univerſali, *Tub.* 1763. 8. Unterſuchung und Abänderung der logikaliſchen Conſtruktionen des Hrn. Prof. Lambert, Tüb. 1765. 8.) Dieſe, ſamt andern kleineren Schriften ſtehen in der: Sammlung der Schriften, welche den logiſchen Calcul des H. Prof. Ploucquets betreffen, von M. Auguſt Friedrich Bök, Frankf. und Leipz. 1766. gr. 8. *Sententia Robineti de aequilibrio boni & mali paradoxa*, *Tub.* 1765. 4. *Examen theoriae Robineti de Phyſica Spirituum*, *Tub.* 1765. 4. *Propoſitiones Robineti de incomprehenſibilitate Dei ſub examen revocatae*, *Tub.* 1765. 4. *Problemata de natura hominis ante & poſt mortem*, *Tub.* 1766. 4. *De placitis Democriti Abderitae*, *Tub.* 1767. 4. Eine Vorleſung, ob es möglich ſey, daß eine Welt von Ewigkeit her exiſtire, und wenn es möglich iſt, ob die Welt wirklich von Ewigkeit her ſey? (S. Sammlung aller Vorleſungen und Reden — S. 164 — 175.) *Examen rationum a Sexto Empirico tam ad propugnandam quam impugnandam Dei exiſtentiam collectarum*, *Tub.* 1768. 4. *Cogitationes Robineti de origine naturae expenſae*, *Tub.* 1769. 4. *De origine ſermonis*, *Tub.* 1770. 4. *De natura & menſura quantitatum*, *Tub.* 1771. 4. *Inſtitutiones Philoſophiae theoreticae, ſive de arte cogitandi, notionibus rerum fundamentalibus, Deo, Univerſo, & ſpeciatim de Homine*, *Tub.* 1772. 8. *Creatio mundi e natura rerum mundanarum intellecta*, *Tub.* 1772. 4. *De praecipuis animae humanae ſymptomatibus*, *Tub.* 1773. 4. Unter ſeinem Vorſize ſind von Verfaſſern vertheidiget worden: *Diſſ. contra harmoniam animi & corporis praeſtabilitam*, A. & R. Weissio, *Tub.* 1751. 4. *Diſſ. de origine atque generatione animarum humanarum ex principiis monadologicis ſtabilita*, A. & R. Esenweinio, *Tub.* 1753. 4. *Conſenſus libertatis humanae cum principio rationis*

tionis sufficientis denuo vindicatus, A. & R. Bühlero, *nunc Ser. Würt. Duci a Consiliis Regiminis,
& Civitatis Praefecturaeque Kircho-Teccensis Praefecto superiore,* Tub. 1754. 4. *De intensitate lu-
cis,* A. & R. Maerklino, Tub. 1754. 4. *De or-
dine idearum,* A. & R. Henrici, Tub. 1756. 4.
De viribus entium finitorum, A. & R. Hefeleno,
Tub. 1756. 4. *De unitate Dei,* A. & R. Hilde-
brando, Tub. 1756. 4. *De limite animae humanae,* A. & R. Morgensternio, Tub. 1757. 4.
De natura adpetitus humani rationalis, A. & R.
Goezio, Tub. 1757. 4. *De differentiis perceptio-
num in vigilia somnio & somno,* A. & R. Schwin-
drazhemio, Tub. 1757. 4. *De simplicibus, &
eorum diversis speciebus,* A. & R. Schellingio,
Tub. 1758. 4. *Theoria nexus rerum a fato & casu vindicati,* A. & R. Boeckio, Tub. 1758. 4.
De studio psychologico rite ac feliciter instituendo,
A. & R. Seizio, Tub. 1758. 4. *De malo morali,
ejusque gravitate,* A. & R. Fezero, Tub. 1758.
4. *Meletemata philosophica de existentia Entis in-
finiti e consideratione existentis materiae declaran-
da,* A. & R. Clessio, Tub. 1761. 4. *Meletemata pneumatologica,* A. & R. Maiero, Tub.
1762. 4. *De notitiis insitis,* A. & R. Krafftio,
Tub. 1763. 4. *De harmonia repraesentationum Dei
realium,* A. & R. Gratiano, Tub. 1763. 4. *De
vi animae se sibi manifestandi, charactere ejus pri-
mitivo,* A. & R. Koestlino, Tub. 1764. 4. *De
reductione Theologiae naturalis ad unum principi-
um,* A. & R. Schwabio, Tub. 1764. 4. *De
vita Dei,* A. & R. Woelffingio, Tub. 1766. 4.
De differentia hominis & bruti essentiali, A. & R.
Pfleiderero, Tub. 1766. 4. *De congenitis rationis staminibus,* A. & R. Thevrero, Tub.
1766. 4. *Probl. philos. an dentur Spiritus sine
cor-*

corpore organico, *A. & R.* HOCHSTETTERO, *Tub. 1766. 4. De sapientia divina in affectibus humanis*, *A. & R.* EHEMANNO, *Tub. 1766. 4. De evidentia in scientiis theoreticis*, *A. & R* ELBENIO, *Tub. 1766. 4. De perfectione mundi graduali*, *A. & R.* RAPPIO, *Tub. 1767. 4. De natura providentiae divinae e notione Entis perfectissimi deducta*, *A. & R.* HOCHSTETTERO, *Tub. 1768. 4. De centro affectuum constanti*, *A. & R.* GAVSIO, *Tub. 1768. 4.* An diesen allen versichert er keinen Antheil gehabt zu haben. Vorlesungen: In den öffentlichen wechselt er von einem halben Jahr zum andern mit der Logik und Metaphysik ab. Beede Wissenschaften sind auch der vornehmste Gegenstand seiner Privatvorlesungen. Ueberdieß hält er Disputircollegia, trägt die öconomische, kameral= und Finanzwissenschaften vor, und handelt die wichtigste und neueste philosophische Streitigkeiten ab.

Christoph Friedrich Schott, D. der Theol. und ausserord. Prof. derselben, ord. Prof. der praktischen Philosophie, Rektor des akademischen Contubernii, Pädagogarcha in dem obern Theil des Herzogthums, der Strylianischen, Pfaffischen und Helfferichischen Stiftungen Administrator, der lateinischen Gesellschaften zu Jena und Carlsruhe Mitglied; geb. zu Erbstetten, im Würtenb. 1720. stud. in den Klöstern Denkendorf und Maulbronn; kam in das theol. Stift zu Tüb. 1737. ward Magister, 1739. Hofmeister bey dem Grafen Henkel von Oderberg, 1743. durchreisete verschiedene Provinzen Teutschlandes, und hielt sich auch zwey Jahre auf der königl. dänischen Ritterakademie zu Soroe auf; ward Diakonus zu Göppingen, 1750. zu Tüb. 1752. ord. Prof. allhier, 1753. Bibliothekar der Universität, 1754. Pädagogarcha, 1756. ausserord. Prof. der Theol. und Rektor des akademischen Contubernii, 1761.

D. der Theol. 1762. Schriften: Ausser den im Namen der Universität ins zwanzigste Jahr verfertigten Programmen, und andern öffentlichen Aufsätzen, ingleichen den unter seiner Aufsicht jährlich gehaltenen und größten theils dem Druk überlassenen herzogl. Geburtstagsreden, welches alles er als Prof. der Beredsamkeit und Dichtkunst bis 1772. besorgt, und 3 Standreden bey Beerdigungen, 1751.1752. I. Philosophische, und von ihm selbst verfertigte Dissertationen: *De eo, quod justum est circa relaxationem jurisjurandi secundum jus naturae, Tub. 1753. 4. De cura Principis circa pretium aeris signati, sive monetae, Tub. 1754. 4. De notione obligationis, Tub. 1754. 4. De consensu praesumto cum quasi-contractibus ex jure naturae proscribendo, Tub. 1755. 4. De quaestione, an justum esse possit, quod non est honestum, Tub. 1756. 4. De genuino fonte juris vitae ac necis, Tub. 1756. 4. De eo, quod licitum est circa insitionem variolarum, Tub. 1757. 4. De justis juris bellum gerendi & inferendi limitibus, Tub. 1758. 4. De fonte juris naturalis, utrum in instinctibus, an in ratione quaerendo, Tub. 1758. 4. De re fructibusque consumtis a bonae fidei possessore non restituendis, Tub. 1759. 4. De origine dominiorum, sive proprietatis, Tub. 1760. 4. De notione virtutis, Tub. 1761. 4. De conscientia errante ejusque obligatione & juribus, Tub. 1763. 4. De moralitate usurarum, Tub. 1764. 4. De notione pecuniae, Tub. 1765. 4. De luxu, Tub. 1766. 4. De delictis & poenis ad rec. libellum italicum de hoc argumento, Tub. 1767. 4. Analyseos operis Grotiani, de jure belli & pacis, cum observationibus, P. I. Tub. 1768. 4. De precum summa & necessitate & utilitate, Tub. 1769. 4. Analyseos operis Grotiani P. II. Tub. 1770, 4. Primae lineae Philoso-*

losophiae practicae universalis, Tub 1771. 4. *De summo hominis bono & vita beata*, Tub. 1772. 4. *Juris ecclesiastici universalis primae lineae*, Tub. 1773. 4. Unter seinem Vorsitze vertheidigte Dissertationen: *De principio juri naturae praestruendo adversus R. P. Desing*, A. & R HARPPRECHTIO, Tub. 1754. 4. *De servitute apud Romanos, num juri naturae fuerit conformis?* A. & R. HOFFMANNO, Tub 1755. 4. *De potestate patria veterum Romanorum secundum scita juris naturae considerata*, A. & R. FRIZIO, Tub. 1756. 4. *De objecto legis personali*, A & R HIEMERO, Tub. 1760. 4. *Observationes historico-politicae de hominum moribus & institutis in statu cum naturali tum civili*, A. & R. STEEBIO, Tub. 1763. 4. *De momento libertatis & imputationis*, A. & R. STROEHLINO, Tub. 1764. 4. *De efficacia exemplorum*, A. & R. CHRISTMANNO, Tub 1764. 4. *De virtute, contra hypotheses libri, Dictionnaire philosophique portatif inscripti*, R. FABRO, Tub. 1765. 4. II. Theologische, von ihm selbst geschriebene Dissertationen: *Historia dogmatis de fide justifica, & recentissima circa illud controversia in Ecclesia Anglicana*, P. I. Tub. 1762. 4. *De resurrectione carnis adversus Sam. Bourn, Anglum*, Tub. 1763. 4. *De mixtura virtutum & vitiorum in uno eodemque homine, justoque ejusmodi actionum & personae aestimio*, Tub. 1764. 4. *Historiae dogmatis de fide justifica* — P. II. Tub. 1765. 4. *De oraculo optimi Servatoris Matth. XI. 20 — 24.* Tub. 1766. 4. *De tentatione Christi, utrum vere & externe, an in visione facta? adversus Hugon. Farmerum, Anglum*, Tub. 1768. 4. *Observationes exegeticae ad Col. I. 15. 16. 17.* Tub. 1769. 4. *Momentum constitutionis Nicenae de tempore celebrandi Paschatis, Pars prior, & post.* Tub. 1770. 4.

De auctoritate librorum symbolicorum in Anglia recens controversa, Tub. 1771. 4. *De sacra Scriptura ipsa divinæ suæ originis, sine circuli vitio, teste certissima*, Tub. 1772. 4. *Diss. qua doctrina publicæ de corruptione hominum naturali necessitas adseritur & vindicatur*, Tub. 1773. 4. Unter seinem Vorsize vertheidigte theologische Dissertationen: *De providentia Dei speciali a præcipuis objectionibus vindicata, A. & R. M.* HAERLINO, Tub. 1766. 4. *De recentioribus circa revelata religionis christianæ mysteria controversiis, A. & R. M.* HERMANNO, Tub. 1768. 4. *Nimia Fanaticismi fuga æque periculosa ac Fanaticismus ipse, A. & R. M.* ALDINGERO, Tub. 1770. 4. III. Andre Schriften: *Oratio parentalis in memoriam G. W. Krafftii*, Tub. 1754. 4. *Præf. ad Tom. III. Prælectionum physicarum b. Krafftii*, 1754. *Jurisprudentia naturalis b. Ræsleri, nova præfatione, argumentorum elencho, & nonnullis supplementis aucta*, Tub. 1756. 8. Eine Vorlesung, ob es ein Gesez der Natur gebe? (S. Sammlung aller Vorlesungen und Reden — S. 176—184.) IV. Uebersezungen: des Ritters **Jakob Stewarts** Abhandlung von den Grundsäzen der Münzwissenschaft, Tüb. 1761. 8. **Ebendesselben** Untersuchung der Grundsäze von der Staatswirthschaft, V. Bücher, Tüb. 1770 — 1772. gr. 8. **Vorlesungen:** In den öffentlichen erklärt er im Winterhalbjahr die Sittenlehre, im Sommerhalbjahr wiederholt er kürzlich den Privatvortrag des Rechtes der Natur, und stellt Disputirübungen an. In den Privatvorlesungen trägt er alle Jahre das ganze Natur = und Völkerrecht vor, und hat auch ausser dem bald die römischen Alterthümer nach Nieuport, bald die philosophische Geschichte nach Bruckers Tabellen, bald die Redekunst nach eigenen Säzen, mit einer praktischen Anleitung zu Ausarbeitungen, erklärt, bald auf gleiche Art eine Anweisung zur guten Schreibart überhaupt, auch privatissime zum Briefstyl, gegeben Auch ist von ihm schon die Handlungswissenschaft vorgetragen worden.

Johann Rieß, ord. Prof. der Naturlehre und Mathematik bey der Universität und am Collegio illustri, Bibliothekar der Univ. Administrator der Flekischen Stiftung, der königlichen Akademie der Wissenschaften zu Berlin Mitglied; geb. zu Tüb. 1713. stud. in den Klöstern Denkendorf und Bebenhausen; kam in das theol. Stift zu Tüb. 1732. ward Magister, 1734. Mathematikus bey dem Fürsten Czartoryski zu Warschau, 1740. Astronom bey der königlichen Akademie der Wissenschaften zu Berlin, Prof. der Geometrie bey der Mahler= Bildhauer= und Architektur= Akademie, und Prof. der Naturlehre und Mathematik bey der Ritterakademie daselbst, 1742. ord. Prof. zu Tüb. 1754. *Schriften:* *Institutiones mathematicæ, Warsov. 1742. 4.* Verschiedene Abhandlungen in den Denkschriften der Akademie zu Berlin: *Determination de l'orbite de la Comète, 1729. T. I. Observation d'une Eclipse partiale de la Lune au mois d'Août, 1746. Observation d'une Eclipse horizontale du Soleil au mois de Mars, 1747. T. III. Observation de l'Eclipse annulaire du Soleil, 25. Juill. 1748. Observation de l'Eclipse partiale de la Lune, 8. Août, 1748. T. IV. Rapport de plusieurs Observations celestes, faites à l'Observatoire; De la Situation la plus avantageuse des Planetes, pour decouvrir les anomalies dans leurs mouvemens; Sur les Eclipses des Etoiles fixes par la Lune; Description d'un Instrument; T. V. Sur le plus grand eclat de Venus, en supposant son orbite & celle de la Terre ecliptique, T. VI. Solution de quelques Problêmes astronomiques, T. VIII. Diss. de viribus centralibus, ex doctrina Newtoni,* Tub.

Tub. 1755. 4. Diss. de parallaxi longitudinis & latitudinis Planetarum, Tub. 1756. 4. Propositiones quædam geometricæ & opticæ, Tub. 1756. 4. De ratione ponderum in superficiebus Solis & Planetarum, Tub. 1757. 4. De distantia Solis a Terra, Tub. 1757. 4. Analyseos infinitorum quædam specimina. Tub. 1765. 4. Eine Vorlesung. von den hellen Plätzen am Himmel, und den neuen Sternen; (S. Sammlung aller Vorlesungen und Reden — S. 185 — 193.) *De influxu Lunæ in partes Terræ mobiles, Tub. 1769. 4. De perturbatione planetarum in conjunctionibus eorum, Tub. 1770. 4. De motu Lunæ, Tub. 1771. 4. De Iride, Tub. 1772. 4. De lege gravitatis Newtoniana, innumeris aliis, & nuper demum ipsis Alpium experimentis confirmata, Tub. 1773. 4.* Unter seinem Vorsitze sind von ihren Verfassern vertheidiget worden: *Diss. de Cometis & arcenda exinde electricitate, ad explicandum Systema mundanum a nonnullis advocata, A. & R.* Roeslero, *nunc Prof. Math. in ill. Gymnasio Stuttgardiano, Tub. 1759. 4. Positiones quædam physicæ de aëre, A. & R.* Sehnero, *Tub. 1761. 4. De Eclipsi solari die 17mo Oct. 1762. celebranda, A. & R.* Hochstettero, *Tub. 1762. 4. Diss. de curvarum algebraicarum asymptotis tam rectilineis quam curvilineis, earumque investigatione, A. & R.* Pfeiffero, *Tub. 1764. 4. De Physica ad majorem simplicitatem reducenda, A. & R.* Storrio, *Tub. 1765. 4. Dilucidationes analyseos finitorum Kestnerianæ, A. & R.* Raffolto, *Tub. 1768. 4. Diss. physica de terræ motuum caussis, A. & R.* Avg. Christ. Revssio, *Tub. 1773. 4.* Vorlesungen: Oeffentlich trägt er die Naturlehre vor, nach Kraffts, oder des H. von Segner, Lehrbuche; privatim, neben der Experimentalnaturlehre, alle Theile der reinen

nen und angewandten Mathematik, entweder in einem ganzen Cursus, oder diejenige besonders, welche verlangt werden. Er pflegt auch öfters die Astronomie vorzutragen.

Ludwig Joseph Uhland, orb. Prof. der Geschichte, und Ephorus des herzogl. theologischen Stiftes, der Reinhardischen, Crusischen und verschiedener theologischen Stiftungen Administrator; geb. zu Tüb. 1722. stud. in den Klöstern Denkendorf und Maulbronn; kam in das theol. Stift zu Tüb. 1739. ward Magister, 1741. Repetent, 1746. Diakonus zu Marbach, 1749. zu Tübingen, 1753. orb. Prof. der Geschichte allhier, 1761. zugleich Ephorus des herzogl. theol. Stiftes, 1772. Schriften: Jubilirender Eheleute frohe Verkündigung des Heils GOttes, in einer Predigt über Ps. LXXI. 15 — 18. bey dem feierlichen Ehejubiläo H. Burgermeister Kohlers, 1757. vorgestellt; (S. die Neueste Sammlung von Hochzeitreden, Tüb. 1759. 8. S. 178 — 213.) *Historia restaurati post diluvium orbis, ab exitu Noe ex arca usque ad dispersionem gentium*, Tub. 1761. 4. *Diss. de Chronologia sacra Textus hebræi, in præcipuis Chronologiæ atque Historiæ Babylonico-Assyricæ momentis, vindicata ab objectionibus Joh. Jaksoni*, Tub. 1763. 4. *Diss. de Eberhardo miti, Comite Würtenbergico*, Tub. 1767. 4. Eine Vorlesung von dem Ursprung der Bevölkerung von Amerika, 1767. (S. Sammlung aller Vorlesungen und Reden, S. 205—225.) *Diss. de LXX. annis servitutis gentium babylonicæ*, Tub. 1769. 4. *Diss. de Comitibus Würtenbergicis, Ludovico II. & Hartmanno Sen. Fratribus, ab anno 1208. usque ad annum 1227. in documentis coævis memoratis*, Tub. 1772. 4. *Historia Comitum coævorum prosapiæ Würtenbergicæ, qui sub finem Sec. XI. & initium XII. claruerunt. Al-*

berti

berti de Würtenberg, Conradi de Beutelſpach, & Werneri de Gruningen, ex documentis genuinis illuſtrata, Tub. 1773 4. Unter ſeinem Vorſitze ſind von ihren Verfaſſern vertheidiget worden: *Diſſ. de originibus Domus Würtenbergicæ, A. & R.* Schmidlino, *Tub. 1765 4. Diſſ. de præſtantia regiminis monarchici, A. & R.* Bavero, *Tub. 1767. 4. Diſſ. de Romanorum & Saxonum expeditionibus in Britaniam A. & R.* Kvrzio, *Tub. 1768. 4. Diſſ. de uſu particulæ Amen in diplomatibus Regum & Impp. Germaniæ, A. & R.* Christian Godofr. Hoffmanno, *Tub. 1773 4.*
Vorleſungen: Oeffentlich trägt er die Univerſalgeſchichte vor; privatim, die Chronologie, die Staatsverfaſſung der heutigen vornehmſten europäiſchen Reiche, nach Achenwalls Grundriſſe, die Staatsveränderungen des teutſchen Reichs, nach dem Pütterſchen Lehrbuche, und die Würtenbergiſche Geſchichte, je nachdem die Zuhörer dieſes oder jenes verlangen.

Johann Jakob Baur, D. der Theol. und auſſerord. Prof. derſelben, ord. Prof. der griechiſchen und morgenländiſchen Sprachen, wie auch dermalen der Beredſamkeit und Dichtkunſt, der theologiſch-philologiſchen Geſellſchaft zu Baſel, der Geſ. der freyen Künſte zu Leipzig, und der lateiniſchen zu Jena Mitglied; geb. zu Genkingen, im Würtenb. 1729. ſtud. in den Klöſtern Denkendorf und Maulbronn, kam in das theol. Stift zu Tüb. 1747. ward Magiſter, 1749. Repetent, 1754. reiſete durch Teutſchland, Holland und Frankreich, 1757 — 1759. ward auſſerord. Prof. der Philoſophie und morgenländiſchen Sprachen zu Tüb. 1760. Doktor und auſſerord. Prof. der Theol. 1770. ord. Prof. der griechiſchen und morgenländiſchen Sprachen, 1772. übernahm auch in dieſem Jahr die Prof. der Beredſamsamkeit und Dichtkunst. **Schriften**: *Diss. theol. de sanguine Christi in cœlis extra corpus existente, Tub. 1752. 4.* Einige Stüke in dem Neuesten aus der anmuthigen Gelehrsamkeit, Leipz. 1758. *Commentatio, qua asseritur operationes Dei in animis hominum gratiosas esse miracula, Gætt. 1758. 4. Schediasma juris publici ecclesiastici, de compositione religionum amicabili, ad textus Instrum. Pacis Osnabrugensis, Francof. 1758. 4. Tentamen exegeseos novæ Psalmi XVI. Lugd. Bat. 1759. gr. 8. Diss. de regendis limitibus Critices textus hebraici, 1760. 4. Stricturæ quædam ex Philosophia Hebræorum, maxime recentiorum, cum moderna philosophandi ratione conformi, speciatim ex Logica & Metaphysica, Tub. 1766. 4.* Eine Rede vom Talmud, (S Sammlung aller Vorlesungen und Reden — S. 225 — 239.) *Accentus hebraici, institutum plane incomparabile, sed tamen humanum, Tub. 1768. 4.* Gedanken von der patriarchalischen Religion, Tüb. 1769. 4. *Diss. theol. inaug. de inscriptione sepulchrali, quam Hiobus, moribundus sibi ipsi visus, poni voluit, fidei in Goëlem Messiam plenissima, Cap. XIX. 23 — 27. Pars prior, philologico-exegetica, Tub. 1770. 4. Pars posterior, dogmatico polemica, Tub. eod. a. 4.* Akademische Reden bey seinem theologischen Doktorat, Tüb. 1770. 4. **Vorlesungen**: Seit seinem Ordinariat verbindet er, theils öffentlich, theils privatim, die Vorlesungen über den hebräischen und griechischen Text der heil. Schrift beständig mit einander, und führet zugleich zur näheren Bekanntschaft mit den Profanschriftstellern.

Johann Heinrich Frommann, ausserord. Prof. der Philosophie; geb. zu Göppingen, 1729. stud. in den Klöstern Blaubeuren und Bebenhausen; kam in das theol. Stift zu Tüb. 1746. ward Magister, 1748.

1748. reisete durch Oberschwaben, wie auch durch einen Theil von Bayern und Tyrol, 1752. ward Repetent, 1753. begleitete noch in eben diesem Jahr den herzogl. Würtenb. Kammerherrn, H. Moriz Friedrich von Milkau, nach Italien; erhielt einen Ruf als Prof. der Philosophie auf die damals neu errichtete Universität zu Moscau, 1756. ward ausserord. Prof. der Philos. zu Tüb. 1766. Schriften: *Stricturae de statu scientiarum & artium in Imperio Russico*, Tub. 1766. 4. Eine Rede von der Einrichtung des russischkaiserlichen Gesezbuches, (S. Sammlung aller Vorlesungen und Reden — S. 240 — 250.) Vorlesungen: Er hat bisher das Natur- und Völkerrecht, die Geschichte der heutigen vornehmsten europäischen Staaten, wie auch die gelehrte Geschichte nach Daries, Achenwalls und Heumanns Lehrbüchern, vorgetragen. Hierinn gedenkt er, unter Abwechslung mit den übrigen Theilen der praktischen Philosophie, fortzufahren, und erbietet sich, auf besonderes Begehren der Ausländer, seine Vorlesungen in deren Muttersprache zu halten.

August Friedrich Bök, ausserord. Prof. der Philosophie bey der Universität, und ordentlicher am Collegio illustri, der Akademien zu Roveredo und Padua, der königl. teutschen Gesellschaft zu Göttingen, der Gesellschaft der freyen Künste zu Leipzig, der lateinischen und teutschen zu Jena, der lateinischen zu Carlsruhe, wie auch der teutschen zu Helmstädt und Altdorf Mitglied; geb. zu Stuttgart, 1739. stud. in den Klöstern Denkendorf und Maulbronn; kam in das theol. Stift zu Tüb. 1756. ward Magister, 1758. Repetent, 1766. ausserord. Prof. der Philos. bey der Universität, 1767. zugleich ord. Prof. am Collegio illustri, 1770. Schriften: Ausser vielen in die Tübingische Berichte von gelehrten Sachen,

chen, und einige auswärtige gelehrte Journale, eingerükten Artikeln, *Diss. de theoria nexus rerum a fato & casu vindicati, Tub. 1758. 4.* Bescheidene Prüfung einer philosophischen Schrift: von der Natur der Seele und des menschlichen Herzens, Tüb. 1761. 4. *Commentatio de dignitate religionis christianæ ex conjunctione hominum cum Deo, Tub. 1761. 4. Vindiciæ creationis, adversus Dn. de Prémontval, Tub. 1763. 4.* Betrachtung über die Vollkommenheit der christlichen Religion aus der Hofnung eines ewigen Lebens, Tüb. 1765. 8. Von der seligen Hofnung der Christen, ein Sendschreiben an seinen Großvater, den Probst Weissensee zu Denkendorf, Tüb. 1766. 8. Sammlung der Schriften, welche den logischen Calcul des Hrn. Prof. Ploucquets betreffen, mit neuen Zusäzen, Frankf. und Leipz. 1766. gr. 8. Abhandlung von den Gelehrten Würtenbergs, welche sich um die Mathematik vorzüglich verdient gemacht haben, Tüb. 1767. gr. 4. *Diss. de difficultate inveniendi in philosophia speculativa, Tub. 1767. 4. Sermo de præstantia doctrinæ Leibnitianæ de corporibus organisatis, Tub. 1767. 4.* Betrachtungen über die Beweise, daß ein Gott ist, Tüb. 1768. 4. Betrachtungen über die Art, sich mit der natürlichen Theologie zwekmäßig zu beschäftigen, Tüb. 1769. 4. Abhandlung über die Frage: Wie kann die Seele durch das Studium der schönen Wissenschaften und Künste zum wahren Guten geführet werden? Stuttg. 1771. 4. Mit Vorreden hat er begleitet: GE. BERNH. BILFINGERI *Dilucidationes philosophicas de Deo — Tub. 1768. 4.* PETRI SIGORGNE *Prælectiones Astronomiæ Newtonianæ ab ipso Auctore auct. & emend. Tub. 1769. 8.* GOD. GVIL. LEIBNITII *Theodiceam, ex versione lat. Steinhoferi, edit. auct. & emend. Tub. 1771. gr. 8.* Unter seinem Vorsize ist vertheidiget worden: *Diss. de perpetuitate primorum corporis humani staminum,* A. & R. KÜDIGERO, *Tub. 1770. 4.* Vorlesungen:

gen: Er lehret die gesammte, theoretische und praktische, Philosophie in einem Cursus, der ein Jahr währet, oder auch einzelne Theile derselben, wie sie verlangt werden, und legt meistens Feders Lehrbücher zum Grunde. Inskünftige wird er auch Sergisons Grundsäze der Moralphilosophie erläutern. Er trägt zugleich die Geschichte der Philosophie vor, und stellt Disputirübungen an. Seit 1770. giebt er, dem höchsten Auftrage gemäß, auch in den schönen Wissenschaften und Künsten Unterricht, dermalen nach Büschings Grundsäzen, und gedenkt, seine Zuhörer zur nüzlichen Lesung der alten klassischen Schriftsteller anzuführen. Das praktische Collegium über den teutschen Styl wird er fortsezen, und damit eine Erzählung des Neuesten und Merkwürdigsten aus der Philosophie und schönen Litteratur verbinden.

Christian Friedrich Schnurrer, ausserord. Prof. der Philosophie, des königl. historischen Instituts zu Göttingen ausserordentliches, und der herzogl. teutschen Gesellschaft zu Jena Ehrenmitglied; geb. zu Cantstadt, 1742. stud. in den Klöstern Denkendorf und Maulbronn; kam in das theol. Stift zu Tüb. 1760. ward Magister, 1762. Mitglied des königl. theol. Repetentencollegii zu Göttingen, 1766. und, abwesend, Repetent des theol. Stiftes zu Tübingen, 1768. reisete nach einem 2jährigen Aufenthalt zu Göttingen, von 1768—1770. durch Teutschland, Holland, England und Frankreich; ward Sousgouverneur der herzogl. Würtenb. Edelknaben, 1770. ausserord. Prof. der Philos. zu Tüb. 1772. Schriften: *Vindiciæ veritatis revelatæ ab insultibus libelli recentissimi, Catechisme de l'honnête homme, inscripti, Tub. 1765. 4. Diss. inaug. de Codicum hebraicorum Vet. Test. MSS. ætate difficulter determinanda, Tub. 1772. 4.* Vorlesungen: Seine gegenwärtige sind hauptsächlich der Kritik des
alten

alten Testamentes, und der philologischen Erläuterung der Bücher desselben, den morgenländischen Sprachen, der Litterargeschichte derselben, und ihrem Nuzen in Beziehung auf das hebräische, den hebräischen Alterthümern, gewidmet. Auch hat er im Sinn, künftig solche Collegia zu halten, darinnen seine bisherige Zuhörer, unter seiner Anleitung, in der Erklärung des heil. Textes sich selbst praktisch zu üben Gelegenheit haben, und hiezu mit den brauchbarsten Hülfsmitteln von ihm versehen werden sollen. privatissime ertheilt er auch Unterricht in der englischen Sprache.

Georg Jonathan Holland, ausserord. Prof. der Philosophie, dermalen noch in Diensten des durchlauchtigsten Prinzen und Herrn, Friedrich Eugens, von Würtemberg, als Sousgouverneur bey höchstdero durchlauchtigsten Herren Söhnen; geb. zu Rosenfeld, 1742. stud. in den Klöstern Blaubeuren und Bebenhausen; kam in das theol. Stift zu Tüb. 1761. ward Magister, 1763. Informator bey vorgedachten durchlauchtigsten Prinzen von Würtemberg, 1765. mit welchen er sich auch einige Zeit zu Lausanne aufhielt. Schriften: Abhandlung über die Mathematik, die allgemeine Zeichenkunst, und die Verschiedenheit der Rechnungsarten, Tüb. 1764. 8. Innhalt des Kästnerischen Vortrags vom Newtonischen Parallelogramm, Tüb. 1765. 4. *Reflexions philosophiques sur le Systeme de la nature*, II. Parties, a Berne, 1772. 8. zum zweitenmal mit Vermehrungen gedrukt, 1773. Eben diese Schrift ist unter dem Titel, Philosophische Anmerkungen über das System der Natur, von Joh. Ludw. Wezel, ins teutsche übersezt worden, Bern, 1772. 8.

IV. **Einige specielle Nachrichten, welche den akademischen Senat, die Verfassung der Universität, und ihre allgemeinen Institute betreffen.**

§. 94.

Aus dem Prorektor, Kanzler, und allen ordentlichen Professoren der vier Fakultäten bestehet der akademische Senat. Aus diesen, den Kanzler ausgenommen, wird sowohl im Monat May, als November, ein neuer Prorektor durch geheime Stimmen der Senatoren, nach der Mehrheit derselben, und im Fall der Gleichheit nach der Entscheidung des abgehenden Prorektors, gewählet, und darauf vermittelst einer Rede des abgehenden Prorektors in dem grossen Hörsal öffentlich vorgestellt, und beeidiget. Beedes ist seit 1767. in höchster Gegenwart Seiner herzoglichen Durchlaucht geschehen, welche die Handlung mit den huldreichsten Erklärungen gegen den versammleten Senat eröfnen, die Stimmen selbst sammlen, den neuen Prorektor, wie alle Senatoren, zur lebhaften Erfüllung ihrer Pflichten aufmuntern, und in der Folge durch beständige schriftliche gnädigste Unterhaltung mit demselben alles dasjenige zum Gegenstand Ihrer Aufmerksamkeit und unmittelbaren

Für-

Fürsorge machen, was sowohl seine Auktorität und Würde, als des Hauptes der hohen Schule, aufrecht erhalten, als auch überhaupt zur weiteren Vollkommenheit des Ganzen und einzelner Theile etwas beytragen kann.

§. 95.

Der Kanzler hat im Senat den Siz nach dem Proreftor, und die erste Stimme. Er wird von dem Landesherrn eingesezt, und ist dessen beständiger Kommissär bey der Universität, welche Würde ihm die Pflicht auflegt, in Ansehung der herzoglichen Rechte, der Freyheiten der Universität, der Wahl und Vorlesungen der Professoren, der Prüfungen der Kandidaten, der Verwaltung der Oekonomie, der Administration der Stiftungen, und Handhabung der akademischen Geseze, auf alles, was nachtheilig seyn könnte, ein besonders wachsames Aug zu haben. In seiner Gegenwart geschiehet die Hauptprüfung der Kandidaten, bey deren inauguraldisputationen er auch, nebst dem Proreftor und den Mitgliedern der Fakultät, opponirt. Er ist zugleich, nach den Gesezen, Professor primarius der Theologie, Probst der hiesigen Stiftskirche, und giebt, vermöge kaiserlicher

cher Vollmacht, bey Ertheilung der akademischen Grade dem Dekan oder Promotor der Fakultät die Erlaubniß.

§. 96.

Jede Fakultät hat einen aus ihrer Mitte erwählten Dekan, deſſen Amt bey der theologiſchen und philoſophiſchen ein Jahr, und bey den übrigen ein halbes währet. Er hat die Direktion in der Fakultät, verwahret ihre Akten, Protokolle, Siegel und Inſignien, beſorget die Cenſur der Schriften, und adminiſtrirt ihren Fiscus. Die Dekane der vier Fakultäten machen ein eigenes Collegium aus, das von dem Prorektor nach Gutbefinden zuſammen geruffen wird, und in Sachen, die um ihrer minderen Wichtigkeit willen nicht für den ganzen Senat gehören, entſchejdet.

§. 97.

Die Senatoren haben Siz und Stimme nach der gewöhnlichen Ordnung der Fakultäten, und in dieſen, auſſer dem Dekan, nach dem Alter ihres Amtes. Da die Univerſität eine geiſtliche Stiftung iſt, und dieſe Eigenſchaft durch die Reformation nicht verlohren hat, ſo erſcheinen ſie, als vormalige Canonici, bey

bey allen öffentlichen Zusammenkünften im geistlichen Habit.

§. 98.

Dem Prorektor und Senat stehet, vermöge der Freyheiten, die Ausübung der bürgerlichen und peinlichen Gerichtsbarkeit zu. In jenen Rechtsfällen wird, nach vorhergegangener Erkenntniß des Senats, von dem Prorektor ein sogenanntes Consistorium niedergesezt, das aus dem vorsizenden Prorektor, dem Exprorektor, als Vicepräsidenten, den vier Dekanen, und einem und dem andern Mitgliede der Juristenfakultät, nach Beschaffenheit der Sache, bestehet, und nach rechtlicher Verhandlung der Sache unter beeden Partheyen, welche sich hiebey der Advokaten zu bedienen haben, den Ausspruch thut. Vom Consistorio giebt es eine Appellation an den Kanzler, und zwar in streitigen Geldsachen nur alsdenn, wenn sich die Summe über 50 Gulden beläuft. In diesem Fall beruft der Kanzler ein Collegium von zehen theils Senatoren, die bey der ersten Instanz nicht gegenwärtig gewesen sind, theils Hofgerichtsassessoren, ausserordentlichen Professoren, oder andern hiezu tüchtigen Männern, zusammen. Die Formalien des Prozesses jesses und andere Gebräuche werden hierinn nach den gemeinen und Würtenbergischen Rechten, wie bey dem Consistorio, beobachtet.

§. 99.

In peinlichen Fällen bestehet das niedergesezte Gericht aus zwölf Assessoren, worunter alle vorhandene Juristen gehören, oder auch aus dem ganzen Senat, und wird hier nach dem gemeinen Rechte, der peinlichen Halsgerichtsordnung und den Würtenbergischen Landesgesezen gesprochen. Das Todesurtheil sendet das Consistorium an den Landesherrn, erwartet von diesem entweder die Bestätigung, oder, nach Beschaffenheit der Sache, die Begnadigung, und bittet ihn um den Nachrichter und das Geleit. Der Sekretär der Universität, der allemal ein in den Rechten erfahrner Mann ist, führet hier, wie bey dem Collegio der Dekane und den Consistoriis, das Protokoll, besorget die Ausfertigung der Senatsschlüsse, die öffentliche Correspondenz, und die Registratur.

§. 100.

Bey der Wiederbesezung einer offenen ordentlichen Professur haben die Senatoren das freye Wahlrecht.

recht. Die Ausschliessung eines Senators von der Stimme, der unter den vorhandenen Competenten einen Anverwandten hat, gehet bis auf den vierten Grad der Blutsfreundschaft und Schwägerschaft nach der Civilkomputation. In andern Fällen wechseln die nächsten Blutsverwandte mit der Stimme ab. Der erwählte Professor hat eine Disputation und Lektion zu halten, und wird darauf dem Landesherrn präsentirt, von dessen Bestätigung seine Annahme abhangt. Ein ausserordentlicher Professor, der seinen Sitz immer nach den Senatoren der nächsten Fakultät, und ausser denen, die einem Mitgliede des Senats besonders zukommen, alle übrige Rechte und Pflichten hat, wie auch die Lehrer der Sprachen, werden von dem Landesherrn unmittelbar, oder auch dem Senat, mit Bestätigung des Landesherrn, eingesezt. Alle Professoren und aufgestellte Lehrer müssen der Augspurgischen Confession zugethan seyn, und den symbolischen Büchern der evangelischen Kirche unterschreiben. Die Exercitienmeister sind der Gerichtsbarkeit des Collegii illustris unterworfen, und werden unmittelbar vom Landesherrn angenommen. Indessen stehen sie in Ansehung des Unterrichts mit der Universität in der genausten Verbindung. Von

S   dem

dem Pedellen, als dem öffentlichen Diener des Prorektors und Senats, und dessen Verhältniß gegen die Studierende, ist keine weitere Anzeige nöthig, da sein Amt aus der Einrichtung aller übrigen Universitäten bekannt ist. Er empfangt den dritten Theil der nicht dem Prorektor, wie auf verschiedenen Universitäten, sondern dem Fiscus zufallenden Geldstrafen. Ihm ist ein Vicepedell zugegeben.

§. 101.

Das akademische Bürgerrecht, das der Senat ertheilet, mit allen damit verknüpften Freyheiten können ausser den Professoren, und aufgestellten Lehrern, Licentiaten, Hofgerichtsadvokaten, Magistern, Studierenden und andern hier etablirten Gelehrten, mit ihren Familien und Domestiquen, die Buchhändler, Apotheker, Wundärzte, Mahler, Buchdruker, Buchbinder, und alle geniessen, deren Profession und Kunst zu den Studien Hülfe leistet. Es sind auch die von Professoren abstammende Wittwen, wie auch der Assessoren, Prälaten, Superintendenten, Licentiaten, mit ihren Familien, desselben fähig. Sie bekennen sich alle zur evangelischen Religion. Ausser den Privilegien, welche alle akademische Bürger mit einander gemein haben, sind noch vermöge eines Re-

scripts

ſcripts H. Johann Friedrichs vom 18. Apr. 1613. die ordentliche und ausserordentliche Profeſſoren, der Syndikus und die Notarien der Univerſität (der Sekretär), mit ihren Kindern und Kindeskindern von allem Abzuge befreyet. Die Privilegien ſelbſt werden jährlich am erſten Sonntage nach Georgii in der Stiftskirche vor der Predigt öffentlich von dem Stadtſchreiber verleſen, wie auch von dem Oberamtmann und jedem Gerichtsverwandten einmal, und zwar im verſammleten Senat, beſchworen.

§. 102.

In Teſtamenten hat jeder akademiſche Bürger das Recht, wenn keine Kinder vorhanden ſind, und nichts zuvor verabredet oder bedingt iſt, über 2 Drittheile der errungenen Güter, ſeine Frau aber nur über 1 Drittheil derſelben zu diſponiren. Die auſſerteſtamentliche Erbfolgen wie auch die Erbfolgen unter Eheleuten geſchehen nach dem Würtenbergiſchen Landrechte, auſſer wenn es um die Vertheilung der in der Ehe errungenen Güter zwiſchen dem überlebenden Theil und den andern Erben des Verſtorbenen zu thun iſt. In dieſem Fall empfangt der Mann 2 Drittheile mit Eigenthumsrecht, von dem übrigen Drittheil die Hälfte, und die andere Hälfte fällt den übrigen Erben der Frau zu. Die überlebende Frau empfangt von der Errungenschaft 1 Drittheil, von den übrigen 2 Drittheilen die Hälfte, und die andere Hälfte fällt den übrigen Erben des Mannes zu. Von dieser Hälfte aber bleibt die Nuzniessung dem Mann oder der Frau lebenslänglich.

§. 103.

Worinn der erste Fond der Universität bestanden, enthält die päbstliche Erektionsbulle. Durch eine gute Verwaltung der Oekonomie ist derselbe bisher vermehret, und in verschiedenen Stüken durch Kauf und Vertauschung verändert worden. Er bestehet aus Geld, Früchten und Wein, unter mancherley Rubriken, worunter Gülten und Zehenden die stärksten sind, daher auch die von der Universität besoldeten den Vortheil geniessen, ihren Gehalt zum Theil in Naturalien zu empfangen. Die Verwaltung der gesammten Oekonomie besorgt ein besonderes aus 4 sogenannten Deputirten bestehendes Collegium, welche aus den 4 Fakultäten von dem Senat durch geheime Stimmen erwählet werden, und deren Amt drey Jahre währet. Ihr Präses heißt supremus Deputatus.

tatus. Er ruft das Collegium zusammen, empfangt von dem Syndikus die übrigen Gelder, führet eine eigene Rechnung, und dirigirt mit Beyziehung der andern Deputirten, und in Sachen von Wichtigkeit mit Bericht an den Senat, das ganze Oekonomiewesen. Unter diesem Collegio stehet der Syndikus, der die Hauptrechnung führet; 11 Landpfleger, zu Sindelfingen, Leonberg, Weil im Dorf, Feuerbach, Brakenheim, Nekartheilfingen, Mezingen unter Urach, Ehningen unter Achalm, Asch, Ringingen, Wolfenhausen; 7 Unterpfleger, zu Derendingen, Dußlingen, Gönningen, Jesingen, Entringen, Mähringen und Lustnau, welche alle vom Senat angenommen werden, und mit der Syndikatur abrechnen. Die gesammte Universitätsrechnungen werden jährlich von 2 Kommissarien aus der herzoglichen Kanzley revidirt, worauf die nöthigen Rezesse aus dem herzoglichen geheimen Raths-Collegio folgen, und von Zeit zu Zeit auch von einem wirklichen Mitgliede desselben persönlich bekannt gemacht werden.

§. 104.

Die Universität hat auch an verschiedenen Orten das Patronatrecht, und präsentirt dem herzoglichen

lichen Consistorio zu Stuttgart die vom Senat durch geheime Stimmen erwählte Stadtpfarrer zu Leonberg und Brakenheim, die Pfarrer zu Holzgerlingen, Weil im Dorf, Feuerbach, Nekartheilfingen, Asch und Wolfenhausen; dem Bischof von Costanz den Pfarrer des katholischen, der Universität zum theil selbst zuständigen, Ortes Ringingen, bey Blaubeuren. Abwechslungsweise mit dem herzoglichen Consistorio, besezt sie die Pfarreyen zu Ehningen unter Achalm, zu Dagersheim und Darmsheim.

§. 105.

Die herzoglichen Befehle empfangt sie entweder unmittelbar von Seiner Durchlaucht, unter eigenhändiger Namensunterschrift, oder aus dem herzoglichen geheimen Raths Collegio, als dem höchsten Collegio des Landes. In Sachen, die sie betreffen, ist eine besondere Universitätsvisitationsdeputation niedergesezt, welche aus 2 herzogl. geheimen Räthen, einem adelichen und einem gelehrten, aus dem Consistorialdirektor, und dem ersten Theologen des herzogl. Consistorii bestehet.

§. 106.

Zur Befestigung des guten Vernehmens mit der
Stadt,

Stadt, zur Abschaffung der Misbräuche und Erhaltung guter Ordnung, haben S. H. D. seit 1770. eine besondere Polizeydeputation verordnet, deren Mitglieder der Prorektor der Universität und Oberamtmann der Stadt, und verschiedene Deputirte bey der Collegien sind.

§. 107.

Der Hauptgottesdienst wird in der St. Georgen Stiftskirche verrichtet, welche den Kanzler zum Probst, und aus den übrigen Professoren der Theologie ihren Dekan und Pastor hat. Sie ist von einer ansehnlichen Grösse, präsentirt sich, um ihrer höheren Lage willen, dem Auge vortheilhaft, und enthält sehenswerthe Grabmäler, besonders der Herzoge Würtenbergs bis auf den Herzog Ludwig. Bey dem Eingang einer ihrer Hauptthüren ist eine Tafel aufgehängt, an welcher alle Befehle und Verordnungen des Senats, Feierlichkeiten, Vorlesungen der Professoren, Disputationsübungen u. s. w. öffentlich durch Anschläge bekannt gemacht werden. Die studierende Katholiken können ihren Gottesdienst an verschiedenen Orten der Nachbarschaft, mit der grössten Bequemlichkeit aber auf dem zur Reichsabbtey

Marchthall gehörigen, und eine halbe Stunde entfernten Ammerhof haben, wohin noch ein sehr anmuthiger Weg führet.

§. 108.

Was die Vorlesungen betrift, so ist jeder ordentliche Professor verbunden, über die ihm besonders anvertraute Disciplin täglich eine öffentliche Vorlesung zu halten, und theils in einem halben, theils ganzen Jahr die Disciplin zu vollenden. Unbemittelte Studierende können auf diese Art die Hauptwissenschaften, nach eines jeden Bestimmung, unentgeltlich hören, und durch hinzukommende Besuchung weniger Privatvorlesungen ihre ganze Absicht erreichen. Daß auch für diese, im Fall der wahren Dürftigkeit, die Honorarien nachgelassen werden, ist vorauszusezen.

§. 109.

Die akademische Grade werden in den grösseren Hörsälen, und zwar, nach dem herzoglichen Rezesse, 1771. wiederum mit den symbolischen Zeichen des Alterthums, dem Hut, Ring, geschlossenen und geöfneten Buche, ertheilet. Die Ferien sind nunmehro,

mehro, vermöge ebendesselben Rezesses, nach abgestellter unbequemen Vakanz im Julius, im Frühjahr, auf den Palmtag bis Quasimodogeniti, und im Herbst, auf Michaelis, 29. Sept. bis Lucá, 18. Okt. festgesezt. Die Vorlesungen fangen mit dem folgenden Tage wiederum an, und werden jedesmal vor den Ferien auf einem gedrukten Bogen vollständig angezeigt.

§. 110.

Der Donnerstag ist zu besondern akademischen Geschäften bestimmet. Vormittags ist Gottesdienst in der Stiftskirche. Nach demselben versammlet sich gewöhnlicher Weise der akademische Senat. Oeffentliche Vorlesungen werden an diesem Tage nicht gehalten, die Privatvorlesungen aber, nach Belieben der Professoren, theils fortgesezt, theils besondere, über einzelne nüzliche und angenehme Theile der Gelehrsamkeit, von geringerem Umfang, gehalten, oder auch Rede- und Disputierübungen angestellt. Auch giebt es an demselben für die Studierende zum Genuß vernünftiger Ergözlichkeiten vielfache Gelegenheit, vornehmlich öftere Concerte, zu deren bequemeren Anstellung Seine herzogliche Durchlaucht höchstdero

eige-

eigenen grossen Concertsal im Collegio illustri gnädigst willfahrt haben.

§. III.

Die öffentliche Bibliothek, §. 40. welche seit 1751. vortheilhafter eingerichtet, und sehr vermehret worden, ist in 2 grossen Sälen des sogenannten Universitätshauses aufgestellt, und in den wichtigsten Theilen der Litteratur, besonders im historischen Fache, wohl besezt. Der Bibliothekar ist ein Mitglied der philosophischen Fakultät. Ihre jährliche Vermehrung geschiehet aus den Inscriptions- und Depositionsgeldern, und einem beträchtlichen Beytrage aus dem akademischen Fiscus. Auch stiftet, der herzoglichen Verordnung gemäß, jeder ordentliche Professor ein Buch von ungefehr 20 Reichsthalern. Die Grempische Bibliothek, die mit der akademischen gewisser massen vereiniget ist, hat ihren eigenen Vermehrungsfond. Beede Bibliotheken werden alle Donnerstage Nachmittags auf etliche Stunden zum allgemeinen Gebrauch, den Fremden aber und durchreisenden Gelehrten mit der größten Bereitwilligkeit zu jeder Zeit, geöfnet. Studierende, wenn sie von einem Professor die Unterschrift und Gewährleistung haben, können

Bü-

Bücher nach Belieben zu ihrer Benuzung nach Hause abholen lassen.

§. 112.

Die Universitätsgebäude (s. deren ausführlichere Beschreibung in Zellers Merkwürdigkeiten,) sind alt, und haben größtentheils kein äusseres Ansehen. Der akademische Senat gedenkt sie nach und nach zu verbessern und zu verschönern. Indessen sind die darinnen befindliche Hauptzimmer, besonders die Hörsäle, geraumig und zum Gebrauch hinlänglich. Unter diesen Gebäuden befindet sich auch ein Lazareth, über welches ein Professor die Aufsicht hat, und worinn arme kranke und hülflose Studierende, oder andere akademische Bürger aufgenommen und verpflegt werden. Auch werden von den dazu gehörigen Stiftungen den Dürftigsten Allmosen gegeben.

§. 113.

Das Archiv enthält noch, ungeachtet mancher Schiksale des Krieges, die wichtigsten Urkunden der Universität. Jedes Mitglied des sogenannten Collegii Deputatorum hat dazu einen besonderen Schlüssel, und darf dasselbe nicht ohne gemeinschaftliche Gegenwart eröfnet werden. Das Universitätssiegel s. unter den Beylagen Fig. IV.

V. Von

V. Von einzelnen Fakultäten,
deren Verfassung, Instituten, und dabey befindlichen Vortheilen für Studierende.

A. Von der theologischen Fakultät.

§. 114.

Sie besteht aus dem Probste, dem Dekan der Stiftskirche, einem dritten ordentlichen Professor, wozu noch der vierte kommt, welcher Stadtpfarrer, und nicht immer Mitglied des akademischen Senats ist. Sie sind ordentliche Frühprediger an der Stiftskirche. Ihre Annahme hängt von dem Landesherrn ab, der sie hierauf als zu erwählende ordentliche Professoren dem Senat präsentirt und empfiehlt, welcher dabey eine negative Stimme hat. In ihren öffentlichen Vorlesungen wird von den 3 gegenwärtigen ordentlichen Professoren die Dogmatik, Exegetik und Polemik abwechslungsweise vorgetragen, und jede in einem Jahr vollendet. Auf die Zukunft bleibt, vermöge eines herzoglichen Rezesses vom 20. März, 1771. dießfalls eine Veränderung ausgesetzt. Der vierte Theologe lieset öffentlich über die Moraltheologie, oder Kirchengeschichte. Die Privatvorlesungen über alle

Theile

Theile der Theologie, nebst der Litterargeschichte derselben, sind so eingerichtet, daß der ganze Cursus in 3 Jahren bequem zu Ende gebracht werden kann. Das wichtigste hieher gehörige Institut ist das herzogliche theologische Stift, von dessen jezigen Verfassung unten das nöthige vorkommen wird. Zu Uebungen im Predigen und Katechisiren fehlt ausser dem, was bey den praktischen, homiletischen und katechetischen Vorlesungen veranstaltet wird, keine Gelegenheit. Die herzogliche Stipendiaten haben ihre eigene Uebungen. Die übrigen Landeskinder, und die Auswärtige können unter der Direktion des Pastors und Superintendenten der Stadt, der zugleich Professor ist, alle Mittwochen in der Hospitalkirche predigen. An Sonn- und Feiertägen dürfen sie in der Siechenkirche auftreten, wie auch bisweilen, auf besondere Erlaubniß, in der Hospital- und Schloßkirche. Bey dieser, wie bey den andern Fakultäten, werden die Studierende, besonders auswärtige, von Zeit zu Zeit privatim geprüft, und mit der nöthigen Anweisung zur vernünftigen Einrichtung ihrer Studien versehen. Am Tage vor dem Christfeste wird von den ordentlichen Professoren der Theologie abwechslungsweise eine öffentfentliche Erbauungsrede in lateinischer Sprache gehalten, und durch ein gedruktes Programm vom Dekan der Fakultät bekannt gemacht.

B. Von der Juristenfakultät.

§. 115.

Sie besteht, ordentlicher weise, aus 6 Professoren, die auch den Charakter herzoglicher Räthe haben. Einer von ihnen ist zugleich Assessor primarius des hiesigen herzogl. Hofgerichtes, mit der ersten Stimme, wie auch des herzogl. Collegii illustris. Was ihre öffentliche Vorlesungen betrift, so wird durch den Dekan und das Collegium jedem derjenige Theil der Jurisprudenz besonders angewiesen, worinn er eine vorzügliche Stärke besizt. Die Institutionen werden in einem halben Jahr, des Tags eine Stunde, vollendet. Die Pandekten währen ein Jahr, und täglich zwo Stunden, wobey sich aber die Zuhörer alle Vollständigkeit zu versprechen haben. Die übrige Vorlesungen sind meistens halbjährig, und kann der ganze Cursus, bey einem nicht übertriebenem Fleisse, in dreyen Jahren zu Ende gebracht werden. Nach den neuesten Verfügungen können nunmehro die Vorlesunsungen über die Pandekten in jedem halben Jahr von Anfang gehört werden. Zur Erlernung des Prozesses und gerichtlichen Styls, wie auch zu praktischen Uebungen, giebt es bey mehreren Professoren Gelegenheit. Selbst das herzogliche Hofgericht, das sich hier alle Jahre versammlet, und bey der öffentlichen Verhandlung der Rechtssachen Studierenden den freyen Zutritt gestattet, kann diesen Endzwek sehr befördern. Bey demselben können auch geschikte Ausländer die Advokatenstelle erhalten, und die vom Adelstande Assessores auscultantes werden. Den neuesten herzoglichen Verordnungen und Aufmunterungen gemäß, werden die zur eleganten Jurisprudenz gehörige, nebst den Polizey-Cameral- und Finanzwissenschaften, immer mehr ausgebreitet. Zum besondern Gebrauch des Staatsrechtslehrers ist die Regenspurgische Correspondenz in die akademische Bibliothek angeschaft worden. Auch wird eine Fortsezung der bekannten Tübingischen Consiliensammlung folgen.

C. Von der medicinischen Fakultät.

§. 116.

Sie hat 3 Mitglieder, und, ausser den gewöhnlichen akademischen Rechten, das Recht des Exa-

Examens der Wundärzte und Hebammen, wie auch der Apothekervisitation in der obern Hälfte des Herzogthums. Zu ihren öffentlichen, vom jezigen durchl. Herrn Herzog in einen vollkommeneren Zustand versezten, Instituten gehören, I. das anatomische Theater, und die gesammte anatomische Einrichtung. Das Gebäude ist hoch und weit, zum Durchgange des Lichtes und der Luft bequem gelegen, und mit den erforderlichen Zimmern, zur Privatzergliederung, zur öffentlichen Demonstration, zur Aufbehaltung der Präparate, und andern Nothwendigkeiten wohl versehen. Durch die schon vor mehreren Jahren geschehene Aufstellung eines Prosektors, dermalen in der Person D. Johann David August Sigwarts, der sich hierzu, mit herzoglicher Unterstüzung, besonders zu Straßburg und Berlin geschikt gemacht hat, ist dem Lehrer der Anatomie sein Amt zum Vortheil der Studierenden erleichtert, und diesen zugleich zur Erlernung des Handgriffs, wie zur Repetition der Vorlesungen, bessere Gelegenheit verschaft worden. Die Subjekte werden, nach den ernstlichsten herzoglichen Verfügungen, ohne Schwierigkeit, in hinlänglicher Anzahl, brauchbar und unverdorben

bey-

beygeschaft, und sind theils die Körper hingerichteter Missethäter, theils an Krankheit verstorbener Personen aus den Hospitälern und Armenhäusern, wie auch der unehlichen Kinder. Zween bemerkenswerthe Vortheile dabey für die Studierende sind, theils, daß diese zur Privatzergliederung nicht nur einzelne Theile der Subjekte bekommen, und sich Präparate anschaffen, sondern auch für sich ganze Skelete machen und behalten können, theils, daß die öffentliche Demonstrationen der gesammten Anatomie nicht mehr, als anderwärts ein einziger Theil, kosten. S. D. Ge. Friedr. Sigwarts Rede von den Vortheilen und Vorzügen der neuen anatomischen Anstalten auf der hohen Schule zu Tübingen — 1772. 4. Nächst am anatomischen Theater liegt II. das chymische Laboratorium, ein neu aufgeführtes, geraumiges, und mit den nöthigen Zimmern, Oefen, Gefässen und Werkzeugen sehr gut versehenes Gebäude, worinn von Zeit zu Zeit Vorlesungen über die Experimentalchymie angestellt, und die Prozesse in Gegenwart der Zuhörer gemacht werden. Der akademische Senat unterstüzt den Lehrer zur Anschaffung der Materialien mit einem Beytrage, wodurch auch hier den Studierenden die Kosten erleichtert werden. III. Der botanische Garten ist nicht weniger dem akademischen Gebrauch ganz gemäs eingerichtet. Es werden darinn die botanische Vorlesungen gehalten, und die Pflanzen, welche systematisch geordnet sind, den Zuhörern vorgezeigt. Er enthält manche seltne, und besonders eine nicht geringe Anzahl sibirischer, deren Besiz man dem berühmten Joh. Ge. Gmelin zu danken hat. Von seinem Vetter, D. Sam. Gottl. Gmelin, ist nach seiner Zurükkunst eine ansehnliche Bereicherung des Gartens zu hoffen. Eines auserlesenen Naturalienkabinets, womit der hiesige ausserord. Lehrer der Arzneywissenschaft, D. Joh. Friedr. Gmelin das Studium der Naturgeschichte befördert, ist S. 197. gedacht worden. Aus Legalinspektionen Nuzen zu ziehen, giebt es hier öftere Gelegenheit. Dem Stadt- und Amtsphysikus, welcher dermalen zugleich ausserordentlicher Lehrer der Arzneywissenschaft ist, gereicht es immer zum Vergnügen, den Studierenden hierinn seine Dienste zu widmen. Die öffentliche Vorlesungen sind zu Folge des herzoglichen Rezesses vom 20 Märs, 1771. für die im praktischen und theoretischen Fache der Medicin arbeitende Professoren, wie auch für den

Pro-

Professor der Chymie und Botanik so geordnet, daß der erste im ersten halben Jahr die Pathologie, im zweiten die Semiotik, im dritten die allgemeine Therapie, und im vierten die Formuln; der zweite im ersten halben Jahr die Physiologie, im zweiten die Osteologie, im dritten die Institutionen, und im vierten die Materiam chirurgicam, nebst der Lehre von den Operationen; der dritte in den Sommerhalbjahren die Botanik, im ersten Winterhalbjahr die theoretische Chymie, und im zweiten die Pharmakologie, oder über das Würtenbergische Dispensatorium, vorzutragen haben.

D. Von der philosophischen Fakultät.

§. 117.

Sie besteht aus 5 ordentlichen Mitgliedern, aus welchen zugleich der Rektor des akademischen Contubernii, der Ephorus des theologischen Stiftes, der Bibliothekar der Universität, und die Administratoren verschiedener ansehnlicher Stiftungen gewählet werden. Ihre Hauptpensa, worinnen sie auch öffentliche, in einem halben, längstens ganzen, Jahr zu vollendende, Vorlesungen halten, sind, die Logik und Metaphysik, die praktische Philosophie, die Mathemathematik und Naturlehre, die griechische, hebräische und morgenländische Sprachen, und die Geschichte. Die Beredsamkeit und Dichtkunst wird dem hiezu tüchtigsten aus der Fakultät besonders aufgetragen. Dieser hat die Programmen, und andere öffentliche Aufsäze zu verfertigen, besorgt die Censur der Gedichte, und dirigirt die öffentliche Redeübungen. Sehr wichtige neue Institute dabey haben den jezigen durchlauchtigsten Herrn Herzog zum Urheber. Seit 1752. stehet die auf dem hiesigen Bergschlosse neu erbaute Sternwarte, deren gesammte Einrichtung D. Heinrich Wilh. Clemm ausführlich beschrieben hat. S. *Lettre à Mr. Kies sur l'Oservatoire de Tubingue*, 1753. 8. Zum Vortrage der Experimentalnaturlehre ist ein grosser Hörsal im Collegio illustri bequem eingerichtet, und dieser mit einem ansehnlichen Vorrath von Maschinen und Werkzeugen durch die höchste Freygebigkeit Seiner herzogl. Durchlaucht vermehret worden. In jedem Sommerhalbjahr werden, mit kurzer Wiederholung der Theorie, die Experimente nach allen Theilen der Naturlehre, angestellt, und beym Beschluß dieser Vorlesungen die Werkzeuge auf der Sternwarte gezeigt, und ihr Gebrauch gelehret. Eben dieses geschiehet auch bey jeder merkwürdigen Erscheinung am Himmel, die der Lehrer der Mathematik niemals unbeobachtet vorüber gehen läßt. Der Unterricht in den schönen Wissenschaften und Künsten, wie auch die Erklärung der alten klassischen Schriftsteller, vornehmlich der griechischen, ist nach den neuesten herzoglichen Verfügungen besondern Lehrern anvertrauet, deren Beschäftigungen bisher einen guten Fortgang gehabt haben. Mit gleicher höchsten Fürsorge ist der philosophischen, wie der juristischen Fakultät, die Ausbreitung der ökonomischen, Cameral- und Finanzwissenschaften empfohlen worden. Die Magisterwürde, welche alle Jahre im September einer nicht geringen Anzahl von Studierenden, besonders aus dem theologischen Stifte, nach abgelegten öffentlichen Proben ertheilet wird, veranlaßt häufige Disputirübungen. Besonders werden von den Kandidaten unter dem Vorsize eines jeden ordentlichen Professors der Philosophie gedrukte, in sein besonders Fach gehörige, Säze cyklisch vertheidiget. Das Baccalaureat wird gleichfalls alle Jahre im November vermittelst öffentlicher Reden, vom Dekan der Fakultät, als Promotor, und von etlichen Kandidaten feierlich gehalten. Es ist diese Anstalt, wodurch die erste akademische Würde ertheilet wird, und die sich vormals auf alle hier Studierende erstrekte, bey den herzoglichen Stipendiaten bisher zur nicht geringen Aufmunterung im Fleiſſe beybehalten worden.

VI. Vom Unterrichte in den Sprachen, Exercitien, und Künsten.

§. 118.

In Betracht der nachtheiligen Folgen, wenn Studierende zu jung, oder, ohne die nöthige Vorbereitungskenntniſſe, die Univerſität beſuchen, haben Seine herzogliche Durchlaucht, in Rukſicht auf die Landeskinder, durch ein Generalreſkript vom 14. März, 1771. die nöthige Maßregeln dagegen ergriffen. Sollte übrigens ein Studierender in der lateiniſchen, griechiſchen, hebräiſchen Sprache, in andern Theilen der Philologie, wie auch in den philoſophiſchen und mathematiſchen Wiſſenſchaften, zur beſſern Nüzung des akademiſchen Unterrichtes, noch Hülfe nöthig haben, ſo kann er hier ſeine Abſicht auf die vortheilhafteſte Art erreichen. Es giebt, vornehmlich im herzoglichen theologiſchen Stifte, immer eine Anzahl geſchikter Männer, welche größtentheils ſchon die

Magi-

Magisterwürde empfangen haben, und ihre Nebenstunden, gegen ein billiges Honorarium, mit Vergnügen zum verlangten Unterrichte anwenden. Für die französische Sprache ist Franz Anton de Sales, als Lehrer aufgestellt. Die Lehrstellen für die italiänische und englische sind seit einiger Zeit offen, und werden bald wiederum mit tüchtigen Männern besetzt werden. Indessen giebt zugleich in jener gedachter de Sales, und in dieser, privatissime auf Verlangen, der Prof. Schnurrer Unterricht. Unter den Exercitien und Künsten ist die Reitkunst mit vorzüglich guten Anstalten versehen. Seine herzogliche Durchlaucht unterhalten hiezu im hiesigen Marstall eine beträchtliche Anzahl der besten Schulpferde und jungen Pferde. Der herzogliche Stallmeister ist Adolph Christian Bühler, bis zu dessen wirklichen Hieherkunft der Oberbereiter, Christoph Friedrich Kuttler die Lektionen giebt. Die Reitübungen werden Montags, Mittwochs und Freytags den ganzen Vormittag angestellt. An den übrigen Tagen können die Schüler theils die Operationen und Kuren mit ansehen, theils die ersten Anfangsgründe der Roßarzneykunst lernen. Den Geübteren wird

wird auch der Gebrauch der Schulpferde, unter der Aufsicht des Oberbereiters, zu weiteren Uebungen gestattet. In der Tanzkunst unterrichtet Ernst Friedrich Dörr; im Fechten und Voltigiren Johann Ernst Friedrich Giessau; im Ballschlagen und Billardspielen, Georg Friedrich Keller. Im Zeichnen und Mahlen, in der Musik, und andern schönen Künsten, findet man hier geschikte Meister, und überhaupt in der Stadt verschiedene Künstler und Professionisten, die sich auszeichnen, und Studierenden mancherley nüzliche Kenntnisse verschaffen können.

VII. Von den vornehmsten und blühendsten Stiftungen.

A. Vom herzoglichen Collegio illustri.

§. 119.

Ungeachtet bey veränderten Zeiten und Umständen die vormalige besondere Einrichtung (§. 37. u. f.) in demselben nimmer Plaz findet, so ist doch seine Grundverfassung und eigenthümliche Bestimmung bisher immer unverändert geblieben. Noch im gegenwärtigen Jahrhundert haben Prinzen und junge Herren von Stande freye Wohnung, nebst andern Vortheilen darinn gehabt. Des jezt regierenden H. Herzogs Durchlaucht haben dem durchl. Prinzen, Johann Carl Ludwig, von Pfalz-Zweybrüken-Birkenfeld, und verschiedenen Cavaliers, ein gleiches willfahrt, und sind jedesmal geneigt, zur würdigen Erziehung solcher Jünglinge, von denen einst die Glükseligkeit vieler Menschen abhangt, hülfreiche Hände zu bieten, und ihnen in ihrem akademischen Aufenthalt wahre Vortheile zu verschaffen. Das Collegium hat noch seine eigene Gerichtsbarkeit; einen Oberhofmeister; ordentliche Professoren; die oben genannte Maitres, und verschiedene Officianten. Das Gebäude selbst hat von Seiner herzoglichen Durchlaucht vor wenigen Jahren beträchtliche Verbesserungen erhalten, und dient höchstdenselben in dem jedesmaligen hiesigen Aufenthalt zur Wohnung. Es ist zur standesmässigen Erziehung nach allen Theilen eingerichtet, und noch mit einer Bibliothek, einem Ballhause, und Garten versehen. Die Unterhaltung des Instituts geschiehet aus dem herzoglichen Kirchengut, und wird von einem eigenen Verwalter besorgt.

B. Vom herzoglichen theologischen Stifte.

§. 120.

Bald nach der erſten Stiftung, und darauf geſchehenen Erweiterung des Inſtituts, §. 35. u. f. ſind mit demſelben vier Kloſterſchulen des Herzogthums, zwo niedere, zu Blaubeuren und Hirſau (nunmehro an ſtatt der leztern, Denkendorf), und zwo höhere, Bebenhauſen und Maulbronn, zur beſtändigen Erſezung des jährlichen Abgangs der Stipendiaten durch Beförderungen zu wirklichen Aemtern, in Verbindung gekommen. Die gegenwärtige Einrichtung dieſes Stiftes, welches die Erhaltung und Ausbreitung der reinen evangeliſchen Lehre zum Zwek hat, und in Teutſchland in ſeiner Art das einzige iſt, verdienet eine nähere Anzeige.

* H. D. Büſching giebt hievon in ſeiner Erdbeſchreibung kurze Nachrichten. Ausführlichere kommen in den *Actis hiſtorico-eccleſiaſticis* B. II. Th. 10. S. 547. u. f. vor. Die neuere Verbeſſerungen des Inſtituts werden die gegenwärtige Beſchreibung nicht überflüſſig ſeyn laſſen.

§. 121.

Aus den höhern Klöſtern Bebenhauſen und Maulbronn, wechſelsweiſe, werden jährlich die Alumni, wie

wie auch einige aus dem herzoglichen Gymnasio zu Stuttgart, in das Stift befördert, deren Anzahl sich auf 25. bis 30. und darüber belaufen kann. Diese werden gleich nach ihrer Hieherkunft in den Sprachen, der Geschichte, Logik, Arithmetik und Geometrie geprüft, und zu Baccalaureis gemacht. Sie besuchen sodann in den zwey ersten Jahren die Vorlesungen der Professoren der Philosophie, und die wöchentliche Repetitionen der Repetenten, werden von diesen alle Vierteljahre, unter der Aufsicht der Superattendenten und des Ephorus, examinirt und locirt, und empfangen nach ausgehaltenen Prüfungen, abgelegten öffentlichen Proben, auch vorhergehenden lezten Lokation, welche von der philosophischen Fakultät selbst geschiehet, die Magisterwürde.

§. 122.

Hierauf beschäftigen sie sich mit der Theologie, als ihrer Hauptbestimmung, und vollenden bey den Professoren dieser Fakultät den ganzen Cursus in dreyen Jahren. Ihre besondere Uebungen bestehen theils in einem wöchentlichen Examen von den Repetenten, welches der Locus genannt wird, über ein Stük aus der Dogmatik, nach der im eingeführten

Lehr-

Lehrbuche vorkommenden Ordnung, theils in wechselsweisen Predigten nach vorgeschriebenen Texten über jeder Mahlzeit, welche vor der wirklichen Ablegung von dem Repetenten, der die Woche hat, übersehen, und nach derselben vom Ephorus beurtheilt werden, da dann die Ordnung zu predigen einen jeden ungefähr alle sechs Wochen trift.

§. 123.

Nach Verfluß dieser drey Jahre werden sie vom herzoglichen Consistorio zu Stuttgart zum Hauptexamen geruffen. Wenn sie sich hier bey der Probpredigt sowohl als den andern Prüfungen, bewähret haben, so bekommen sie die Erlaubniß zu Ministerialverrichtungen, und werden gewöhnlicher weise alten oder erkrankten Geistlichen des Landes als Vikarien überlassen, oder versehen eine offen gewordene Stelle, bis zu derselben Wiederbesezung. Einige werden als Hofmeister und Privatinformatoren in und ausser dem Herzogthum, auf vorhergegangenes Ansuchen der Principale bey dem herzogl. Consistorio, entlassen. Einige dürfen gelehrte Reisen unternehmen, und geniessen meistens herzogliche Beyhülfe. Ausser diesen
Fällen

Fällen müssen sie sich zur Fortsezung ihrer Studien in das Stift zurük begeben.

§. 124.

Diejenige, die sich durch Wissenschaft, Fleiß und gute Sitten auszeichnen, machen sich der Repetentenstelle fähig. Die Mitglieder dieses Collegii haben die beständige Aufsicht über die Stipendiaten, und versehen ausser den schon bemerkten Verrichtungen, dem wochentlichen theologischen Examen, wie auch den philosophischen und philologischen Repetitionen, die Sonn- und Feiertägliche Gottesdienste in der Hospitalkirche, und vikariren in der Stiftskirche. Sie werden auf diese Stelle von den Vorstehern des Stiftes dem herzoglichen Consistorio vorgeschlagen, und von diesem besonders examinirt und konfirmirt, wie auch durch Tisch, Bequemlichkeit der Wohnung, Gehalt, Hofnung besserer Beförderungen, und andere Vorzüge von den übrigen Stipendiaten unterschieden. Die zween Aelteste, sind nach der gewöhnlichen Ordnung Vikarien zu Stuttgart, und werden von da aus zu geistlichen Aemtern befördert.

§. 125.

Die examinirte Magister, welche sich im Stifte auf-

aufhalten, werden nach ihrer Ordnung Senioren auf den von den Repetenten nicht besezten Stuben. Sie haben daselbst die Aufsicht über die jüngere, und sollen durch eigenen Vorgang, durch Erhaltung der Ordnung und Disciplin, mit den Repetenten gemeinschaftliche Sache machen. Aus ihnen werden zween Schloßprediger und ein Subbibliothekar gewählet, welche vor andern gewisse Vortheile haben. Auf diese Art entsteht ein Corpus von ungefähr 400 Stipendiaten (*), deren etwa die Hälfte immer im Stifte gegenwärtig ist.

(*) Mit jedem Vierteljahr wird ein neues Verzeichniß ihrer Namen abgedrukt. Zum Beweis ihrer gegenwärtigen beträchtlichen Anzahl ist das neueste den Beylagen N. IV. angehängt worden.

§. 126.

Die Vorsteher sind zween Superattendenten, aus der theologischen Fakultät, (dermalen die Professoren, D. Johann Friedrich Cotta, und D. Christoph Friedrich Sartorius,) und ein Ephorus, aus der philosophischen (dermalen der Prof. der Geschichte, Ludwig Joseph Uhland,). Sie machen ein eigenes Collegium, das sogenannte Inspektorat, aus, haben nächst am Stifte ihre Wohnungen, sind

bey

bey den Mahlzeiten und Examinibus der Stipendiaten gegenwärtig, und erstatten ihre Berichte an das herzogliche Consistorium, dem das gesamte Corpus unterworfen ist.

§. 127.

Zur Benachrichtigung der Vorsteher von allem, was etwa gesezwidrig vorgehet, sind Famuli als beständige Censoren aufgestellt, welche auch noch andre, zur äusserlichen Ordnung gehörige, Verrichtungen haben. Diese sind zu Präceptoren und Collaboratoren bestimmet, und haben vielfache Gelegenheit, in den Sprachen und der Philologie einen guten Grund zu legen.

§. 128.

Eine ausführliche Beschreibung des Gebäudes, das in den alten und neuen Bau eingetheilet wird, kommt in *Zellers Merkwürdigkeiten*, S. 203. u. f. vor. Es hat seit der Zeit ansehnliche Verbesserungen von innen und von aussen erhalten. Auf den Winterstuben, worauf ein Repetent, und in Ermanglung dessen ein Senior sein eigenes Kabinet hat, befindet sich eine dem Raum verhältnismässige Anzahl Stipendiaten. Auf den Sommermuseis, wie auch in den Schlafkammern sind nur sehr wenige beysammen.

§. 129.

§. 129.

In Ansehung des Aufstehens und gemeinschaftlichen Gebets, des gemeinschaftlichen Essens, der Besuchung der öffentlichen Gottesdienste, der Lektionen, Repetitionen und Examinum, der Privatstudien, der Musikübungen, der Rekreationsstunden — sind solche Ordnungen vorhanden, wie sie eine so grosse Gesellschaft erfordert, die aus verschiedenen Classen bestehet, und einerley Bestimmung hat. Unter der jetzigen Regierung ist der Zustand des Stiftes in den Jahren 1744. 1750. und 1757. durch herzogliche Kommissarien genau untersucht worden. Es sind darauf neue, auf die gegenwärtige Zeit, eingerichtete Statuten, wie auch Rezesse gegen die Hindernisse in der Gottseligkeit, in den Studien, und in der äussern Einrichtung, zum Vorschein gekommen, und zwar jene zu Stuttgart, 1752. 4. und diese 1757. 4. im Druk erschienen.

§. 130.

Die Vortheile der Stipendiaten sind beträchtlich. Sie geniessen bis zu ihrer wirklichen Bedienstung freye, sehr annehmliche, Kost und Wohnung. In einem

einem grossen Sal, der sogenannten Communität, speisen sie beysammen, und bekommen zum Mittag- und Abendtisch jedesmal drey warme Speisen, nebst Wein. Der Predigt, die über jedem Essen gehalten wird, ist schon oben Meldung geschehen. Nach der Mahlzeit werden einige Verse aus einem Kirchenliede abgesungen. Am Sonntag und Donnerstag wird der Mittagsmahlzeit von dem aus Stipendiaten bestehenden Collegio musico noch Musik beygefügt, welchem ein eigener Rektor vorsteht, und von der Herrschaft nicht nur die Instrumente und Musikalien angeschaft werden, sondern auch noch besondere Ergözlichkeiten ausgesezt sind.

§. 131.

Die Kranke geniessen vorzüglich gute Hülfe und Verpflegung. Ein eigener Physikus, dermalen der ausserord. Prof. D. Carl Philipp Diez, nebst einem Wundarzte — ist am Stifte aufgestellt, und die Herrschaft bezahlt bis auf eine gewisse Summe die Arzney- und Wartkosten.

§. 132.

Unter den neueren Verbesserungsanstalten ist die Einrichtung und Vermehrung der Bibliothek eine der

U wich-

wichtigsten. Seit der lezten herzogl. Visitation 1757. ist der Bibliotheksal erweitert, ein eigener Subbibliothekar bestellt, für ihre jährliche Vermehrung durch bestimmte Einkünfte gesorgt, und die Benuzung derselben zu jeder Zeit den Stipendiaten bequem gemacht worden. Auf ein vom Ephorus unterschriebenes Billet werden die Bücher auch auf die Zimmer abgegeben.

§. 133.

Ein Stipendiat empfangt noch, auffer den herrschaftlichen Beyträgen, zu den Depositions- und Baccalaureatskosten, wie auch zur theologischen Disputation, jährlich an Geld 4 Reichsthaler, nebst Papier, und hat die gewisse Versicherung, nach Maßgabe seiner Brauchbarkeit, ein geistliches Amt in seiner Ordnung zu erhalten. Wenn er von sich vorzüglich gute Hofnung schöpfen läßt, und von eigenen Hülfsmitteln entblößt ist, so macht er sich des Genusses der Guthischen Stiftung würdig, die von dem ehmaligen herzoglichen Kammermeister, Hans Jakob Guth, von Sulz, 1614. testamentlich errichtet, und nach dem Tode seines Sohnes, Ludwigs, 1653. vom Herzog Eberhard III. zur execution gebracht

bracht worden. (a) Sie beträgt, nach einer neueren Einrichtung, jährlich 50 Gulden, und wird von der zur Universitätsvisitation verordneten herzogl. Deputation auf 3 Jahre ertheilet. Es sind noch verschiedene andre Stiftungen (b), für Bürgersöhne gewisser Städte des Herzogthums, für gewisse Familien, für arme Stipendiaten überhaupt, vorhanden, die vom Ephorus administrirt werden.

(a) S. *Memoria rediviva nobilissimorum Guthiorum a Sulz, in Durchhausen*, I. JOHANNIS JACOBI — II. LVDOVICI — *reproducta a* TOB. WAGNERO, *Theol D. & Prof. Univerſitatis Procancellario. Stuttg.* 1657. *fol.*

(b) Die beträchtlichste sind: die Hirschmann-Gomerische Familienstiftung; die Nikolaus Nyslerische, für die Bürgersöhne von Urach; die Zillerische Stiftungen.

§. 134.

Dafür ist jeder Stipendiat dem Landesherrn so verpflichtet, daß er ohne dessen Vorwissen und Einwilligung in keine fremde Dienste treten darf, und auf jede Zurükberufung in sein Vaterland Gehorsam leisten muß. Widrigenfalls, oder auch wenn er Ausschweifungen halber verstossen wird, ist er verbunden, die auf ihn verwandte Kosten zu erstatten. Indessen haben

haben die Regenten Würtenbergs noch keinem die gesuchte Entlassung erschwert, sondern vielmehr die Gelegenheit mit Vergnügen ergriffen, andern Provinzen durch Ueberlassung geschikter junger Männer aus ihren Unterthanen einen angenehmen Dienst zu erweisen. Wie dann das Stift zu allen Zeiten solche hat aufweisen können, die in auswärtigen Diensten ihrem Vaterlande Ehre gemacht haben, unter welchen sich auch verschiedene izt lebende nennen liessen.

§. 135.

Im Stifte genießt noch eine gewisse Anzahl Studierender freye Kost auf 3 Jahre, und bisweilen auch die Wohnung. Sie werden Hospites genannt, und stehen, so lange sie im Stifte sind, unter einerley Gesezen mit den Stipendiaten. Einige, und zwar Theologiä Studiosi, unter welchen auf die Ungarn und Siebenbürger ein besonderes Augenmerk gerichtet wird, wenn ihre Kirchenvorsteher zuvor darum gebeten haben, werden vom herzoglichen Consistorio, andere, aus den übrigen Fakultäten, vom herzogl. Kirchenrathscollegio angenommen. Bisweilen ertheilt der Landesherr unmittelbar diese Gnade.

§. 136.

§. 136.

Das Institut wird mit grossen Kosten aus dem herzoglichen Kirchengut unterhalten, und hat ausser den oben gedachten Vorstehern, dem Physikus — einen Prokurator, der das gesammte Oekonomiewesen verwaltet, einen Controlleur, Köche, nebst verschiedenen Officianten. Durch die persönliche gnädigste Besuche und Aufmunterungen Seiner herzoglichen Durchlaucht in den Jahren 1767. 1770. 1773. ist die Aufnahme desselben ungemein befördert worden.

C. Vom akademischen Contubernio.

§. 137.

Nach dem dreyßigjährigen Kriege, in welchem daselbe seine erste Gestalt gänzlich verlor, (I. Abschn. §. 13. 14.) ist das Gebäude Studierenden aus allen Fakultäten, Landeskindern und Ausländern, zur Wohnung um einen sehr wohlfeilen Preis, unter der Aufsicht eines Rektors, aus der philosophischen Fakultät, gewidmet worden. Sie haben hier zugleich den Vortheil einer wohlfeileren Kost, (s. unten bey den ökonomischen Einrichtungen) indem durch einen jährlichen Fruchtbeytrag aus dem herzoglichen Kirchenrathscollegio der Abgang an dem wochentlichen Kostgelde für jeden Contubernalem dem Rektor ersezt wird. Zwo Familienstiftungen, die Flekische und Crusische, haben in dem Contubernio für ihre Stipendiaten eigene Musea, und bezahlen an daſſelbe die Miethe. Auch inſcribiren hier die neu ankommende Studierende, und bezahlen etwas, wenn ſie nicht ſchon auf einer andern Univerſität geweſen, für die Depoſition, deren Andenken nur bey den aus den Kloſterſchulen hieher beförderten Stipendiaten, ohne die geringſte Divexation, durch Vorzeigung der vorhandenen Reſte aus den Zeiten des Pennaliſmus, und Ertheilung hiſtoriſcher Nachrichten von ihrem Urſprung und vormaligen Gebrauch, wie auch durch eine öffentliche Rede von dem Erſten unter den Kandidaten der Magiſterwürde, in etwas erhalten wird.

D. Vom Martinianiſchen Stifte.

§. 138.

Die erſten Stifter deſſelben waren Georg Hartſeſſer, Decretorum Doktor, der heiligen Kreuzkirche zu Stuttgart Kanonikus und erſter Dechant, und Martin Plantſch, D. und Prof. der Theologie, und Pfarrer an der hieſigen Stiftskirche, (§. 22. S. 39.

39. 40.) daher es auch anfänglich Stipendium St. Martini-Georgianum genannt wurde. Weil aber der Plantschische Beytrag beträchtlicher war, und das Institut erst nach Hartseßers Tode unter Plantschens eigener Aufsicht und Administration, 1518. seine vollkommene Einrichtung bekam, so behielt es nachgehends den Namen Martinianum. Wie das Stift nach und nach eine veränderte Gestalt bekommen, was für Legate und Stiftungen dazu gezogen und demselben inkorporirt worden, wie die alte Wohnung der Stipendiaten verändert, und das jetzige Gebäude, das den Namen des Neuen Baues führet, in der Mitte des vorigen Jahrhunderts aufgerichtet worden, hiervon giebt Zeller in seinen Merkwürdigkeiten, S. 517—528. ausführlichere Nachricht. Die gegenwärtige Einrichtung ist diese:

§. 139.

In dem massiven Gebäude, das von Zeit zu Zeit ansehnliche Verbesserungen erhalten hat, befindet sich eine gewisse Anzahl Stipendiaten (dermalen 16), welche entweder nach dem Familienrechte, oder ex gratia angenommen werden, und 3 Jahre lang unter der Direktion eines Administrators und dreyer Superat-

tendenten, aus den vier Fakultäten, freye Kost und
Wohnung genieſſen. Es ſind darinn 8 wohl eingerichtete Zimmer, nebſt einer ſogenannten Communität, in welcher geſpeiſet wird. Die Stipendiaten
bekommen zum Mittag- und Abendtiſch jedesmal 3
warme Speiſen, nebſt Wein, wofür dem im Hauſe
frey wohnenden Traiteur für jeden wochentlich 2 fl.
48 kr. bezahlt werden. (*a*) Aus ihnen wird von den
Vorſtehern ein ſogenannter **Oekonomus** erwählt,
der über ſie die Aufſicht hat, und beſonders Sorge
tragen muß, daß der Bau zur Nachtzeit geſchloſſen
werde, und ſich alle zu Hauſe befinden. Die alte
Verfaſſung dieſer Geſellſchaft hat ſich zu ihrem Vortheil ſehr verändert, und es ſind in neuern Zeiten gedrukte Geſeze (*b*) vorhanden, nach welchen ſie ſich zu
richten hat.

(*a*) Der Unterſchied der Zeiten läßt ſich daraus abneh-
men, daß D. **Plantſch**, († 1533.) einem jeden,
der 20 fl. ſicherer jährlicher Einkünfte ſtiften würde,
das Recht geſtattet, einen Stipendiaten zu ernennen.

(*b*) Die neueſte ſind: *Statuta ſtipendii Martiniani
eique in. & concorporatorum a. 1752. a Superattendentibus & Adminiſtrature ejus, Godofredo
Daniele Hoffmanno, Jcto, denuo renovata, ſic-
que clementiſſ.ne adprobata, Tub. typis Lafferia-
nis, 4.*

§. 140.

§. 140.

Unter den dem Stifte einverleibten grösseren und kleineren, älteren und neueren, noch vorhandenen und eingegangenen, Stiftungen, ist diejenige die beträchtlichste, welche vom ehmaligen Kammergerichtsprokurator, D. Johann Michael Fikler, zu Speyer, für seine Anverwandte 1586. errichtet worden, und seit 1590. damit verbunden ist. Nicht weniger ist die kleine Bibliothek zu bemerken, die verschiedene schäzbare alte Bücherausgaben und Handschriften enthält, deren der Herr Etatsrath Moser bereits erwähnt hat (a), wie der zu höhern Ehrenstellen beförderten, und zum theil als Schriftsteller berühmten, Männer, welche als Studierende die Vortheile des Stiftes genossen haben (b).

(a) S. *Vitas Professorum Tubingensium, ordinis theologici,* und zwar *Vitam Mart. Plautschii.* Von einem darinn befindlichen alten geschriebenen Kommentar des berühmten Baldus über das Longobardische Lehnrecht, wie auch sehr alten gedrukten Ausgabe desselben s. GOD. DAN. HOFFMANNI *Diss. & Orat. de unico juris feudalis Longobardici libro, Tub.* 1754. 1760. 4

(b) Zu einiger Fortsezung des Verzeichnisses will ich hier folgende nennen, und zwar von verstorbenen: Den Hessendarmstädtischen Kanzler, Wilhelm Ludwig von Maskowsky, den Hessendarmstädtischen geheimen Rath, **Wilhelm Ludwig Stek**, den herzogl. Würt. zur Kammergerichtsvisitation Subdelegirten, und von Chursachsen präsentirten Kammergerichtsassessor, **Moriz David Harpprecht**, den geheimen Rath, **Stephan Christoph Harpprecht**, von Harpprechtstein, (s. S. 151. u. f.) den herzogl. Würt. geheimen Rath, **Conradin Abel**, den herzogl. Würt. geheimen Rath, **Günther Albrecht Renzen**, (s. S. 140.) den Würt. geheimen Rath, **Joh. Ludw. Vischer**, den Würt. Hofkanzler, **Joh. Theod. von Scheffern**, (s. S. 154.) den Tüb. Prof. D. **Joh. Jak. Helfferich**, (s. S. 156.) den Tüb. Prof. und Würt. Leibarzt, D. **Joh. Zeller**, (s. S. 159.) den Tüb. Prof. und Würt. Leibarzt, D. **Burkh. Dav. Mauchart**, (s. S. 163.) Von noch lebenden: den Freyherrn und Kammergerichtsassessor, H. **Joh. Heinr. von Harpprecht**, den kön. preußischen geh. Kriegsrath, H. **Joh. Chr. Wilh. Stek**, den kön. dänischen Etatsrath, H. **Joh. Jak. Moser**, den Markgräfl. Badenschen Hof- und Regierungsrath, H. **Carl Friedr. Gerstlacher**, den herzogl. Würt. geheimen Rath, H. **Albrecht Jak. Bühler**, den Würt. geheimen Rath und Consistorialvicedirektor, H. **Joh. Friedr. Faber**, die Würt. Regierungsräthe, H. **Joh. Andr. Harpprecht**, H. **Friedr. Christoph Wächter**, H. **Ludw. Eberhard Fischer**, H. **Ferd. Wilh. Wekherlen**, H. **Gotthold Stäudlin**, den Würt. Reg.rath und geh. Kabinetssekretär, H. **Rud. Friedr. Stokmayer**; die Tüb. Professoren, **Friedr. Wilh. Tafinger** und **Sixt Jak. Kapff**.

E. Vom

E. Vom Hochmannischen Stifte.

§. 141.

Des Stifters, Johann Hochmanns, Prof. der Rechte, ist im ersten Abschnitte, S. 53. u. f. gedacht worden. Einige Studierende aus seiner Familie haben in einem grossen, 1595. hiezu eingerichteten Gebäude freye Kost und Wohnung, und in deren Ermanglung andre, von welcher Nation sie seyn mögen. Ein Professor aus der philosophischen Fakultät, der darinn die Wohnung hat, und Administrator ist, und drey Superattendenten, aus den übrigen Fakultäten, haben über das Stipendium die Aufsicht. Mit demselben ist das von dem Bürgermeister zu Biberach, D. Gottschalk Glok, 1593. gestiftete Stipendium so verbunden, daß in eben diesem Gebäude, unter eben derselben Aufsicht, einige Studiosi Theologiä aus den Reichsstädten Biberach, Ulm und Eßlingen freye Kost und Wohnung geniessen.

§. 142.

Einer Menge beträchtlicher und minder beträchtlicher Stiftungen könnte noch Erwähnung geschehen, wenn es der gegenwärtigen Absicht gemäs wäre. Sie
sind

sind beynahe alle gewissen Familien gewidmet. Die meisten stehen unter der wirkliche Administration der Universität. Ueber einige hat sie die Oberauffsicht. (*)

(*) H. Etatsrath Moser hat mit Bekanntmachung derselben, wie der Würtenbergischen überhaupt, den Anfang gemacht, in der Sammlung allerley Würtenbergischen Stipendiorum und anderer Stiftungen, Tüb 1732. 8. Einiger wird in dem erläuterten Würtenberg gedacht. Die für hiesige Studierende gestiftete sind, nach den Namen ihrer Stifter, die Bocerische, Boegglinische, Braunische, Breuningische, Brollische, Burkhardische, Crusische, Emhardische, Fabrische, Flekische, Gnotstadische, Grempische, (s. §. 40.) für die Adelichen aus dieser Familie, Hagerische, Helferich=Klemmische, 2 Hillerische, Kellenbenzische, Lauterbachische, verschiedene zum akademischen Lazareth gehörige (s. §. 112.), Pfäffische, Plaz=Hermannische, Reinhardische, Ruoffische, Schöpff=Möglingische, Sigwartische, Strylinische, Veit Müllerische, Weinmannische, Weydenlich=Haugische, Wolff=Siberische, Zeller=Stählinische, Stiftungen.

VIII. Von den Gesezen, welche insonderheit die akademische Disciplin betreffen.

§. 143.

Nicht nur die Beförderung des Fleisses und der Geschiklichkeit, sondern auch der Religion, Tugend,

und

und einer wohlgesitteten Aufführung bey den Studierenden ist zu allen Zeiten das Augenmerk der Regenten Würtenbergs gewesen. Daß des jezt regierenden Herrn Herzogs Durchlaucht durch heilsame Geseze und Verordnungen diese Absicht zu erreichen, sich mit allem Ernst und Nachdruk bemühet haben, ist schon oben angezeigt worden. Den fortgesezten Eifer Seiner Durchlaucht für die Beförderung des wahren Guten und Erhaltung der akademischen Disciplin geben die von Zeit zu Zeit, zum theil in höchster Gegenwart, publicirte, theils neue, theils neu eingeschärfte Geseze zu erkennen. Jedem Studierenden wird bey seiner Immatrikulation ein Exemplar der akademischen Geseze eingehändigt, auf deren Haltung er dem Prorektor an Eidesstatt die Hand giebt. Eine summarische Anzeige ihres Hauptinnhalts, in Rüksicht auf die akademische Disciplin, wird zu meinem Zwek hinlänglich seyn.

I. Die Studiosi sollen sich einer christlichen, honneten und sittsamen Lebensart befleissen, Fleiß in ihren Studien bezeugen, und mit dem Gelde, das sie zu verzehren haben, gute Wirthschaft führen.

II. Vor allen Dingen sollen sie den öffentlichen Gottesdienst fleissig und mit Devotion besuchen, denselben auf keinerley Weise stören, und sich in der wahren evangelischen Religion recht zu gründen suchen.

III.

III. Sie sollen sich für Fluchen und Schwören, für rohen Sitten, leichtsinnigem Bezeugen, üblen Nachreden und unbefugten Urtheilen von Professoren und andern Studiosis hüten; sich der Keuschheit, Mäsigkeit und Sparsamkeit befleissen, und überhaupt alles das beyzeit in Ausübung zu bringen trachten, was die Religion, die Vernunft, und der natürliche Wohlstand erfodern.

IV. Sie sollen sich den Befehlen des Prorektors und Senats willig unterwerfen, und den Professoren überhaupt allen Respekt und Gehorsam bezeugen.

V. Alle Injurien, Thätlichkeiten, Rencontres und Duelle sind bey schwerer Strafe verboten. Schon die Ausfoderung zum Duell wird für eine infame Handlung erklärt, und ist die Strafe der Relegation darauf gesezt, wie auch auf die Annahme der Ausfoderung.

VI. Sie sollen ihren Wirthen keine Beschwerlichkeit verursachen, die Bürger der Stadt bey Tag und bey Nacht ungestört lassen, und besonders von Hochzeiten, wo sie nicht geladen sind, wegbleiben.

VII. Das nächtliche Schwärmen und Schreyen wird mit dem Carcer gestraft, welches man mit Gelde nicht auslösen kann. Wer auf diese Art öfters lärmt, wird relegirt. Wer Thätlichkeiten, besonders gegen die herumgehende Wache ausübt, wird von dieser arretirt, und nach Beschaffenheit der Umstände mit schwerer Strafe angesehen. Es soll auch keiner, ohne einen Nothfall, zur Sommerzeit nach 11 Uhr, und Winterzeit nach 10 Uhr, auf den Strassen sich finden lassen.

VIII. Alle Ausritte, Schmäuse, maskirte Schlittenfarthen, sind bey Carcerstrafe verboten. Auch sollen die Studiosi nicht, um freyer auszuschweifen, die benachbarte Dörfer und Städte besuchen.

IX. Sie

IX. Sie sollen sich alles Schiessens, in und ausserhalb der Stadt, gänzlich enthalten, bey Verlust des Gewehrs, und willkührlicher Strafe.

X. Sie sollen sich ehrbar kleiden, aber den Ueberfluß und allzugrosse Kostbarkeit meiden, auch keine Uniformen, verbotene Wafen und gefährlich verwundende Degen führen.

XI. Alle Ordensgesellschaften, und andre dergleichen Verbindungen sind gänzlich aufgehoben und verboten. Wer sich das erstemal in einem Orden finden läßt, wird mit einem achttägigen, das andremal mit einem 14tägigen Carcer, das drittemal mit dem Consilio abeundi gestraft. Wer dergleichen Zusammenkünfte duldet, und nicht sogleich anzeigt, wird mit schwerer Strafe belegt.

XII. Alle ins Grosse gehende, besonders alle Hazardspiele, sind hoch verboten, und werden das erstemal mit einem Carcer von 8 Tagen, das andremal von 4 Wochen, das drittemal aber mit dem Consilio abeundi gestraft. Die Besizer der Häuser und Gärten, worinnen gespielt wird, sollen solches dem Prorektor sogleich anzeigen.

XIII. Niemand soll einem Studioso über 15 fl. borgen. Auch sollen ihnen die Wirthe keine kostbare Weine und Confekt, wie auch die Kaufleute keine allzukostbare Tücher und Zeuge auf Credit geben. Widrigenfalls sind die Eltern und Pfleger nicht gehalten, solche unnöthige Depensen zu erstatten. Der Studiosus aber hat in diesem Fall seinen Leichtsinn mit dem Carcer zu büssen.

XIV. Einem Studioso, der Schulden halber verklagt wird, soll ein Monat zur Bezahlung angesezt werden. Wenn er nicht bezahlt, wiederum ein Monat. Hierauf wird er incarcerirt, vom Gläubiger aber unterterhalten, und die Sache an seine Eltern, Pfleger, oder Verwandte berichtet. Es soll auch sonst diesen berichtet werden, wenn er allzugrosse und unnöthige Depensen macht.

XV. Die Creditores sollen die Schulden alle halbjahr dem Prorektor anzeigen, bey Verlust derselben. Auch die erlaubte Posten sollen auf diese Art angezeigt werden. Die Eltern und Vormünder aber haben hiefür zu haften.

XVI. Wer einem Studioso Waaren zum Wiederverkaufen giebt, wird gestraft, und verliert die ganze Foderung. Wer dergleichen verdächtige Waaren kauft, soll sie unentgeltlich wiederum herausgeben.

XVII. Daß die Obrigkeit der Stadt auf jedesmaliges Verlangen des Prorektors zur Erhaltung der akademischen Disciplin unverweilte Hülfe verschaffen, und die Bürger sich friedfertig und bescheiden gegen die Studiosos bezeugen sollen, ist schon in den Privilegien ausgedrükt.

IX. Von den Polizeyanstalten.

§. 144.

Bey der natürlichen guten Beschaffenheit und Lage der Stadt §. 2. deren Zustand durch den vereinigten Fleiß ihrer zahlreichen Einwohner blühend ist, fehlt es auch nicht an solchen äusserlichen Einrichtungen, welche auf die Universität einen vortheilhaften Einfluß haben. Die Ordnungen zur Erhaltung der öffentlichen, vornehmlich nächtlichen, Ruhe und Si-
cher-

cherheit, die Feuerordnung, Marktordnung, Fleisch- und Brodtaxe, Maaß und Gewicht, Gassenreinigung, und andre Polizeyanstalten, lassen sich mit den Ordnungen in andern wohl eingerichteten Städten immer in Vergleichung stellen, und die beständige Verbesserung des hiesigen Polizeywesens überhaupt ist ein vorzüglicher Gegenstand der unmittelbaren Fürsorge Seiner herzoglichen Durchlaucht, welche auch zu diesem Ende eine gemeinschaftliche Polizeydeputation von der Universität und der Stadt verordnet haben, deren Bemühungen bisher nicht fruchtlos gewesen sind, und für die Zukunft noch mehrere erwünschte Wirkungen unter höchster Auctorität hoffen lassen. Auch ist schon seit mehreren Jahren der lobenswerthe Anfang gemacht worden, die Wohnhäuser der Stadt, deren Alter kein glänzendes Ansehen vermuthen läßt, nach und nach bequemer einzurichten, und zu verschönern, wie auch die öffentliche Spaziergänge, welchen die Natur eine vorzüglich gute Anlage gegeben, durch die Kunst anmuthiger zu machen.

§. 145.

Schon in der päbstlichen Erektionsbulle heißt Tübingen, Locus insignis & commodis habitationibus

X   plenus,

plenus, in quo victualium omnium maxima copia habetur. Daß dieser reiche, durch mehrere Bevölkerung und Industrie der hiesigen Einwohner und ihrer Nachbarn seit der Zeit vermehrte Vorrath an Nahrungsmitteln einer der wesentlichsten Vortheile für die Universität sey, und, bey guten Polizeyanstalten, eine wohlfeile Lebensart verursachen müsse, wird jeder von selbst erkennen, um so mehr, als die Steuren und Abgaben in Würtenberg, vermöge der Landesverfassung, sehr gemässigt sind, und die akademische Bürger, nach ihren besondern Freyheiten, hierinn noch mehrere Erleichterung haben. Von dieser Seite ist auch die hiesige Universität schon viel zu bekannt, als daß ich hier nöthig hätte, ihre ökonomischen Vorzüge durch gesuchte Anpreisungen zu erhöhen, und andern Universitäten Teutschlandes, wo man nicht weniger wohlfeil leben kann, nahe zu treten. Aus den in der nächsten Abtheilung vorkommenden Preisen der Kost, Hausmiethe, Honorarien u. s. w. wird sich hierüber ein ziemlich genaues und zuverlässiges Urtheil fällen lassen. Selbst zur Zeit der beynahe allgemeinen Theurung und Brodmangels, 1771. 1772. hat kein Studierender Ursache gefunden, über einigen Mangel, oder allzusehr erhöhte Preise der Lebensmit-
tel,

tel, wie an manchen andern Orten, Klage zu führen.

X. Von den zum Studieren, und andern öko-
nomischen Einrichtungen erforderlichen
Kosten.

§. 146.

Ohne ein vollständiges Verzeichniß der, ohnehin veränderlichen, Preise der Viktualien und gangbarsten Waaren zu liefern, werde ich meine Absicht hauptsächlich auf das, was durch die Geseze bestimmt ist, richten, und von den übrigen ökonomischen Stüken die Preise der nöthigsten so weit anzeigen, (*) als es diejenige, welche die hiesige Universität besuchen wollen, in den Stand sezen kann, nach Beschaffenheit ihrer Umstände eine vorläufige Rechnung zu machen.

(*) Den Plan des H. geheimen Justizraths, Püt-
ters, in dem Versuch einer akademischen Gelehrten-
Geschichte der Göttingischen Universität, werde ich
hier vor Augen haben.

§. 147.

Jeder Studierende gelobt nach seiner Ankunft dem Prorektor an Eidesstatt die ihm vorgelesene Punkte, und bezahlt das Inscriptionsgeld mit 3 fl. 15 kr.

auch dem Pedellen 30 kr. Diesem giebt er noch in jedem Vierteljahr, wie auch zum Neujahr, 15 kr. Wenn er noch auf keiner Universität gewesen, so redimirt er überdieß die Deposition bey dem Rektor des akademischen Contubernii mit 3 fl. 15 kr. Erweislich Armen wird das Inscriptionsgeld nachgelassen. Wer ein Vierteljahr von der Universität wegbleibt, muß aufs neue inscribiren, und das halbe Inscriptionsgeld bezahlen. Wer bey der Inscription einen falschen Namen angiebt, ist der akademischen Privilegien und des Inscriptionsgeldes verlustigt.

§. 148.

Die zu entrichtende Honorarien für die Privatvorlesungen betragen, in der theologischen Fakultät: für jedes halbjährige Collegium 3 fl. und wenn es ein ganzes Jahr währt, 6 fl. in der Juristenfakultät: für ein Collegium über die Pandekten, das ein Jahr, und täglich 2 Stunden währt, 18 bis 20 fl. für ein halbjähriges, über die Institutionen, das kanonische, Kirchen- Lehn- Criminal- Provinzialrecht, den gerichtlichen Styl, 8 fl. für ein halbjähriges praktisches Collegium, wie auch über das Staatsrecht, 10 fl. in der medicinischen: ausser 1 fl. für die Inscription

in

in die Matrikel dieser Fakultät, für ein halbjähriges Collegium 6 fl. für ein jähriges, 12 fl. für die Admission zur Anatomie, 9 fl. Wenn die Anzahl der Zuhörer sehr klein ist, so repartiren diese unter sich für ein halbjähriges Collegium, 50. bis 60 fl. und lassen die Summe dem Professor durch einen Abgeordneten überbringen; in der philosophischen: für ein halbjähriges Collegium, 2 fl. über die Experimentalphysik, und jeden Theil der Mathematik, auf das Halbjahr, 1. Dukaten; für ein Collegium Grotianum, auf das Halbjahr, 4 fl. über die teutsche Reichsgeschichte, wie auch die Statistik, halbjährig, 6 fl. Collegia privatissima werden mit 50. 60. und mehreren fl. nach der Verabredung und Beschaffenheit der Umstände bezahlt. Nach den Gesezen sollen alle Honorarien pränumerirt werden.

§. 149.

Der Unterricht in den heutigen Sprachen, wie auch in der Musik, Zeichnen, u. d. g. kostet monathlich, gewöhnlicher weise 3 fl. in der Reitkunst, den ersten Monat, 18 fl. nebst 1 Dukaten beym Antritt, die übrigen Monate, 9 fl. in der Tanzkunst, und Fechtkunst, für den ersten Monat, 1 Dukaten, für die folgenden, 3 fl. im Voltigiren, ein für allemal, 1 Dukaten; im Ballschlagen, monathlich, 1 Dukaten; auf dem Billard, 3 fl. welches auch stundenweise mit 12 kr. bezahlt wird.

§. 150.

Für den Vorsiz bey theologischen, juristischen und medicinischen inauguraldisputationen bezahlt der Respondent, 12 fl. und für die Ausarbeitung, auf jeden Bogen, 3 fl. Wenn dieser selbst Verfasser ist, für die Revision auf den Bogen, 1 fl. Bey Disputationen, die nicht inaugural sind, werden für den Vorsiz 6 fl. und von jedem Bogen 2 fl. entrichtet. Bey philosophischen, 1 Dukat, und wenn der Respondent Verfasser ist, 2 fl. Für cyklische Disputationen wird nichts gegeben.

§. 151.

Zur Erlangung der akademischen Würden sind folgende Promotionskosten angesezt. Ein Licentiat in der theologischen und medicinischen Fakultät, und zwar ein Auswärtiger, bezahlt 89 fl. worunter alle Unkosten begriffen sind, ein Einheimischer, 5 Dukaten weniger; in der juristischen Fakultät ohne Unterschied,

schied, 89 fl. für ein Doktordiplom entrichten Auswärtige und Einheimische 60 fl. Die übrige Unkosten belaufen sich noch auf 15 fl. Die Magisterwürde kostet, alles zusammen genommen, 29 fl. 50 kr. Das Baccalaureat, 6 fl. 5 kr.

§. 152.

In den hiesigen Cottaischen und Bergerischen, schon lange bekannten, Buchhandlungen sind alle Gattungen von Büchern in billigen Preisen zu haben. Von den neuesten aus den Frankfurter und Leipziger Messen, werden alle Halbjahr gedrukte Verzeichnisse gratis mitgetheilt. Mit gebundenen Büchern handelt der Antiquarius, Johann Ulrich Cotta, welcher auch eine Leihbibliothek errichtet hat, deren Gebrauch das ganze Jahr hindurch 6 fl. kostet. Der Disputationshändler, Johann Joachim Eisfeld, verkauft das Alphabet auswärtiger Disputationen für 17 bis 18 kr. Einheimische sind etwas wohlfeiler.

I. Die Buchbinder, deren es hier 12 giebt, halten ungefähr folgende Preise: Ein Band in Pappdekel, mit Papier überzogen, in Octav, kostet 8. 10 bis 12 kr. in Quart 16 bis 20 kr. in Fol. 30 bis 40 kr. Ein Band mit Rük und Eken in Pergament, auch Ueberbeke, in Octav 13 bis 18 kr. in Quart 24 bis 30 kr. in Fol. 50 kr. bis 1 fl. Ein halb

halb Franzband, oder halb englischer Band in Octav 18 bis 24 kr. in Quart, 30 bis 40 kr. in Fol. 1 fl. bis 1 fl. 20 kr. Ein völliger Franzband oder englischer Band, auch gut kälbern pergamentuer, in Octav 30 bis 36 kr. in Quart 48 kr. bis 1 fl. in Fol. 1 fl. 40 kr. bis 2 fl. Es werden hier ordinäre Formate vorausgesezt. Der Preis der andern läßt sich hiernach bestimmen. Ein Titel mit goldnen Buchstaben kostet 3. 4. 6 bis 8 kr.

II. Zur Lesung gelehrter und politischer **Zeitungen** vereinigen sich hier immer so viele Privatgesellschaften, daß ein Studierender mit geringem Aufwande seinen Zwek dabey erreichen kann. Durch das hiesige Postamt werden alle Zeitungen am bequemsten und wohlfeilsten besorgt. Die Stuttgartische politische Zeitung, wovon wöchentlich 3 Blätter ausgegeben werden, kostet jährlich 2 fl.

§. 153.

Disputationen, und andre Schriften, können, nach freyer Wahl, den Schrammischen, Sigmundischen, Reißischen, Fuesischen, Frankischen Buchdrukereyen überlassen werden. Der Druk in Mittelschrift beträgt für das erste Hundert von jedem Bogen 1 fl. 30 kr. in andern Schriften nach Proportion mehr oder weniger. Für den Nachschuß von jedem Hundert 24 kr. Wenn der Buchdruker das Papier giebt, so sezt er für das Ries gemeines Drukpapier an, 1 fl. 20 kr. Schreibzeug, 1 fl. 40 kr. groß Adler

ler Schreibpapier, 2 fl. 30 kr. Postpapier, 4 fl. Das holländische ist um die Hälfte theurer. Durch eigene Beyschaffung des Papiers aus den benachbarten Papiermühlen kann noch etwas gewonnen werden.

§. 154.

In Ansehung der zu vermiethenden Zimmer ist von der Polizeydeputation 1772. ein neues Regulativ abgefaßt worden. Sie sind nach der Verschiedenheit ihrer Lage und übrigen Beschaffenheit in drey Klassen eingetheilt. Der Preis der Miethe von einem Zimmer für ein Jahr steigt von 8 bis 25 fl. wobey aber von Meubles nichts als eine Bettstelle, ein Tisch und 2 Stühle begriffen sind. Mehrere Bequemlichkeit und Meubles werden besonders bezahlt; für ein Bett jährlich 8. 10. 12 bis 15 fl. für die Aufwartung 4 bis 6 fl. Grafen und Cavaliers, mit Hofmeistern und Bedienten, welche mehrere Zimmer nöthig haben, werden hier immer in annehmlichen Preisen Wohnungen finden, die ihren Absichten gemäs sind. Die Miethen müssen ein Vierteljahr zuvor aufgekündet werden. Wer aber unversehens von der Universität abgeruffen wird, darf nur einen Monat bezahlen.

I. Im akademischen Contubernio giebt es Zimmer zu 12. 16 bis 20 fl. Auffer diesem kann man bey verschiedenen Professoren, andern Honoratioribus, und honneten Bürgern wohl eingerichtete Zimmer miethen.

II. Der Universitätspedell, Seeger, hat ein genaues Verzeichniß von allen vermietheten und zu vermiethenden Zimmern, mit ihren Preisen, bey welchem die neu ankommende Studirende dasselbe einsehen, oder voraus nach ihren Wünschen die Bestellung machen können. Eben dieser ist auch gegen billige Belohnung zur Ertheilung andrer verlangten Nachrichten und Besorgung solcher Aufträge durch Briefwechsel bereit, welche gewöhnlicher weise den Professoren nicht zugemuthet werden.

§. 155.

Was die Kost betrift, wenn man ihre gute Qualität mit in Erwägung zieht, so wird man nicht leicht an einem Orte um einen so geringen Preis so gut leben können. Man kann den Mittags- und Abendtisch, oder jenen allein, mit oder ohne Wein, haben, wie man will. Die jezigen Preise der Kost, bey zahlreichen Tischen, ohne Wein, sind folgende: Im akademischen Contubernio bezahlt man für den Mittags- und Abendtisch, wochentlich nur 1 fl. 40 kr. (s. §. 137.) bey einigen Professoren, und andern Honoratioribus für den Mittags- und Abendtisch, wochentlich 2 fl. 40 kr. ɔc.

Auch

Auch giebt es zu 2 fl. 30 kr. 2 fl. und noch geringere. Der Mittagstisch allein wird ungefähr mit 2 Drittheilen bezahlt. In den Wirthshäusern sind einzelne Portionen für 8 bis 12 kr. zu haben.

I. Da der **Wein** hier nicht in die Rechnung genommen worden, so dienet zur Nachricht, daß ein Maaß Nekarweins von annehmlicher Qualität 20 bis 24 kr. kostet. Bessere Weine werden mit 32. 36 bis 48 kr. bezahlt. Diese Preise sind auf die bisherige Fehljahre noch sehr erträglich. Ein einziger recht guter Herbst kann sie auf die Hälfte heruntersezen. Das Würtenbergische Maaß ist eines der größten im Reiche, und enthält 4 Schoppen. Von gutem Bier kostet das Maaß 6 bis 8 kr.

II. **Ausländische Weine**, von allen Gattungen, verkauft der hiesige Handelsmann Lenz, der jüngere; und zwar alten ächten **Rheinwein**, die Bouteille für 54 kr. **Mosler**, 48 kr. **Burgunder**, 54 und 45 kr. **Champagner**, 1 fl. 52 kr. ꝛc.

I. Das Pfund **Caffee** kostet nach der verschiedenen Güte 28. 32. 36. 40 bis 48 kr. Das Pfund **Zuker** 24. 28. 32. 36.—40 ꝛc. kr. Das Pfund **Thee** 2. 3. 4 und mehr fl. Das Pfund **Chocolade**, 1 fl. 1 fl. 30 kr. 2 fl. ꝛc. Das Pfund **Rauchtobak**, vom besten Knaster, 3 fl. andre Sorten, von 20 kr. bis 1 fl. 12. Das Pfund **Schnupftobak**, von 20 kr. bis 1 fl. ꝛc. Das Maaß **Milch** meist 4 kr.

IV. Für **Wäscherlohn** bezahlt man jährlich 10. 12 bis 16 fl. Dem **Peruquier** für tägliches Accomodiren, mit Poudre, 10 bis 12 fl.

V. Der **Holzpreis**, vom Klaster oder Meß Büchenholz steigt von 4 bis 7 fl. Wer gute Wirthschaft füh-

führen will, versieht sich damit vor der Erndte. Das Pfund **Lichter** kostet 15. 16 kr. gegossene, 18. 20 kr. Das Pfund **Baumöl** 24. 28. 36. und mehr kr. nach der verschiedenen Güte.

VI. Die hiesigen Handelsleute nehmen **Wechsel** an, so viel, als ein Studierender, von jeder Condition, immer brauchen wird. Sie führen auch alle zur **Kleidung** nöthige Waaren, und **Galanteriestüke**, in billigen Preisen. An den hiesigen öffentlichen Jahrmärkten, die auf Georgii und Martini fallen, läßt sich manches mit besonderm Vortheil kaufen.

VII. Erlaubte Ergözlichkeiten kann man hier um die wohlfeilsten Preise geniessen. Zum Beyspiel in einem Fall, der öfters vorkommt, mag dienen, daß für ein Miethpferd, sowohl zum Reiten als Fahren, auf den ganzen Tag mehr nicht als 30 kr. bezahlt werden.

§. 156.

Die hiesige **Münze** ist conventionsmässig, und cursirt nach dem 24 fl. Fuß, den Gulden rheinisch zu 60 kr. gerechnet. Unter der Scheidemünze passirt im Würtembergischen kein Kupfergeld. Nach diesem angenommenen Conventionsfuß sind die Goldsorten auf folgenden verhältnißmässigen Werth gesezt worden: der Carolin, wie auch der französische Schild-Louisd'or, der mit 4 Laubthalern in gleichem Werthe steht, auf 11 fl. der vollwichtige Dukat, auf 5 fl. der alte Louisd'or, auf 8 fl. 50 kr. der Maxd'or, auf 7 fl. 20 kr. der Souveraind'or auf 14 fl. 44 kr. ꝛc.

Register.

A.

Abzug, wer davon befreyet, 275.
Aichmann, Martin, 56.
Anatomie, Gebäude und Einrichtung, 288. 289.
Andreä, Jak. 76.
Apianus, Phil. 89.
Archiv der Univ. 283.

B.

Baccalaureat, 293. 294.
Baier, Andreas, 110.
Bakmeister, Joh. 165.
Ballschlagen und Billard, Unterricht darinn, 296.
Bardili, Carl, 112.
Bardili, Burkhard, 133.
Baur, Joh. Jak. 262.
Bebel, Heinrich, 40.
Beringer, Mich. 115.
Bernhard, Christoph David, 181.
Besold, Christoph, 110.
Bestätigung, kaiserl. und herzogl. der akad. Privilegien, 18. 19. erste kaiserl. der Univ. 20. Bestätigungsbrief K. Friedrichs III. unter den Beyl. N. III.
Beurlin, Jak. 76.
Biberstein, Paul, 177.
Bibliothek, akad. verbrennt, 30. eine neue wird errichtet, 73. vermehret, 74. 185. jezige Einrichtung derselben, 282.
Biel, Gabr. eines der nüzlichsten Werkzeuge Gr. Eberhards bey Errichtung der Universität, 73.

Bilfin=

Bilfinger, Georg Bernhard, 166.
Blaurer, Ambr. 50.
Bocer, Heinrich, 110.
Bök, August Friedrich, 264.
Botanischer Garten, 290.
Brassikanus, Joh. 45.
Brenz, Joh. wird nach Tübingen berufen, 57.
Breve, päbstliches, für die medicinische Fakultät in Ansehung der Zergliederung. 16.
Breyer, Joh. Christoph, 242.
Buchbinderlohn, 327. u. f.
Buchdrukereyen, 328.
Buchhandlungen, 327.
Bühler, Adolph Christian, 295.
Bulle, päbstliche Erektionsbulle der Univ. wird ausgefertiget, 15. S. Beil. N. I.
Burgerrecht, akademisches, 274.

C.

Caldenbach, Christoph, 135.
Cameral= und Finanzwesen, Unterricht darinn, 287. 293.
Camerer, Elias Rudolph, 135.
Camerer, Rudolph Jak. 159.
Camerer, Elias, 160.
Camerer, Alexander, 162.
Camerarius, Joach. 49.
Canz, Israel Gottlieb, 169.
Canz, Eberhard Christoph, 193.
Carl, regier. Herzog zu Würt. dessen unsterbliches Verdienst um die Univ. 183. u. f.
Carl Alexander, Herzog zu Würt. dessen Verdienst um die Univ. 139.
Carl Christian Erdmann, Herzog zu Würt. Oels, stud. zu Tüb. 137.
Cellarius, Conr. 116.

Cell,

Cell, Erhardt, (Horn) 101.
Christoph, Herz. zu Würt. macht akad. Verordnungen. 54. vermehrt das theologische Stift mit Stipendiaten. 62. legt den ersten Grund zum Collegio illustri. 64.
Clemm, Heinrich Wilhelm, 221.
Collegium illustre, wird errichtet, 64. die innere Verfassung desselben, 66. Geseze, 67. ist beschlossen, 103. wird eröfnet, 120. jezige Einrichtung desselben, 296. u. f.
Concerte, 281.
Consistorium, akademisches, 271.
Contubernium, akademisches, alte Einrichtung desselben, 24. 25. jeziger Zustand, 309. 310.
Cotta, Joh. Friedrich, 212.
Creiling, Joh Conrad, 173.
Crusius, Martin, 93.

D.

Dekane der Fakult. ihr Amt und Verrichtungen, 270.
Deputati, worinn ihr Amt bestehe, 277.
Deputation, Universitätsvisitations, 278.
Diez, Carl Philipp, 249.
Disputationshandel, 327.
Dörr, Ernst Friedr. 296.
Donnerstag, wozu derselbe bestimmet, 281.
Duvernoy, Joh. Georg, 161.

E.

Eberhard, Gr. des Stifters, Leben und Charakter, 11. u. f.
Eberhard III. Herz. zu Würt. sein Verdienst um die Univ. 121. 122. um das theol. Stift, 63.
Einkünfte, der Univ. erste, 20. 21. veränderte und vermehrte, 276.
Engelhard, Phil. 67.

Enzlin, Matth. 85.
Erbfolgen, akadem. Verfaſſung hiebey, 275. 276.
Exercitienmeiſter, 273.
Experimentalphyſik, Anſtalten zum Unterricht in derſelben, 292.

F.

Faber, Joh. Gottlieb, 206.
Faber, Gottlieb Benjamin, 200.
Fabri, Joh. 112.
Fakultäten, Verfaſſung der theologiſchen, 284. der juriſtiſchen, 286. der mediciniſchen, 287. der philoſophiſchen, 291.
Fechtkunſt, Unterricht darinn, 296.
Ferien, akadem. 280. 281.
Fikler, D. Joh. Mich. 313.
Flayder, Frid. Herm. 115.
Foertſch, Michael, 129.
Forſter, Joh. 95.
Freyheitsbrief, der Univerſität von ihrem Stifter. S. Beil. N. II. Beſtätigung deſſen von Römiſchen Kaiſern, 18. 20.
Friedrich, Herz. zu Würt. macht ſich um das Collegium illuſtre verdient, 65. und als Geſezgeber um die Univ. 56.
Friedrich Carl, Herz. zu Würt. 124.
Friſchlin, Nikod. 97.
Frommann, Joh. Andreas, 151.
Frommann, Joh. Andr. 133.
Frommann, Joh. Ulrich, 144.
Frommann, Joh. Heinrich, 263.
Fuchs, Leonhard, 83.
Fürſt, Vitus von, 41.

G.

Garbitius, Matthias, 92.
Geilfus, Joh. 113.

Gelehr-

Gelehrtengeſchichte, zur Tübingiſchen, gehörige Schriften, 34. 35.
Georg, Gr. von Mömpelgardt, ſtiftet eine Summe Geldes und eine Bibliothek iu das theol. Stipendium. 62.
Gerichtsbarkeit, der Univerſität, bürgerliche, 271. peinliche, 272.
Gerlach, Stephan, 78.
Geſeze, akad. 21. u. f. 56. u. f. 185. u. f. 316. u. f.
Gieſſiu, Joh. Ernſt Friebr. 296.
Gmelin, Joh. Georg, 195.
Gmelin, Phil. Frid. 197.
Gmelin, Samuel Gottlieb, 248.
Gmelin, Joh. Fridrich, 250.
Gottesdienſt, evangeliſcher, 279. für die Katholiken, 279.
Grade, akademiſche, 280.
Graß, Michael, 150.
Grave, Joh. 132.
Gremp, Ludwig, vermacht der Univerſität eine zahlreiche Bücherſammlung, 73.
Gribaldi, Matth. 85.
Grynäus, Sim. 50.
Guth, Hans Jakob, Stifter eines beträchtlichen theol. Stipendii, 306.
Gymnaſium, Stuttgartiſches, 26.

H.

Häberlin, Georg Heinr. 129.
Hafenreffer, Matthias, 80.
Hagmajer, Chriſtian, 145.
Halbritter, Joh. 110.
Hallwachs, Joh. Michael, 176.
Hamberger, Georg, 87.
Harpprecht, Joh. 110.
Harpprecht, Ferdinand Chriſtoph, 132.

Harpprecht, Stephan Christoph, 151.
Harpprecht, Georg Friderich, 153.
Harpprecht, Christian Ferdinand, 192.
Harpprecht, Christoph Frid. 224.
Haug, Joh. Jak. 112.
Helferich, Joh. Jak. 156.
Heinrich, Abt zu Blaubeuren, apostolischer Commissarius bey Errichtung der Universität, 16.
Heerbrand, Jak. 77.
Hiller, Matthäus, 136.
Hiller, Christian Heinrich, 157.
Hizler, Georg, 93.
Hochmann, Joh. 84.
Hochmannisches Stipendium, 315.
Hochstetter, Andr. Adam, 143.
Hofgericht, dessen Nuzen für Studierende, 287.
Hoffmann, Gottfried, 144.
Hoffmann, Daniel, 165.
Hoffmann, Immanuel, 204.
Hoffmann, Gottfr. Daniel, 227.
Hoffmann, Joh. Daniel, 242.
Holland, Georg Jonathan, 267.
Honorarien für Privatstunden, 324. u. f.

J.

Jäger, Joh. Wolfg. 141.
Jäger, Christian Friederich, 247.
Jeremias, Patriarch zu Constantinopel, dessen Briefwechsel mit der Univ. 92.
Johann Carl Ludwig, Prinz von Pfalz-Zweibrük-Birkenfeld studiert zu Tübingen, 187.
Johann Friedrich, Herzog zu Würt. 101. dessen Abzugsrescript, 275.
Jonas, Jak. 95.
Jubelfeierlichkeiten, 117. 123.

K.

K.

Kanzler, deſſen Rechte und Pflichten, 269.
Kapff, Sixt Jak. 240.
Keller, Georg Friedr. 296.
Kies, Johann, 259.
Klemm, Joh. Chriſtian, 148.
Koſten, des Aufenthalts in Tübingen, 323. u. f.
Kraft, Georg Wolfgang, 207.
Kuttler, Chriſtoph Friedrich, 295.

L.

Laboratorium, chymiſches, 185.
Lamparter, Georg, 41.
Lauterbach, Wolfg. Ad. 130.
Lazareth, akademiſches, 283.
Legalinſpektionen, 290.
von Lohenſchiold, Otto Chriſtian, 203.
Ludwig, Herz. zu Würt. macht neue Verordnungen, 56. viſitirt in eigener Perſon die Univ. 55.

M.

Mäſtlin, Mich. 90.
Magirus, Dav. 110.
Magiſterpromotion, jährliche, 293.
Mahlen, Unterricht darinn, 296.
Maichel, Daniel, 172.
Maria Auguſta, Herzogin zu Würt. deren Verdienſt um die Univ. 139.
Martinianiſches Stipendium, 310. u. f.
Mauchart, Burkh. Dav. 163.
Mauchart, David, 200.
Mauritius, Erich, 131.
Mechtildis, Gr. Eberhards Mutter, befördert die Aufrichtung der Freyburgiſchen und Tübingiſchen Univ. 16.
Melanchton, Phil. 42.

Mezger, Ge. Balth. 134.
Mögling, Daniel, 87.
Mögling, Joh. Ludwig, 112.
Mögling, Joh. Ludw. 134.
Mögling, Jak. Dav. 152.
Mögling, Joh. Frieb. 156.
Mögling, Christian Ludwig, 196.
Moser, Joh. Jak. 153.
Moulin, Carl du, 84.
Münze, Cours derselben, 342.
Musik, Unterricht darinn, 296.
Myler, Nikol. von Ehrenbach, 121.

N.

Naturalienkabinet, Gmelinisches, 290.
Naturgeschichte, kommt in Aufnahme, 124.
Naukler, S. Vergenhans.
Neu, Joh. Christian, 175.
Neuffer, Mart. 110.
Neuffer, Joh. Val. 110.
Nikolai, Melch. 107.
Nikolai, Johann, 177.

O.

Oekonomie, akad. deren Verwaltung, 276. 277.
 Unterricht in den ökonomischen Wissenschaften, 293.
Oetinger, Ferdinand Christoph, 198.
Osiander, Andreas, 80.
Osiander, Lukas, 107.
Osiander, Joh. 124.
Osiander, Joh. Ad. 128.
Osiander, Joh. Ad. 178.

P.

Pädagogium, erste Einrichtung, 24. Abnahm und Ende, 25.
Patronatrecht, der Universität, 277.

Pedell, 274.
Pest, zu Tüb. 29. 105. 117.
Pfaff, Joh. Christoph, 143.
Pfaff, Christoph Matthäus, 146.
Pfalzgrafen, von Tübingen, 9.
Phrygio, Paul Constantin, 50.
Planer, Andr. 87.
Plantsch, Mart. 40.
Ploucquet, Gottfried, 251.
Polizeyanstalten, 320. Polizeydeputation, 279. 324. Unterricht in der Polizeywiss. 287.
Pregizer, Joh. Ulrich, 108.
Preise, der gangbarsten Viktualien und Waaren, 341.
Prinzen, Namen und Anzahl derselben, die theils im Collegio illustri, theils auf der Universität studiert haben, 69 — 71.
Privilegien, erste Ausstellung derselben, 17. stehen unter den Beil. N. II. werden jährlich in der Kirche verlesen, 275.
Promotionskosten, 326. 327.
Prorektor, Wahl desselben, 268. Rechte, 270.
Prosektor, bey der Anatomie, 288.

R.

Rauscher, Joh. Martin, 116.
Reformation, wird angefangen, 47. gehindert, 49.
Reitkunst, Unterricht darin, 295.
Restitutionsedikt, 102.
Reuchlin, Joh. (Capnio,) 43.
Reuß, Jeremias Friederich, 209.
Reuß, Christian Friederich, 250.
Rösler, Joh. Eberhard, 171.
Rues, Simeon Friederich, 201.
Rümelin, Martin, 110.

S.

de Sales, Franz Anton, 295.
Sartorius, Christoph Friderich, 219.

Schäffer, Zacharias, 116.
Scheffern, Joh. Theodor, 154.
Schegk, Jak. (Degen), 88.
Schikard, Wilhelm, 113.
Schmid, Heinr. 120.
Schnepf, Erhard, 51.
Schnepf, Theodoricus, 78.
Schnurrer, Christian Friederich, 266.
Schöne Wissenschaften, Vorlesungen darüber, 293.
Schott, Christoph Friederich, 221.
Schöpf, Wolfg. Adam, 155.
Schrekenfuchs, Erasmus Oswald, 95.
Schweder, Gabriel, 149.
Scriptoris, Paul, 38.
Senat, akademischer, woraus er bestehe, 268. Rechte der Senatoren, 270. u. f.
Sekretär, der Univ. dessen Amt, 272.
Seubert, Ludwig Rudolph, 208.
Sichard, Joh. 82.
Sigwart, Joh. Georg, 79.
Sigwart, Georg Friedrich, 243.
Smalkalder, Ludwig Conrad, 226.
Sprachen, Annahme ihrer Lehrer, 273. Unterricht in denselben, 295.
Steinhofer, Joh. Ulrich, 180.
Sternwarte wird erbauet, 184. Einrichtung, 290.
Stewart, ein Ritter aus Schottland, 188.
Stiftungen, verschiedene für die hier Studierende, 307. 316.
Stöffler, Joh. 45.
Summenhard, Gabr. von Calw, 38.
Syndikus, 277.

T.

Tafinger, Friedrich Wilhelm, 238.
Tanzkunst, Unterricht darinn, 296.

Testamente, akadem. Rechte dabey, 275.
Theologisches Stipendium, dessen Stiftung und erste Verfassung, 60. u. f. neueste Verfassung, 298. u. f. jezige Anzahl der Stipendiaten, s. die Beil. N. IV.
Thumm, Theodor, 109.
Tiffernus, Michael, 62.
Tübingen, der Univ. Stiftung und erste Verfassung, 15. u. f. Reformation, 48. u. f. harte Schiksale im 30jährigen Kriege, 102. u. f. völlige Restitution, 105. u. f. bekommt den Namen Eberhardino = Carolina, 189. gegenwärtige Einrichtung, 268. u. f.
Tübingen, der Stadt Ursprung und Alterthum, 6. wird vom K. Heinrich IV. belagert, 6. gesunde und angenehme Lage, 7. kommt an Würtenberg, 9. fällt Gr. Eberhard, dem Stifter der Univ. erblich zu, 10. besiegelt die akad. Privilegien mit dem Stifter, 17. muß starke Abgaben entrichten, 103. Einfall der Franzosen, 124.

U.

Uhland, Ludwig Joseph, 261.
Ulrich, Herz. zu Würt. bekommt das Herzogthum wieder, und führt die evangelische Lehre ein, 47. stiftet das theologische Stipendium, 60. 61.
Varenbüler, Nikol. 83.
Vergenhans, Joh. Vergen, (Naukler) Gr. Eberhards Lehrmeister und Vertrauter, 40. 41.
Vischer, Joh. 86.
Visitationen, der Univ. 54. 55. unter Herz. Eberhard Ludwig, 137. unter Herz. Carl, 184. 185. des theol. Stiftes, 304.
Voltigiren, Unterricht darinn, 296.
Vorlesungen, Eintheilung in öffentliche und besondere, 280.
Vorlesungen, theologische, 284. 285. juristische, 286. 287. medicinische, 290. 291. philosophische und phi-
lol.

lol. 291. 292. Die besondere Vorlesungen kommen nach den Lebensumständen und Schriften einzelner Professoren vor.

W.

Wagner, Tob. 127.
Wahlrecht, freyes, des akadem. Senats, 273.
Weigenmejer, Georg, 95.
Weihenmajer, Joh. Bapt. 115.
Weismann, Christian Eberhard, 147.
Wibel, Joachim, 110.
Widmann, Ambrosius, 58. u. f.
Widmann, Joh. 41.
Wölflin, Christoph, 128.
Wurmser, Joh. 110.
Würden, akademische, 280.

Z.

Zeichnen, Unterricht darinn, 296.
Zeller, Joh. 159.

Beylagen.

N. I.

Pábstliche Erektionsbulle.

IN NOMINE DOMINI AMEN. HEINRICVS permissione divina, Abbas Monasterii in Blaburren, Ordinis Sancti Benedicti, Constanciensis diocesis, Executor & Commissarius ad infra scripta a sancta sede Apostolica vna cum certis nostris in hac parte Collegis: Cum clausula: Quatinus vos vel duo aut vnus vestrum: in subinsertis literis apostolicis apposita specialiter deputatus. Vniversis & singulis has literas visuris lecturis & audituris, presentibus & posteris, ac presertim illi vel illis, quorum interest, intererit aut interesse poterit, & quos nosse fuerit oportunum: Subscriptorum noticiam indubitatam: cum salute in Domino sempiterna. Literas Sanctissimi in Christo patris & domini nostri, domini Sixti, divina providentia Pape Quarti, ejus vera Bulla plumbea in filis Canapi more Romane Curie impendente bullatas, non abrasas, cancellatas vel abolitas, nec in aliqua sua parte suspectas, sed sanas, integras & illesas, omnique prorsus vitio & suspicione carentes, Nobis pro parte Illustris & Generosi domini, domini Eberhardi, Comitis in Wirtemberg & in Montepeligardo, Senioris, in ipsis literis principaliter nominati, alias pridem præsentatas, Nos cum ea qua decuit reverencia

rencia accepisse noveritis, hunc qui sequitur Tenorem de Verbo in Verbum continentes. SIXTVS EPISCOPVS, SERVVS SERVORVM DEI: Dilectis filiis, Abbati in Blaburen & Sancti Martini in Sindelfingen per Prepositum soliti gubernari Monasteriorum ac ecclesie in Herrenberg Prepositis, Constanciensis diocesis, Salutem & apostolicam benedictionem. Copiosus in misericordia dominus, & in cunctis suis gloriosus operibus a quo omnia dona defluunt, ad hoc nobis licet insufficientibus meritis sue sponse vniversalis ecclesie regimen committere, & nostre debilitati iugum apostolice servitutis imponere voluit, ut tamquam de summo vertice montis, ad infima reflectentes intuitum, quod pro huiusmodi illustranda ecclesia ad fidei propagacionem conferat orthodoxe, quod statui quorumlibet fidelium conveniat, prospiciamus attentius, & qualiter a fidelibus ipsis profugatis ignorancie tenebris, illi per donum sapientie in via mandatorum ac domo domini conversari debeant, solertius attendamus, eos ad querendum literarum studia, per que militantis ecclesie respublica geritur, divini nominis ac ejusdem fidei cultus protenditur, omnisque prosperitatis humane conditio augetur, nostre solicitudinis ope apostolicisque favoribus propensius excitemus. Sane pro parte dilecti filii Nobilis Viri Eberhardi Comitis in Werttemberg & Montispeligardi, nobis nuper exhibita peticio continebat, quod in Civitatibus, opidis & locis, suo, ac dilecti filii Nobilis Viri Vlrici eciam Comitis in Werttemberg & Montifpeligardi temporali dominio subiectis, quorum territoria longe lateque ampla existunt & Jncolarum multitudine, ac fructuum ubertate habundant, non est aliqua Vniversitas Studii generalis, ad quam Civitatum, Terrarum, opidorum & locorum hujusmodi & aliorum

rum circumvicinorum locorum Incole volentes in scientiis proficere ad studendum & adiscendum, commode se transferre valeant. Quodque si in opido Tüwingen, Constanciensis diocesis, Provincie Moguntinensis, Loco insigni, & commodis habitacionibus pleno, in quo victualium omnium maxima copia habetur, eius temporali dominio subiecto, prope quod infra duas dictas vulgares non est aliqua universitas studii generalis, erigetur una universitas ipsius studii generalis cuiuscumque facultatis & sciencie, eidemque universitati sic postmodum erecte pro faciliori supportatione onerum & expensarum eiusdem, presertim salariorum illorum, qui Cathedras pro tempore inibi regent, sancti Johannis Baptiste in Brackenhein & sanctorum Philippi & Jacobi in Stetten ac in Asch nec non Ringingen & in Eningen, Wormaciensis & predicte Constanciensis diocesis parrochiales ecclesie, que de iure patronatus, Comitis de Werttemberg pro tempore existentis fore noscuntur, reservata congrua portione pro perpetuis Vicariis, ad presentacionem dicte Vniversitatis instituendis, perpetuo unirentur, annecterentur, & incorporentur, ac in ecclesia Sancti Martini in Sindelfingen dicte Constanciensis diocesis, quam nuper in Collegiatam, ac illius Preposituram dignitatem inibi principalem, & octo Canonicatus, & totidem prebendas ad parrochialem sancti Georgii dicti opidi Tüwingen transferri, & sancti Georgii in Collegiatam cum dicta Prepositura & octo Canonicatibus & totidem prebendis, Sancti Martini vero ecclesiam predictam in Monasterium ordinis sancti Augustini erigi mandavimus, duo Canonicatus & totidem prebende postquam erecti fuerint supprimerentur & extinguerentur, illarumque fructus redditus & proventus pro dote quatuor inibi aliorum Canonicatuum

catuum & totidem prebendarum de novo erigendarum equis porcionibus applicarentur & affignarentur, ac per nos ftatueretur, & ordinaretur, quod ad huiusmodi decem Canonicatus & totidem prebendas qui de dicto iure patronatus exiftunt cum prima vice eos vacare contigerit, & deinde perpetuis futuris temporibus fucceffive viri ecclefiaftici, ad regendas decem Cathedras in eadem univerfitate Studii erigendi ydonei & docti videlicet quatuor magiftri in artibus, quibus dicte quatuor de novo exigende prebende affignarentur, & in eisdem artibus legerent & regerent per dictum Comitem feu dilectam in Chrifto filiam Mechtildem, illius genitricem, ad quam racione dotis fue inprefenciarum prefentacio perfonarum ydonearum, ad Canonicatus & prebendas predictos, cum pro tempore vacant ut afferitur pertinet, & eorum fucceffores in iure patronatus predicto, prefentari, & ad prefentacionem hujusmodi inftitui deberent, exinde predictis & aliorum predictorum locorum circumvicinorum Incolis & habitatoribus volentibus in fciencia proficere, magna comoditas ftudendi pararetur & eorundem ftudentium poftmomodum doctrina & fciencia in Civitatum Terrarum & locorum predictorum regimen, fideique catholice propagacionem quam plurimi fructus provenirent. Quare pro parte dicti Eberhardi Comitis nobis fuit humiliter fupplicatum, ut in prefato opido Tüwingen Studium generale quarumcunque facultatum erigere, ac eidem fic erecto parrochiales ecclefias prefatas perpetuo unire, annectere & incorporare, nec non duos Canonicatus & totidem prebendas eiusdem ecclefie fi opus fuerit fupprimere, ac quatuor alios Canonicatus & totidem prebendas ibidem de novo erigere, illisque fic erectis pro eorum dote fructus redditus & proventus

dicto-

dictorum supprimendorum Canonicatuum & prebendarum equis porcionibus applicare & assignare, & quod ad Canonicatus & prebendas predictos videlicet de novo erigendos quatuor magistri in artibus, ad alios vero alii viri docti & ydonei, qui omnes in predicta ecclesia modo infra scripto residenciam facere teneantur, ad regendas Cathedras predictas, ut prefertur, & non alii presentari debeant statuere & ordinare, ac alias in præmissis oportune providere, de benignitate apostolica dignaremur. Nos igitur, qui dudum inter alia voluimus & ordinavimus, quod petentes beneficia ecclesiastica aliis vniri tenerentur exprimere verum valorem tam beneficii uniendi, quam illius cui uniri peteretur, alioquin vnio non valeret, attendentes quod ex litterarum studio animarum saluti consulitur, insurgentes controversie deciduntur, pax & tranquillitas inter mortales procurantur, licitum ab illicito discernitur, bonis premia & reprobis supplicia dispensantur, & alia tam publica quam privata spiritualia & temporalia commoda mundo proveniunt: Vniversitatis predicte fructuum reddituum & proventuum verum valorem annuum presentibus pro expresso habentes: & ejusdem Comitis laudabile propositum hujusmodi plurimum in domino commendantes: hujusmodi supplicacionibus inclinati, discrecioni vestre per apostolica scripta mandamus, quatinus vos, vel duo, aut unus vestrum si predicta vera compereritis in prefato opido Tüwingen perpetuis futuris temporibus generale Studium cuiuscunque facultatis & sciencie licite auctoritate nostra erigatis, & in illo Cathedras quarumcumque facultatum, nec non Rectorie & alia pro illius prospero & felici regimine necessaria officia dicta auctoritate instituatis, & que propterea utilia & oportuna fore cognoveritis, Constituftitutiones & ftatuta eadem auctoritate ordinetis, nec non dictas parrochiales ecclefias quarum omnium fructus redditus & proventus quinquaginta duarum Marcarum argenti fecundum communem eftimacionem valorem annuum, ut afferitur, non excedunt, refervata tamen congrua portione pro perpetuis Vicariis in illis ad prefentacionem Vniverfitatis dicti Studii inftituendis, de qua fe fuftentare, Epifcopalia iura folvere & alia eis Incumbencia onera perferre commode poffint, eidem menfe univerfitatis predicte, Ita quod cedentibus vel decedentibus ipfarum parrochialium ecclefiarum Rectoribus feu alias parrochiales ecclefias predictas quomodolibet dimittentibus, liceat ex tunc eidem Vniverfitati per fe vel alium feu alios corporalem parrochialium ecclefiarum Juriumque & pertinenciarum predictorum poffeffionem propria auctoritate libere apprehendere, & de earundem parrochialium ecclefiarum fructus redditus & proventus in dicti Studii ufus & vtilitatem ac inibi legentium doctorum falaria convertere & perpetuo retinere, diocefani loci, & cuiusvis alterius licencia fuper hoc minime requifita, prefata auctoritate uniatis incorporetis & annectatis. Nec non duos Canonicatus & totidem prebendas in dicta ecclefia fancti Georgij eadem auctoritate fupprimatis & extinguatis, ac ibidem quatuor alios Canonicatus & quatuor prebendas de novo erigatis, & pro illorum fic erigendorum dote fructus redditus & proventus dictorum fupprimendorum Canonicatuum & prebendarum equis porcionibus applicetis & affignetis. Sic quod ad Canonicatus & prebendas predictos, quociens illos perpetuis futuris temporibus vacare contigerit videlicet ad quatuor de novo erigendos quatuor Magiftri in artibus, qui in eisdem artibus actu legant & regant, ad alios vero Canonicatus & prebendas predictos,

alii

alii viri ecclefiaftici, docti & ydonei ad regendas decem ex hujusmodi Cathedris in eodem Studio perpetuo per dictum Comitem in Werttemberg, & eiusdem Comitis fucceſſores in iure patronatus predicto prefentari & ad prefentaciones hujusmodi in Canonicos dicte ecclefie inftitui, & inftituti Cathedras ipfas regere teneantur, & debeant. Quodque fi ex modernis Canonicis hujusmodi aliqui reperirentur ad legendum & regendum ibidem fufficientes & ydonei, &.onus hujusmodi aſſumere voluerint, ad illud deputentur, prelibata auctoritate ftatuatis & ordinetis. Ac obtinentibus pro tempore dictos Canonicatus & prebendas. Cathedrasque actu regentibus in Vniverfitate predicta, ut quamdiu Cathedras ipfas rexerint, divinis in dicta ecclefia fancti Georgii, in qua funt duodecim perpetui Vicarii divina officia ibidem continue celebrantes & illis infiftentes ratione Canonicatuum & prebendarum predictorum intereſſe non teneantur, nifi quatinus intereſſe tenentur divinis in ecclefia fancti Spiritus Haidelbergenfi, Wormacienfis diocefis, ipfius ecclefie fancti Spiritus Canonici Cathedras regentes in Vniverfitate ftudii Haidelbergenfis, absque eo quod in dicta ecclefia fancti Georgii divinis interfint, feu infiftant eorundem Canonicatuum & prebendarum fructus redditus & proventus eciam pro tribus primis annis, pro quibus novi Canonici iuxta ipfius ecclefie in Sindelfingen Statuta iurata illos non percipiunt, fed partim defuncto Canonico partim fabrice cedunt, cum ea integritate quotidianis diftribucionibus duntaxat exceptis percipere poffint & debeant, cum qua illos perciperent fi in ipfa ecclefia fancti Georgij divinis intereſſent nec ad intereſſendum divinis in dicta ecclefia fancti Georgij alias teneantur aut ad id inviti coarctari valeant, nifi quatinus in ec-

a 5 clefia

clesia sancti Spiritus haidelbergen. eadem auctoritate concedatis, faciatisque eis hujusmodi eorundem decem Canonicatuum & prebendarum fructus redditus proventus & emolimenta quecunque que interesse divinis in eadem ecclesia perciperent integre ministrari, non permittentes eos per Venerabilem Fratrem nostrum Episcopum Constancien. & dilectos filios dicte ecclesie sancti Georgij Capitulum seu quoscumque alios ad interessendum in ipsa ecclesia, compelli, aut alias contra hujusmodi concessionis si illam feceritis tenorem quomodolibet molestari. Et nichilominus si ad effectum premissorum obtinentes parrochiales ecclesias predictas illas resignare voluerint, resignaciones hujusmodi prefata auctoritate recipiatis & admittatis, eisque per vos receptis & admissis eisdem resignantibus, ne ex resignacionibus hujusmodi nimium dispendium paciantur, pensiones annuas de quibus cum eis concordari poterit super fructibus redditibus & proventibus parrochialium ecclesiarum resignatarum hujusmodi eisdem resignantibus quoad vixerint, vel procuratoribus eorum sub penis & censuris ecclesiasticis, ac in terminis & locis per nos statuendis integre persolvendas, aut parrochialium ecclesiarum quas resignaverint, fructus redditus & proventus in toto vel in parte cum libera facultate illos etiam propria auctoritate percipiendi & levandi dicta auctoritate reservetis constituatis & assignetis, facientes pensiones hujusmodi juxta reservacionis constitucionis & assignacionis earundem, si eas fieri contigerit, tenorem effectum persolvi, & non permittentes
minus pensiones seu fru-
per quoscumque im-
auctoritate nostra appella-
obstantibus
priori

priori voluntate noftra predicta ac felicis recorda-
cionis Bonifacii Papæ VIII. predecefforis noftri per
quam hujusmodi conceffiones de fructibus in abfencia percipiendis, fine prefinicione temporis fieri
prohibentur & aliis apoftolicis ac in provincialibus
eciam fynodalibus Conciliis editis generalibus vel
fpecialibus Conftitucionibus & ordinacionibus, nec
non dicte ecclefie fancti Georgii Juramento confir-
macione apoftolica vel quavis alia firmitate robo-
ratis, ftatutis & confuetudinibus contrariis quibuscumque. Eciam fi per ipfos decem Canonicatus
& prebendas pro tempore obtinentes, de illis fervandis & non impetrandis literis contra illa & illis
impetratis feu alias quovismodo conceffis non uten-
do preftare contingeret Juramentum. Aut fi pri-
mam non fecerint in eadem ecclefia fancti Georgij
refidenciam confuetam, feu fi epifcopo prefato a
fede apoftolica fit conceffum vel impofterum conce-
di contingat quod Canonicos ecclefiarum fuarum
Civitatis & diocef. per fubtractionem proventuum
fuorum Canonicatuum & prebendarum compellere
valeant ad refidendum perfonaliter in eisdem, feu
fi Epifcopo & Capitulo prefatis communiter vel divifim a dicta fiu fede indultum vel impofterum
indulgeri contingat, quod Canonicis & perfonis
fuarum ecclefiarum non refidentibus perfonaliter in
eisdem fructus redditus & proventus fuorum Canonicatuum & prebendarum miniftrare in abfencia
minime teneantur, & ad id compelli, aut quod
interdici fufpendi vel excommunicari non poffint
per literas apoftolicas non facientes plenam & ex-
preffam ac de verbo ad verbum de indulto hujusmodi mencionem. Aut fi aliqui fuper provifioni-
bus fibi faciendis de hujusmodi vel aliis beneficiis
ecclefiafticis in illis partibus fpeciales vel generales,
apoftolice fedis vel legatorum ejus literas impetra-
rint.

rint, etiam si per eas ad inhibitionem, refervacionem & decretum vel alias quomodolibet sit processum. Quas quidem literas & processus habitos per easdem ac inde secuta quecumque ad parrochiales ecclesias hujusmodi volumus non extendi sed nullum per hoc eis, quoad assecucionem beneficiorum aliorum prejudicium generari, & quibuslibet aliis privilegiis indulgenciis & literis apostolicis generalibus vel specialibus quorumcunque tenorum existant, per que presentibus non expressa vel totaliter non inserta effectus earum impediri valeat quomodolibet vel differri, & de quibus quorumque totis tenoribus habenda sit in nostris literis mencio specialis. Proviso quod propter unionem annexionem & incorporacionem hujusmodi si fiant, & effectum sortiantur, parrochiales ecclesie predicte debitis non fraudentur obsequiis & animarum cura in eis nullatenus negligatur, sed earum debite supportentur onera consueta. Attente quoque provideatis ne resignacionibus hujusmodi si fiant ex parte Rectorum dictarum parrochialium ecclesiarum & universitatis predictorum aliqua pravitas interveniat seu eciam corruptela. Nos eciam si erectionem unionem annexionem & incorporacionem ac alia premissa vigore presencium fieri contigerit, ut presertur, pro tempore existente Prepositum dicte ecclesie Sancti Georgii ejusdem Studii Cancellarium perpetuis futuris temporibus apostolica auctoritate facimus creamus constituimus & deputamus, ac illos quos primo diligenti examine & servatis servandis ydonei reperti fuerint ad Bacallariatus licencie Magisterii & doctoratus aliosque gradus quoscumque in Theologia utroque jure artibus quoque & medicina cum solita insigniorum exhibicione, servata tamen Constitucione Viennensis Concilii super hoc edita in universitate predicta dunta-

duntaxat promovendi, & eis fic promotis ut Kathedras regere legere docere & alios actus pertinentes ad gradus ad quos promoti fuerint, facere poflint & valeant concedendi, & generaliter omnia alia & fingula que Archidyaconus ecclefie Bononienfis in Vniverfitate Studij Bononien. facere & exercere quomodolibet poteft ex apoftolica concefsione ftatuto vel confuetudine faciendi exercendi prefencium tenore auctoritate apoftolica concedimus facultatem, ac volumus & Vniverfitati ejusdem fic erigendi Studii, nec non illiu; pro tempore Rectori ac doctoribus Scolaribus & perfonis, qui pro tempore erunt ac illis quos ad gradus quoscumque inibi promoveri contigerit, ut omnibus & fingulis privilegiis immunitatibus graciis favoribus exempcionibus concellionibus & indultis tam de jure communi quam ex conceffionibus apoftolicis & imperialibus aut alias quomodolibet in genere vel in fpecie quibuscumque aliorum quorumcunque ftudiorum generalium Vniverfitatibus & illarum Rectoribus doctoribus Scolaribus & perfonis, ac promotis pro tempore in eisdem conceflis & concedendis & quibus illi pociuntur & gaudent ac uti & gaudere poterunt quomodolibet in futurum uti potiri & gaudere poffint & debeant in omnibus & per omnia perinde ac fi illa eisdem Vniverfitati erigendi Studii & illius Rectori doctoribus Scolaribus & perfonis in illa pro tempore promotis fpecialiter & nominatim concella forent auctoritate apoftolica tenore prefencium indulgemus. Et infuper ex nunc irritum decernimus & inane fi fecus fuper hys a quoquam quavis auctoritate fcienter vel ignoranter contigerit attemptari. Datum Rome apud fanctum petrum Anno Incarnacionis dominice millefimo quadringentefimo feptuagefimo fexto. Id. Novembris pontificatus noftri Anno fexto. Post

QVA-

QVARVM QVIDEM, LITERARVM APOSTOLI-
CARVM prefentacionem acceptionem & diligentem infpectionem pro parte prefati domini Comitis Eberhardi ut prefertur principaliter in eisdem nominati, quatinus ad earum & in eis contentorum nobisque commiſſorum debitam execucionem, iuxta traditam nobis inibi formam procedere dignaremur debita extitimus precum inſtancia requifiti. Nos vero Hainricus Abbas Executor & Commiſſarius predictus, Superiorum noſtrorum & potiſſime apoſtolicis mandatis, reverenter ficut tenemur, obedire, cauteque & rite in commiſſi nobis negocii execucione procedere volentes ut nulli intereſſe habenti vel pretendenti in fuo videremur iure preiudicare, omnes & fingulos cuiuscumque dignitatis gradus ſtatus vel preeminencie fuerint, fua communiter vel divifim hac in parte intereſſe putantes in genere vel in fpecie, ad comparendum coram nobis in loco ad hoc deputato, & ad videndum & audiendum nos de expofitis narratis & contentis in dictis literis apoſtolicis eorumque circumſtanciis fingulis diligenter informari, & hujusmodi informacione accepta & habita, veritateque narratorum hujusmodi quantum fufficere videretur comperta, deinde ad execucionem apoſtolice commiſſionis fervata forma nobis tradita rite per nos procedi, vel ad dicendum & allegandum quicquid in contrarium eorum racionabiliter dicere proponere & allegare vellent ac valerent, in locis quibus videbatur expedire per patentes noſtras literas citari & vocari fecimus atque citavimus in certum terminum competentem peremptorium cum certificacione quod eis vel alio legitimo oppofitore & contradictore non comparente aut comparente nil tamen racionabilis in contrarium premiſſorum dicente vel allegante, Nos nichilominus ad debitam

tam execucionem dicti nobis commiffi negocii fervatis fervandis procul dubio procedere non obmitteremus Citatorum abfencia feu contumacia in aliquo non obftante. In quo quidem Citacionis termino Citatione ipfa rite & legitime executa una cum executione debita a tergo feriatim notata, coram nobis pro parte memorati domini Comitis Eberhardi realiter reproducta, atque Citatorum non comparencium contumacia accufata. Nos merito eosdem prout debuimus, reputavimus contumaces, nullo prorfus alias contradictore apparente legitimo vel oppofitore. Ceterum quatinus amplius ad execucionem hujusmodi commiffionis nobis facte iuxta illius vim formam & tenorem rite procederemus debita fumus inftancia requifiti. Nos ITAQVE Judex & Commiffarius fepe dictus vigore claufule fupradicte de veritate Narratorum in pre‑ infertis literis apoftolicis deductorum follerti noftra fuper hys inquificione previa teftimoniis fide dignis fufficienter informati atque edocti, ad hujusmodi nobis Commifforum execucionem & expeditionem debitas duximus procedendum & proceffimus, negociumque ipfum noftris pronunciacione decreto & declaracione de Jurifperitorum confilio & affenfu, in fcriptis terminavimus in hunc qui fubfcriptus eft modum. CHRISTI NOMINE INVOCATO. QVIA vifis diligenterque perpenfis coram Nobis in prefenti negocio deductis Narratorum in fupra inferta Commiffione apoftolica veritatem comperimus indubitatam, iccirco ad hujusmodi nobis hac in parte Commifforum debitam execucionem humiliter procedere volentes ficuti tenemus de Jurifperitorum confilio nobis fuper hoc communicato, auctoritate apoftolica decernimus, declaramus & in hys fcriptis pronunciamus in Opido Tüwingen in preinfertis literis apoftolicis

nomi‑

nominato perpetuis futuris temporibus generale
ftudium cujuscunque facultatis & fciencie licite
erigi poffe & debere atque eadem auctoritate erigimus & in illo Cathedras quarumcunque facultatum nec non Rectorie & alia pro illius profpero &
felici regimine neceffaria officia inftituimus, ac
Conftituciones & ftatuta melius vifa expedire edenda efie decernimus. Ecclefias denique parrochiales fancti Johannis Baptifte in Brackenhain, Sanctorum Philippi & Jacobi in Stetten Wormacien.
ac in Afch nec non Ringingen & in Eningen Con-
ftan. diocefum cum omnibus fuis Juribus & perti-
nenciis prefate fic in Tüwingen erecte Vniverfitati
pro faciliori onerum & expenfarum ejusdem pre-
fertim fallariorum illorum qui Cathedras pro tempore inibi regunt fupportacione, quorum intereft
accurrente confenfu, ac prefencium tenore in dei
nomine unimus annectimus & incorporamus earumque omnium & fingularum fructus redditus &
proventus memorate univerfitati & in illa regentibus & legentibus perpetuo appropriamus, volentes & prefentibus ftatuentes quod cedentibus
vel decedentibus ipfarum parrochialium ecclefiarum Rectoribus feu alias illas Ecclefias quomodolibet dimittentibus liceat ex tunc eidem Vniverfitati per fe vel alium feu alios, corporalem parrochialium ecclefiarum Juriumque & pertinenciarum
earundem poffeffionem propria auctoritate libere
apprehendere, & ipfarum parrochialium ecclefiarum fructus redditus & proventus in dicte Vniverfitatis ufus & utilitatem convertere & perpetuo
retinere diocefani loci & cujusvis alterius licencia
fuper hoc minime requifita. Vt autem predicte
parrochiales ecclefie debitis non fraudentur obfe-
quiis & animarum cura in illis non negligatur, re-
fervari & affignari volumus ac potentes auctoritate

apo-

apoftolica refervamus & affignamus Vicariis perpetuis pro tempore dictarum ecclefiarum juxta cujusvis ecclefie habitudines & circumftancias porcionem congruam, unde fe fuftentare, Jura epifcopalia folvere, & alia fibi ratione illius ecclefie incumbencia onera commode fupportare queant & eorum quilibet queat atque poffit. Quodque inter octo Canonicatus & prebendas quos pridem dicta auctoritate de ecclefia Sancti Martini in Sindelfingen in ecclefiam parrochialem fancti Georgii in fupra tactum opidum Tüwing. transtulimus, duo Canonicatus & totidem prebende in eadem ecclefia parrochiali fupprimendi fint & extinguendi quos ut fic dum illos vacare quomodolibet contigerit pro nunc prout ex tunc, & ex tunc prout ex nunc extinguimus & fupprimimus, & ex hys quatuor alios Canonicatus, & quatuor prebendas de novo erigimus, ac pro illorum ut fic erigendorum Canonicatuum & prebendarum dote, fructus redditus & proventus dictorum fuppreflorum Canonicatuum & prebendarum equis porcionibus applicamus & affignamus, fic quod ad Canonicatus & prebendas predictos quociens illos perpetuis futuris temporibus vacare contigerit, videlicet ad quatuor de novo erigendos ac quomodolibet erectos, quatuor magiftri in artibus qui in eisdem artibus actu legant & regant, ad alios vero fex Canonicatus & prebendas predictos alii viri ecclefiaftici docti & ydonei, ad regendas decem ex hujusmodi Cathedris in eodem Studio per Illuftriffimam dominam Mechtildem Archiduciffam Auftrie &c. ratione dotis fue quoad vixerit & deinde perpetuo per dictum dominum Comitem in Wirtemberg & illius Succeffores in Jure patronatus predicto prefentari & ad prefentationem hujusmodi in Canonicos dicte ecclefie inftitui & inftituti Cathedras ipfas regere teneanneantur & debeant, ac obtinentibus pro tempore dictos Canonicatus & prebendas Cathedrasque actu regentibus in Vniversitate predicta, ut quamdiu Cathedras ipsas rexerint, divinis in dicta ecclesia sancti Georgii in qua sunt duodecim perpetui Vicarii deputati divina officia ibidem celebrantes, & illis insistentes racione Canonicatuum & prebendarum predictorum interesse non teneantur, nisi quatinus interesse tenentur divinis in ecclesia sancti Spiritus haidelbergen. Wormacien. dioc. ipsius ecclesie sancti Spiritus Canonici Cathedras regentes in Vniversitate Studii haidelbergen. absque eo quod in dicta ecclesia sancti Georgii divinis intersint seu insistant eorundem Canonicatuum & prebendarum fructus redditus & proventus eciam pro tribus primis annis pro quibus novi Canonici juxta ipsius ecclesie in Sindelfingen statuta jurata, illos non percipiunt, sed partim defuncto Canonico, partim fabrice cedunt, cum ea integritate quotidianis distribucionibus dumtaxat exceptis, percipere possint & debeant atque percipiant, cum qua illos perciperent si in ipsa ecclesia sancti Georgii divinis interesent, nec ad interessendum divinis in dicta ecclesia sancti Georgii alias teneantur aut ad id invicti coarctari valeant nisi quatinus in ecclesia sancti Spiritus haidelbergen. eadem auctoritate concedimus. Volentes & statuentes eis hujusmodi suorum decem Canonicatuum & prebendarum fructus redditus proventus, ac emolimenta quecunque que si interessent divinis in eadem ecclesia perciperent, integre ministrari debere, ordinaria & cujusvis alterius molestacione in hys & causa ea cessante & semota. Et nichilominus si ad effectum premissorum resignaciones parrochialium ecclesiarum predictarum in favorem vnionis annexionis & incorporacionis de quibus in apostolicis literis mencionatur juxta & secundum earundem

dem vim formam & tenorem faɛte fuerint, ac per nos accepte & admiſſe, unionem annexionem & incorporacionem hujusmodi effeɛtum fortitas eſſe, in robore debito exiſtere fcilicet auɛtoritate apoſto-lica nobis commiſſa ex nunc prout ex tunc de-claramus, atque cuilibet refignancium earundem penfionem annuam de qua concordatum fuerit fuper fruɛtibus redditibus & proventibus parro-chialium ecclefiarum refignatarum hujusmodi, quoad vixerit vel illius legitimo procuratori ſub penis & cenfuris ecclefiaſticis ac in terminis & locis ſtatuendis integre perfolvendam pari auɛto-ritate refervamus conſtituimus & aſſignamus. Volentes penfionem & penfiones hujusmodi iuxta refervacionis &· aſlignacionis earundem ſi eas fie-ri contigerit tenorem efficaciter perfolvi. Refer-vatis defuper mandatis & proceſſibus in Contradi-ɛtores diɛta auɛtoritate apoſtolica fulminandis fu-per quibus difponendi ordinanɖi faciendi & exe-quendi ſi & prout temporis traɛtu videbitur opor-tunum & expedire nobis poteſtatem omnimodam plenamque facultatem ex nunc falvamus & retine-mus. Refervantes etiam nobis & refervata eſſe volentes omnia & fingula alias in preinfertis literis apoſtolicis nobis quomodolibet conceſſa, & prefer-tim facultatem nobis ſtatuendi & ſtatuta faciendi datam & conceſſam de quibus cum & ubi oportu-num vifum fuerit preſtante domino fepe diɛta.au-ɛtoritate execucionem debitam faciemus. Non ob-ſtante in premiſſis omnibus & fingulis que fupradi-ɛtus dominus noſter Papa hac in parte fuis literis voluit non obſtare, adhibitis & fervatis in hys & circa ea folennitatibus & cautelis de iure in talibus obfervari conſuetis & adhibendis, decernentes prout dictus dominus noſter papa decrevit irritum & ina ne ſi fecus fuper hys a quoquam quavis auɛtoritate ſcienter vel ignoranter contigerit. attemptari.

In

IN QVORVM OMNIVM ET SINGVLORVM fidem & testimonium premissorum presentes literas sive presens publicum Instrumentum hujusmodi nostram sentenciam & decretum aliaque premissa in se continens, exinde fieri & per Notarios publicos Scribasque nostros infra notatos subscribi & publicari ac Sigilli nostri Abbacialis jussimus & fecimus appensione communiri. Lecta lata & in scriptis promulgata fuit hec nostra sentencia sive hoc nostrum decretum in Opido Vrach Anno Domini millesimo quadringentesimo septuagesimo septimo, Pontificatus sanctissimi in Christo patris & domini nostri domini Sixti divina providencia pape quarti predicti, Indictione decima, die vero Martis Mensis Marcii undecima hora fere meridiei, presentibus tunc ibidem venerabilibus & religiosis honorabilibusque Viris ac patribus Domino Bernhardo Abbate in Bebenhusen Cistercien. domino Alberchto priore domus Bonilapidis Cartusien. ordinum, nec non dominis Johanne Tegen preposito, Magistro Conrado Menckler de Mönchingen, sacre theologie, Magistro Johanne Heckbach, in Sindelfingen Canonicis, Johanne & Ludwico Vergenhauns fratribus ecclesiarum parrochialium in Brackenheyn & Kircheyn sub Tegk, Wormacien. & Constan. dioc. Rectoribus, Luca Spetzhart Arcium & medicine, ac super Illustris principis & domine domine Mechtild Archiducisse Austrie &c. phisico, Doctoribus, Magistro Johanne Tesener professo Monasterii nostri Blaburren Sacre Theologie Bacallario formato, magistro Georgio Schriber Rectore ecclesie in Asch. Jodoco meder de wyla Civitate Imperiali & Conrado Woldan de Teffingen Capellanis in Sindelfingen, nec non strenuo & valido domino Johanne Spaet de Estetten milite, layco Constancien. dioc. predicte, Testibus ad premissa vocatis rogatis & debita precum instancia requisitis.

Et

Et Ego Mathias Horn de Eltingen Clericus Spiren. dioc. Sacra Imperiali auctoritate Notarius publicus prothonotarius opidi Vrach, ac Commissarius Curie Constancien. causarum matrimonialium in & circa opidum prefatum, generalis, Juratus, quia dictarum literarum apostolicarum præsentationis accepcioni, Citacionis emittende decreto, & reproductioni eiusdem, Contumacie absencium accusacioni, Conclusioni, pronunciacioni, omnibusque aliis & singulis dum sicuti premittitur fierent & agerentur una cum domino Notario & testibus sub & prescriptis presens fui, illa sic fieri videndo & audiendo. Iccirco hoc presens publicum decreti Instrumentum ad ipsius Executoris & domini Commissarii prescripti mandatum adiutorio domini Gregorii Maij Notarij subscripti de premissis contextum & in hanc publicam formam redactum manu mea propria exaravi Signoque & nomine meis solitis & consuetis signavi & roboravi in fidem & testimonium omnium & singulorum premissorum ad hoc vocatus rogatus pariter & requisitus.

b 3   Ego

Ego quoque Gregorius Majſ de Tuwingen Clericus Conſtan. dioc. Sacra Imperiali auctoritate Notarius publicus & Curie Conſtan. cauſarum Matrimonialium Commiſſarius generalis. Quia ſupra inſertarum literarum apoſtolicarum porrectioni accepcioni, Citacionis emittende decreto, ac reproductioni ejusdem Contumacie abſentium accuſationi, concluſioni, pronunciacioni aliisque omnibus & ſingulis dum ſicut preſcriptumeſt, fierent, una cum predictis teſtibus & Notario ad hec correquiſito preſens fui, ea ſic fieri videndo & audiendo. Quamobrem hoc preſens publicum decreti Inſtrumentum poſt ipſius Domini Commiſſarii mandatum, coadiuvante Domino Mathia Horn Notario memorato manu eiusdem ſcriptum exinde confeci, & in hanc formam publicam redegi, ſignoque & nomine meis ſolitis ſignavi & communivi In robur & fidem omnium & ſingulorum premiſſorum rogatus & debite requiſitus.

Sigillum appenſum vid. Tab. I. Fig. I.

N. II.

N. II.

Gr. Eberhards ertheilter Freyheits-brief.

Wir Eberhart Grave zu Wirtemberg vnd zu Mümppelgart 2c. der elter. Bekennen vnd tuen kunt Offenbar Allermenyichem mit diesem brieff für vns vnd alle vnsr erben vnnd Nachkomen. Diewyl vnd wir von sonndern gnaden des Oewigenn almechtigen gots vnsers schöpfers, von gepurt vnd sust mit zyttlicher Mechtigkeit lands vnd luts die zu Regieren vnd zuúersenhen Hochgebornn begaubt sint, so ist In vns wolerkantnus das wir siner Almechtikeit dest mer schuldig werden an der Rechnung vnnsers Ampts dartzulegen vnd zubetzaln, vnd doch durch Blödikeit, menschlicher Natur geprüchlich, vnd Sümig, an den gebotten desselben Oewigen gots offt erfunden werden, Demselben nach, vns billich gepürte nach vnterteniger erkantnus mit demütigem Hertzen, So gröst wir mögen, vnser schuld abzulegen, vnd nach Crefften denselben vnsern owigen got, vnd schöpffer gegen vns In Barmhertzickeit zu ermiltern, dem zu fürderüng, vnd ouch damit wir der Hochgelopten Himelkönigin vnd Junckfrow Maria der mutter gottes vnnd allen In got gehailigten wolgevallen, vnd der gantzen Cristenheit trost Hilff vnd macht, wider die Vind vnnsers gloubens, vnüberwintlich geberen. Dardurch wir dann nit münder Hoffen, allen vnsern vorfarn vnd nachkomen selich Heil ouch zu büwen, vnd vnsr gantzen Herschafft wirtemberg, lob ere vnd nütz zuerwerben ouch vßwendig scheden, den die vnsern vnd vnsr zugewandten bißher vilfältig gelitten haben zuverhüten. So haben wir In der guten meynúng, Helffen zu

b 4   graben

graben den brunen des lebens, darus von allen enden der welt vnersichlich geschöpfft mag werden, trostlich vnd Hailsam wyßheit zu erlöschung des verderplichen fürs Menschlicher vnvernunfft vnd Blintheit, vns vsserwelt vnd fürgenomen ain Hoch gemain schul Vniuersitet, In vnser stat Tůwingen zu stifften vnd vffzurichten, die dann von dem Hailigen stul zu Rom mit Bäpstlicher vnd volkomenlicher fürsenhung begaubt, vnd dartzu mit gnug notdürfftigen gepürlichen vnd erbern stattuten zu halten angesenhen ist. Daruff wir dann geraißt werden vnsr sonderlich gnad vnd fryhait dartzu auch zugeben. Als wir dann das für vns vnsr erben vnd nachkomen tuen In mäßen wie hernach volgt. Zum ersten, wollend wir alle maister vnd studenten, die ietzo Hie In vnserm studio zu Tůwingen sind, oder Hienach komen, vnd alle die Hinweg ziehen, In was stants wird oder wesens die sÿen, In allen vnsern landen, stetten dörffern vnd gebieten schirmen vnd hanthaben In allen den gnaden vnd fryhaiten rechten vnd gewohnheiten, wie die In gemein oder Insonderheit von den gaistlichen, oder kaiserlichen rechten den meistern vnd studenten gnedicklich geben syen vnd verlihen, In allem fug als ob solich gnad, fryheit vnd recht wie vorgemelt ist, Her Inn all, vnd yeglichs Insonderheit, von wort zu wort, gantz aigentlichen verschriben vnd begriffen were. Doch die nachuolgenden Artickel sollen verstanden vnd gehalten werden Nach Irem Innhalt wie die begriffen sint. Wir Niemant ouch In vnsern vnsr Nachkomen vnd erben sunderlichen schirm vnd behüttung all doctor Maister vnd studenten die ietzo Hie sind, Hienachkomen mögen oder Hinwegziehend, deßhalben gebietten wir Ernstlichest so wir mögen, allen vnsern vnderthon, edeln, vnd vnedeln, vögten schulthaisen, Bürgermeistern Bürgern, geburen vnd allen die vns zugehörend oder In vnsern landen wonen oder wand-
len,

len, das! Jr beheiner kein meister Noch studenten die Hie sind oder Herkomen oder Hinweg ziehen Jn vnserm land de Heinerley vnbillich gewalt schand schmachheit, leid, letzung, oder Vnrecht, Mißhandlung oder übels tue oder zufüg, durch sich selbs, oder ander, oder schaff, geschenhen werden, an lyb, an gut, an glimpff oder an ere Jn welcher Wys oder mäß das sin mog, Heimlich oder offentlich, sonder das nit gestat, von Jemandts gescheen, als üer er davor gesin möge, alles one geverd, vnd wer der oder die werent die solich Vnsr gebott brechen oder überfüren die oder der sollend zu stund vnsr Huld verloren Haben vnd dartzu Hundert guldin die vns zu pene gevallen sollend, zu der pene, die er ouch sust verloren, Het, Nach der statt recht zu Tůwingen, vnd dannocht nit minder sol derselb, oder die also vnser gebott übertretten, dem derselb schad oder schmacheit gescheen were, ouch bessern Nach dem rechten vnd gantz ablegen. Ueber soliches vnd anders so doctor Meister oder studenten zeschaffen gewynnen mit den vnsern sollen ouch vnsr amptlüt Jn vnser stat Tůwingen oder an andern enden da sich gepürt Jn vnsern landen zu stund kurz vßtreeglich recht sprechen, on alles vertzichen vnd vffschieben, als bald sie solliches vernemen, oder Jn surbraucht würdt von wem das syn by vnsern Hulden das zu halten, vnd by verlierung aller Jrer Empter vnd Hundert gulden zu pene onableßlich denselben vnsern amptlüten allen vnd yeden Jnsonderheit wir Hie Jn Crafft dis brieffs vollen gewalt geben als dick des not ist über soliches recht zu sprechen vnd Erberglich zuentschaiden alles getrüwlich vnd one all Geverd. Were aber yemandts vnder denen die solich vnsr gebot brechen vnd der doch nit mit gut gnug tun mocht derselb soll solichs mit sinem lyb erarnen bessern vnd gantz ablegen. Wir wollend ouch vnd gebietent ernstlichen allen unsern vogten Burgermeistern

b 5   ampt-

amptlůten ſtatknechten gebůteln vnd andern vnsern vnterthonen das ſie kein meiſter noch ſtudenten dem ſtudio zugehorig, vahend oder vahen lanſſen noch nemands geſtatten Hand oder Gewaltt An ſie zu legen, In deheinerley wyße vmb deheinerley ſchuld Mißtant oder verwürckung, die ſich In der ſtat zu Tůwingen oder In demſelben ampt begeb, ſonder dis lanſſen geſcheen von dem rector der Vniverſitet oder denen den es von der ſchulen oder Rector Empfolhen wirrdt Nach Irem willen vnd gevallen. Es were dann das er ſich fridlicher Anmutung für den Rector mit In zekomen frävelich widert, oder In ainem treffenlichen Mißtant herfunden würd, ſo gebieten wir doch by obgemelten penen denſelbigen meiſter oder ſtudenten zu ſtund ſinem Rector oder Oberoſten one alle widerred vnd Mißhandlung Erberglich vnd one geletzt, ſover es ſin mag zuantwurten, demſelbigen In ſin ſtrauff zugeben vnd zulauſſen, vor demſelben ſol er ob es nott were, bürgen ſetzen genug zu ſin dem rechten, vnd mocht er nit bürgen haben, ſol er geloben des zuthun vnd darnach ouch von dem Rector gelauſſen werden were aber ain ſolicher ſo lichtwertig oder die ſach ſo gros, das Im vff ſolich gelüpt nit wolt ain rector getruwen, ſo ſol In der Rector ſuſt Innhalten, vnd verſorgen vutz zu vßtrag der ſachen, Ouch ob ainer als gröblich were verloimbdet vmb übeltaut, den ſol doch ain rector zu zyten oder die vnſern ob ſie das von ainem rector wirrden gehaiſſen vnd ſuſt nit beſcheidenlich on all mißhandlung gefenglich halten, vnd wann er wirrdt vßgelanſſen ſol er nit mer geben, Noch betzalen, dann was er In venckenus vertzert hat one geverlich. So geben wir ouch ainem yeglichen rector zu zyten, oder dem der ſin ſtathalter iſt gantzen vollen gewalt vßrichtung vnd recht zuſprechen vnd zutun über all und yeglich ſachen, die maiſter vnd ſtudenten vnder ainander vßzutragen Haben, vßgenomen vmb ligende

güter

güter erbfall oder ander derglych sachen, die söllen be-
rechtet werden an den enden da sie gevallen vnd gelegen sint, Ob aber ein lay mit ainem maister oder studenten zuschaffen het, soll Im der maister oder student
antwurten vor sinem rector, vnd würd ainem studenten
für vnsern amptman gebotten, soll In der Amptmann zu
stund so dis an In gevordert wirrdt, wider Wysen für sinen rector, vnd wo er das zustund nit tete, sol er sin ampt
vnd dartzu Hundert guldin verloren han. Widerumb wo
maister oder studenten mit den Vngern zu schaffen gewynnen, sollend sie die vnsern ouch beliben lauffen vor
vnsern amptlüten, Also das die studenten den leyen, vnd
die leyen den studenten recht geben vnd niemen, vnd
niemen vnd geben sie all vnd Ir ieglicher vor sinem ge-
ordnotten richter, Nach Innhalt Gemeiner geschribenn
recht, wolt aber ain maister oder student demselben rector oder sinen stathaltern nit gehorsam sin In zimli-
chen dingen, vnd redlichen gebotten, wann dann der
rector begert Hilff zu solichem, gebieten wir allen vnsern amptlüten Im Hilff vnd bystand zutund mit
Iren knechten vnd vnderthon, als dick das not wirrdt,
by vorgemelter pene Hundert guldin. Ouch wollen
wir das all maister vnd studenten die hie zu Tüwingen sint oder herkumen oder hinwegziehen, an
Iren personen ouch an allen Iren güttern wie die
syen genant, es sye tuch, win, korn, habern, visch,
fleisch, bücher oder anders so sie bruchen wollend, aller
schatzung, zoll, stür, vmgelts, gewerpff, Tribut oder ander beschwerung, wie die genant werden, zu öwigen zyten In allem vnserm land, uff wasser, veld, oder In
stetten oder dörffern hinyn zufüren oder tragen durch
sich selbs oder ander nach oder vor sant Martinstag,
wie wenn oder an welichen enden sie die kauffen, füren
tragen oder bestellen gantz fry vnd ledig sin sollent vnd
von allen vnsern zollern, amptlüten vnd andern den dis
zuervordern, vnd vntzunimmen zustaut ledig getzalt

vnd

vnd gelauffen werden on widerred alweg by pene Hundert guldin Halb vns, vnd Halb der vniuerſitet vervallen, vßgenomen was güter weren die ſie ießo Hetten oder fürter überkemen die nit fry an ſie komen werent, mit denſelben ſoll es gehalten werden wie mit andern derglich güter, vßgenomen were ob doctor oder maiſter der vniuerſitet, korn, win oder anders des Iren verkouffen wollent, da ſollend ſie ſich mit dem Verkouffen Halten wie ander die vnſern, vnd nit Höher beſchwert werden von Nüwem alles vngeuerlich. Wir geben ouch doctor Maiſter vnd ſtudenten die fryhait, ob es ymer dartzukem das von vns, oder vnſern nachkomen, oder den von Tüwingen ainicherley beſchwerung vff win oder korn, bücher oder anders was das were wyter dann ießo iſt geſetzt würd zu Tüwingen oder vffgelegt, das ſoll gantz vnd gar die genanten doctor meiſter oder ſtudenten, Noch ouch die ſo In zu kouffen geben, nit binden Noch beſchwären. Es mögent och alsdann nit deſtminder die Vniuerſitet, Doctor Maiſter oder ſtudenten, durch ſich ſelbs oder wen ſie dartzu ordnen, ſolichs zu Iren vnd der Iren bruch beſtellen, one allen Hindernus menglichs. Ouch wollend wir, vnd gebieten ernſtlichen allen den vnſern, das alle doctor, meiſter vnd ſtudenten, oder die Inen zugehören ſollich obgeſchriben gut, win, flaiſch, viſch, korn, brot vnd anders wo vnd wenn ſie wollend beſtellen mögen oder kouffen, vnd als dick das In verkouffens wys gelegt oder zu verkouffen offentlich herfürgetan wirrdt, ſollent all vnſer vnterthon In verkouffen gutwillig gegen Inen bewyſenn vnnd zukouffen geben, Noch über gemeines kouffgelt Nach der ſtatt gewonheit nit ſchetzen. Daby ſol nit minder von der vniuerſitet Notdürftiglich vnd ernſtlich beſtelt, geordnet vnd verſeuhen werden, das In ſolichen kein geuerd mitt andern den vnſern gebrucht, ſonder dis erberglich, one vffſatz vnd redlich gehalten, zu Irem bruch

bruch vnd one fürkouff. Es were dann, das Bropst vnd Cappittel, ouch die von der vniuersitet Jre gülten, die Jnen von Jren pfrunden vnd stippenniin allher fallen, zu Tüwingen verkouffen würden, das sie dann solich verkouffen wol tun mögen wie ander die vnsern von Tüwingen. Wir wollent ouch vff das Niemands onzimlich geschetzt werd, das der rector zu zyten, vnd vnser statt Tüwingen vogt, als dick die ervordert werden, geben zwen man die by guten trüwen, vorhin darumb gegeben schetzend die Huser darJn die studenten ziehen wollent, Nach billikeit vnd guter gewonheit der statt Tüwingen, darby ouch die, der dieselben Hußer sind, beliben sollent, Als lieb Jn der Huszins desselben Jaurs ist, vnd vnser vngnad zuvermiden, vnd wa ouch meister oder schuler erfinden ain Hus das der aigen Hußwirt des das Hus ist, nit will selber nutzen, oder die sinen, mögend dieselben meister oder schuler also lauffen schetzen vnd daryn ziehen, vnd des zins Halb zu bezalen, Nach guter gewonheit der stat vnd der vorberürten schatzer geheis vnd willen gnug tun vnd verzinßen, daran soll niemen sie sumen noch Jrren by vorgemelter pene verlierung des zinses. Wir habent ouch alle fryheit geben, wie Maistern vnd schulern, geben ouch Hiemit Jn Crafft dis brieffs allen Jren Eelichen wyben vnd kinden, dartzu allem Jrem Jngesind, knechtenn, magten, dienern dartzu pedellen, schribern, Jnbindern, Jlluminerern, welche zu Tüwingen wonung Haben. Wir wollent ouch vnd gebieten Ernstlichen denen von Tüwingen das sie kein Juden och sust keinen offen wucherer by Jn, Jn der stat, oder Jn Jren zwingen vnd bennen lauffen wonhafft beliben. Wir wollend och das Niemand zu Tüwingen keinem Meister oder studenten vff bücher lyhe, die kouff oder verpfend on sonder vrlob ains Rectors zu zyten, vnd ob ainer das überfüre, der soll

von

von ſtund verwallen ſin vierzig gulden, vnd nit minder die bücher onentgelten wider geben, würd ouch ain buch oder mer by yemendes fünden das geſtoln oder abtragen were, das ſol zu ſtunden dem es geweſen iſt, wa er das mit ſiner trüw behalten mag, widerkert werden on gelt by ietzgemelter pene. Wir wollent och vnd gebieten das die amptlüt vnser ſtat zu Tüwingen keinen Lybartzet frow oder man der von der facultet der Ertzny nit bewert iſt lauſſen ainicherley Ertzny zu Tüwingen triben, oder üben, es ſye mit waſſer beſehen, oder Reinigung geben, oder ſunſt, deßglichen wollen wir das kein wundartzat, ſcherer oder ander In was ſtants der ſye, lybartzny trib, er ſye denn bewert vnd von der facultet der Ertzny zugelauſſen. Solich obgeſchriben fryheit vnd gaub ſollen ouch all Jaur vnser vogt vnd zwen von dem gericht, von wegen der gemelten gemainen ſtat vff ain genanten tag, ainem rector oder der Vniverſitet zu den Heiligen ſchweren, alles Redlich vnd vffrecht zu halten, wie vorgeſchriben ſtet on all geverde vnd ſich by verlierung yeglicher Hundert guldin wider ſoliches ſchweren nit ſtellen noch ſich des widern In kein weg als bald ſie, vnd Ir yeder das zutun von dem rector oder der Vniverſitet ernant werden vnd ervordert, on alles geverde. Darumb gebieten ouch wir ernſtlichen vnd wollen, ſo vil uns das berirt das all vnser amptlüt, Stathalter, vögt, Hofmeiſter, Hauptman, vnd all vnser lehenlüte geiſtlich vnd weltlich In was ſtants die ſyen, Schulthaißen richter, gebütel In allem vnſerm Land, In vnser gegenwürtikeit vnd abweſen, by den eiden ſo ſie vns geton Habent, dartzu by vorgemelten penen, Nach allem Jrem beſten vermögen Hanthaben, ſchirmen vnd ſchützen veſtenglich In ewig zyt one widerred vnd fürwort, In gemein vnd ſonderheit all genad fryheit, ſchirm, recht vnd ſchützung, ſo wir doctorn Meiſtern

stern vnd schulern, vnd allen den, die In zu versprechen steen, des vorbenanten vnsers Studiums zu Tůwingen mit gutem willen geben vnd verlihen haben mit disem brieff one geverd. Vnd vmb das solich genad vnd fryheit, pene, gebott vnd satzung allermenglich offembar werd, vnd sich der nemen mog entschuldigen In vnwissenheit, wollen wir by vorgemelten penen Hundert guldin der vniversitet vervallen vnd zugeben von der statt Tůwingen, das sie alle Jaure, an sant Jorigen des Hailigen ritters vnd Marterers tag, In desselben sannt Jörigenkirchen des stiffts, vor allem Volck von dem statschriber In bywesen ains Vogts vnd zweyer richter vnd der stutt gebütel offe der Cantzel, von wort zu wort, vnderscheidenlich gantz zu end vß verlesen vnd verkúndet werden. Dieselben all vnd yeglich also für vns vnd all vnser nachkomen vnd erben was vns vorgeschriben stet, vnd so vil vns das berürt, by vnsern trůwen vestenglich vnd vnzerbrüchlich an allen stücken vnd articfeln zuhalten, globen wir vnd versprechen In Crafft dis brieffs, nach vnserm besten vermögen alles getrůwlich vnd one alles geverd, Wir wöllen ouch soliches von ainem yeglichen vnserm erben vnd Nachkomen, dem vnser stat Tůwingen würdt zu regieren, In anfang sins regiments versprochen vnd gelopt werden, des zu warem vrkund Haben wir vnser Insigel, für vns, vnsr erben vnd Nachkomen ofsenlich gehenckt an diesen brieff. Vnd wir vogt gericht vnd Raut der statt Tůwingen bekennen ouch für vns vnd vnsr Nachkomen, das dis alles, wie hievor geschriben stet, Nichtzit vßgenomen, mit vnserm guten willen vnd wissen, vnd vß sonder bevelch des vorgenanten vnsers gnedigen Hern, geschehen ist. Darumb globen wir ouch für vns, vnd all vnsr Nachkomen der stat Tůwingen by guten trůwen an aidesstat, All vorgeschriben gnad, fryheit, stück vnd artickel

vest

vest vnd stet zu halten, wider die nymer zutund, Noch schaffen getan werden, alles Erberglich, getrúwlich vnd vngeverlich, vnd des zu Waurem vrkúnd Habent wir der gemeinen stat Túwingen Jnsigel, zu des vorgenanten vnsers gnedigen Herren Jnsigel ouch offenlich gehenckt an disen brieff, der geben ist zu Túwingen uff sant dionisien tag, nach cristi geburt als man zalt Tusent vierhundert sibentzig vnd siben Jare.

NB. Zwischen die Hefte ist ein schmales Stúck Pergament eingeschoben, worauf die Worte stehen :.

Jr werdet siveren alnen ayd zu gott vnd den Hailigen All vnd yeglich privilegia vnd fryhait So der Hochgeborn vnnser Gnediger Herr Graff Eberhart zu Wirtemberg vnd zu Múmpelgart ꝛc. der elter, diser loblicher Vniversitet zu Túwingen fúr sich vnd siner gnaden nachkomen gegeben hat, zuhandhabent nach vnserm vermögen vnd dieselbige Vniversitett daby zů beliben lassen Alles getrúlich vnd vngeverd.

| Levando digitos dicat & eorum quilibet dicat |

Das ich das also halten wölle also sver ich das mir gott Helff vnd die Hailigen.

Das angeháugte Siegel Gr. Eberhards vnd der Stadt Túbingen s. Tab. I. Fig. II. III.

K. Friedr.

N. III.
K. Friedrichs III. Bestätigungsbrief.

FRIDERICVS divina favente clemencia, Romanorum Imperator Semper Auguſtus, Hungarie Dalmacie Croacie &c. Rex, ac Auſtrie, Stirie Karinthie & Carniole Dux, Dominus Marchie Sclavoniæ ac Portusnaonis, Comes in Habſpurg Tyrolis Pherretis & in Kyburg, Marchio Burgovie & Lanntgravius Alſacie Ad perpetuam rei memoriam Notum facimus tenore præſencium univerſis. Et ſi inter varias rei publice curas quibus pro debito Imperialis culminis ad quod divina clemencia evecti ſumus diuturna ſollicitudine ſaluti & quieti ſubditorum invigilemus minus quoque diſtrahamur negocys quo eorum qui rem publicam noſtram crebris bellorum impulſibus fatigare non quiefcunt contundamus audaciam ad ea tamen precipue mentis noſtre apicem dirigimus & ſedulum deſtinamus affectum qualiter preceſſorum noſtrorum dive memorie Romanorum Imperatorum Leges & conſtituciones ſacre multis vigilys & lucubracionibus edite ſubditorum noſtrorum auribus magis ac magis inbibantur qui ſolo earum uſu rempublicam noſtram ne dum conſervari ſed & plurimum augeri videmus hys enim Imperialis celſitudo fulcita effrenes ſubditorum ſuorum animos cohercens ſolium Imperiale firmare ac ſiſtere poteſt quo utrumque tempus & pacis & belli ſuis finibus ſubnixum apte gubernet. Hinc eſt quod cum Nobilis ac Generoſus noſter ac ſacri Impery fidelis dilectus Eberhardus Senior Comes de Wirttenberg & Monte Beliardo Aſſinis noſter nuper in Opido ſuo Tübing nobis ac dicto Imperio ſubiecto pro laude dei omnipotentis ac ſuorum ſubditorum incre-

C   men-

mento Scolas generales in quibus Arcium Medicine Juris pontificy ac facrarum literarum publice traderentur documenta & quibufvis in ea paleftra certantibus Sanctiffimo domino noftro Sixto papa quarto auctorante digna laborum fuorum premia tribuerentur erexiffet Nos itaque prefati Comitis inftitucionem nedum fuis fed & omnibus Impery facri fidelibus utilem ac fructuofam confiderantes prefatas quoque fcolas diverfis literarum documentis illuftrare cupientes quo Scolarium multitudo fe idem confluens habundius fe locupletatam iocundetur de liberalitatis noftre munificencia ac Imperialis auctoritatis & poteftatis plenitudine & ex certa fciencia fano Principum Baronum Procerum Nobilium & fidelium noftrorum accedente confilio dicto Comiti & fuis heredibus & fucceffioribus præfencium tenore graciofius de novo concedimus ut ex nunc & inantea perpetuis futuris temporibus omnes & fingulas Imperiales Leges conftituciones & quecunque alia Jura ubicunque & a quibufcunque edita aut promulgata, quibus facre memorie preceffores noftri Romani Imperatores Jus auctoritatemque dederunt in prefatis eorum Scolis per ydoneas perfonas publice legi ac exerceri & ipfarum Auditores dignis honoribus & gradibus in eifdem fublimari faciant. Decernentes & hoc Imperiali volentes edicto ut quicunque cuiufcunque ftatus gradus præeminencie nacionis aut lingue fuerint, dummodo alias ipfis nichil legitime obftiterit ad locum prefatum confluxerint, dictas Imperiales Leges docere audire in eifdem ad gradus folitos & confuetos promoveri ac fublimari, nec non omnibus & fingulis titulis dignitatibus præeminencys honoribus prerogativis ac alys Juribus & Imunitatibus quibufcunque uti frui & gaudere valeant quemadmodum reliqui Legum Imperialium docto-

res

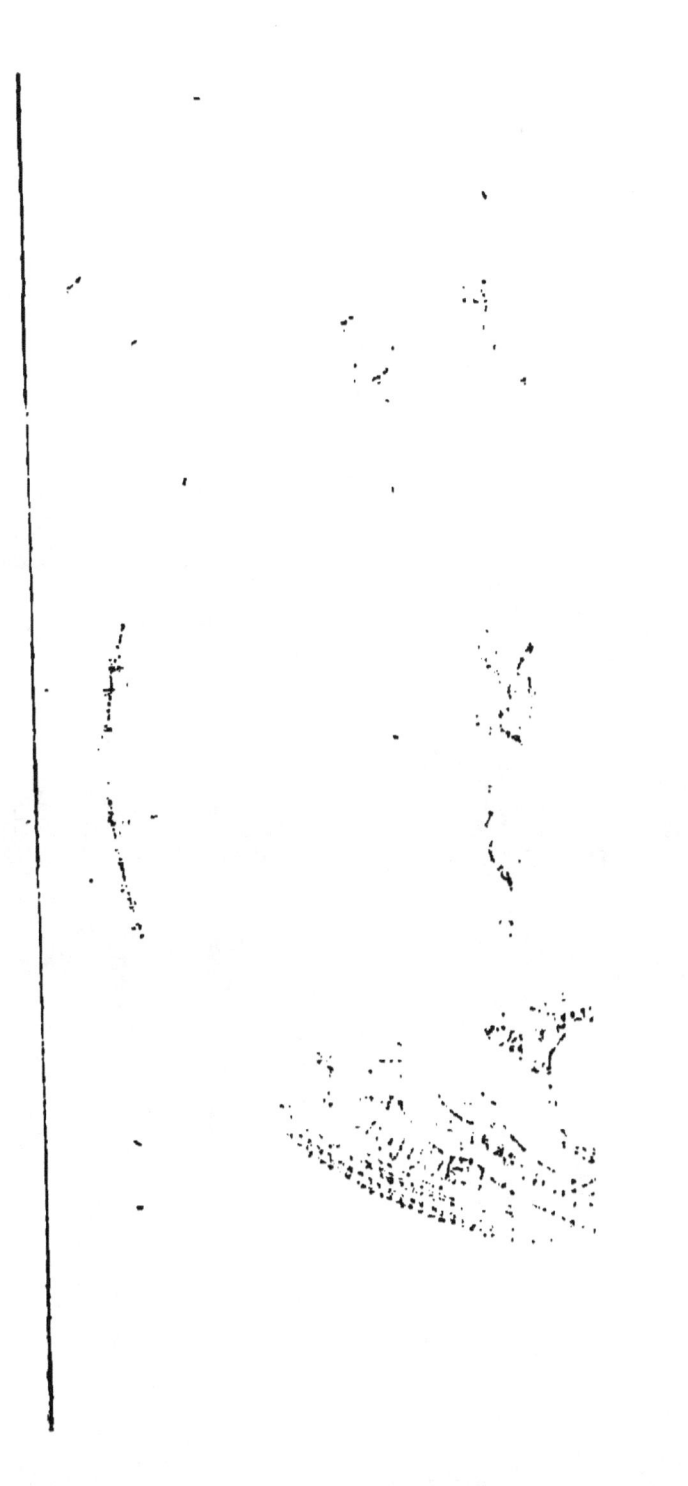

res & Scolares per alias Scolas ubivis in facro Romano Imperio confiftentes de Jure vel confuetudine utuntur & gaudent In contrarium facientes non obftantibus quibufcunque quibus per præfentes expreffe volumus effe derogatum. Nulli ergo omnino homini liceat hanc noftre conceffionis decreti voluntatis & derogacionis paginam infringere aut ei aufu temerario quo quo modo contraire. Si quis autem hoc attemptare prefumpferit, Indignacionem noftram graviffimam & penam Centum librarum auri puri quarum unam fifco noftro Imperiali Reliquam vero medietatem injuriam pafforum ufibus applicari volumus fe noverit irremiffibiliter incurfurum Præfencium fub noftri Imperialis Maieftatis Sigilli appenfione teftimonio literarum. Datum in Opido noftro Gretz. Vicefima die menfis february, Anno domini Milleſimo Quadringenteſimo Octuagefimo quarto. Regnorum noftrorum Romani Quadragefimo quarto Impery Tricefimo fecundo Hungarie vero Vicefimo quinto.

Ad mandatum domini Imperatoris
proprium

Jo. Waldner Prothonotarius.

Sigillum appenfum vid. Tab. II. N. V.

Auſſer den häufigen Wortabkürzungen, ſind dieſe Urkunden den Originalen gemäß abgedruckt.

N. IV.

Catalogus Stipendiariorum in Ducali Seminario
Theologico Tubingensi
ab Angaria Martini 1773. ad Angariam Georgii
1774.

Repetentes.
M. Hochſtetter. *Stuttgard.*
M. Fiſchhaber. *Stuttgard.*
M. Hartmann. *Adelberg.*
M. Kœſtlin. *Blahyreuſis.*
M. Jæger. *Kircho-Teccens.*
M. Storr. *Stuttgard.*
M. Kurrer. *Neoburgenſis.*
M. Hochſtetter. *Oswilens.*
M. Rapp *Alto-Twilens.*
M. Hiemer. *Schorndorf.*

Magiſtri examinati.
rec. 1755. ad Theol. prom. 1757.
Th St. Paur. M *Montisbel.*
Th. St. Morel. M. *Montisb.*
Th. St. Parrot. M. *Mont.*

Magiſterium I. 1758. pers. 27.
M. Schmid. *Unteröwish.*

rec. 1757. ad Theol. prom. 1759.
Th. St. Deſpoutot. M. *Arb.*

Magiſterium II. 1760. pers. 25.
M. Glœckler. *Denkendorf.*

rec. 1760. ad Theol. prom. 1761.
Th. St. Parrot. M. *Mont.*
Th. St. Kilg. M. *Montisb.*

Magiſterium III. 1762. pers. 27.
M. Klemm. *Canſtadiens.*
M. Pregizer. *Alt. Aſperg.*

M. Haſenmajer. *Heimsh.*
M. Heller. *Tyff. Canſtad.*
M. Wolff. *Riethenſis.*
M. Bardili. *Fleiuhem.*

Magiſterium IV. 1763. pers. 30.
M. Gaupp. *Kircho-Teccens.*
M. Goll. *Kircho-Teccenſis.*
M. Hermann. *Ald. ad Nicr.*
M. Faber. *Riethen.*
M. Baumann. *Stuttgard.*
M. Burk. *Nyffenſis.*
M. Hœrlin. *Stuttgard.*
M. Ploucquet. *Stuttgard.*
M. Schübelin. *Lauffenſis.*
M. Majer. *Lachgavienſis.*
M. Eſſich. *Beſſighemenſis.*
M. Rehm. *Mezingenſis.*
M Haas. *Buttenhus.*

rec. 1761. ad Theol. prom. 1763.
Th. St Bockshammer. *Als.*

Magiſterium V. 1764. pers. 29.
M. Schwab. *Ilsfeldenſis.*
M. Chriſtmann. *Riethen.*
M. Sartorius. *Bebenhus.*
M. Pfeiffer. *Bahlingenſis.*
M. Lœffler. *Stuttgard.*
M. Stroehlin. *Herimont.*
M Scheinemann. *Stuttg.*
M. Rœsler. *ſtuttgard.*

M. Kœ-

M. Kœbel. *Stuttgard.*
M. Mœrique. *Neoſtadiens.*
M. Renz. *Sulzb. ad Ver.*
M. Zeller. *Bavarifont.*
M. Zennek. *Bezgenriet.*
M. Fromm. *Stuttgard.*
M. Waiblinger. *Laiching.*
M. Kochhal. *Ludovicop.*
M. Mohr. *Dornſtettenſis.*
M. Bilfinger. *Stuttgard.*
M. Goll. *Troſſingenſis.*
M. Sigwart *Megal. Betl.*

rec. 1762. ad Theol. prom. 1764.
Th. St Cantſtetter. *Hech.*
Th. St. Reſch. *Hunnav. Alſ.*

rec. 1763. ad Theol. prom. 1765.
Th. St. Duvernoy. M *Mont.*
Th. St. Perdrizet. M. S. *Hericourt.*
Th. St. Scharfenſtein M. *Montisbel.*
Th. St. Renz. *Anſolsh. Alſ.*

rec. 1764.
M. Scholl. *Tyſſ. Bibersf.*
Magiſterium VI. 1765. pers. 30.
M. Schmidlin. *Koch. St.*
M. Gœriz. *Stuttgard.*
M. Faber. *Tubingens.*
M. Cleſs. *Stuttgard.*
M. Lotter. *Herimont.*
M. Beckh. *Canſtadiens.*
M. Herrmann. *Gœpping.*
M. Feuerlein. *Stuttgard.*
M. Kornbeck. *Ludovicop.*
M. Erhard *Gœpping.*
M. Staug. *Backnang.*

M. Scheid. *Stuttgard.*
M. Oſiander. *Winterbac.*
M. Lechler. *Leonberg.*
M. Hopffer. *Uracenſis.*
M. Schœll *Kircho-Tecc.*
M. Lotter. *Steinbergenſis.*
M. Lauer. *Kircho-Kir.*
M. Braunmüller. *Ludov.*
M. Wintter. *Weilting.*
M Faber. *Stuttgard.*

Magiſterium VII. 1766. pers. 31.
M. Pfleiderer. *Gertring.*
M. Wœlfing. *Schorndorf.*
M. Dornfeld. *Obriſtfeld.*
M. Burk. *Bœlheimenſis.*
M. Theurer. *Schorndorf.*
M. Hopff. *Bahlingenſis.*
M. Luz. *Hochd. ad Nag.*
M. Grundler. *Corbenſis.*
M. Ebenſperger. *Feldbac.*
M. Geyer. *Mœkmühlenſis.*
M. Ferber. *Kircho-Tecc.*
M. Ehemann. *Gœpping.*
M. Enslin. *Thalhrimenſis.*
M. Clemens. *Mühlh. ad N.*
M. Boury. *Stuttgard.*
M. Dorn. *Degenfeldenſis.*
M. Majer. *Schorndorfenſis.*
M. Ziegler. *Stuttgard.*
M. Sattler. *Rau St. Joh.*
M. Scholl. *Münſingenſis.*
M. Gœz. *Nellingenſis.*

rec. 1764. ad Theol. prom. 1766.
M. Baer. *Colmar. Alſat.*

rec. 1765. ad Theol. prom. 1767.
Th. St. Cuvier. M. S. *Ruth*

Magisterium VIII. 1767. pers. 30.
M. Osiander. *Gænningens.*
M. Holland. *Rosenfeld.*
M. Finkh. *Stuttgard.*
M. Kurrer. *Neobürgensis.*
M. Kœstlin. *Heydenhem.*
M. Baur. *Megalo-Heppac.*
M. La Motte. *Cheropol.*
M. Kapff. *Stuttgard.*
M. Weissmann. *Hirschl.*
M. Haasis. *Bahlingensis.*
M. Hochstetter. *Stuttgard.*
M. Engel. *Infra Wissac.*
M. Fischer. *Wil. ad Nier.*
M. Schickard. *Stuttgard.*
M. Ybele. *Gæpping.*
M Werthes. *Buttenhus.*
M. Baccmeister. *Stuttg.*
M. Klemm. *Riethensis.*
M. Seefels. *Thalheim.*
M. Geiger. *Ringingens.*
M. Monn. *Blabyrensis.*

Magisterium IX. 1768. pers. 29.
M. Weihenmajer. *Græn. ad Nier.*
M. Reuss. *Holsat. Kendsb.*
M. Günzler. *Mættlingens.*
M. Gaus. *Ebhus.*
M. Kurz. *Tubingensis.*
M. Hochstetter. *Neostad.*
M. Schmidlin. *Bebenhus.*
M. Schüz. *Westheimens.*
M. Rappolt. *Brackenhem.*
M. Hartmann. *Bietigh.*
M. Luippold. *Bahlingens.*
M. Wilshack. *Stuttgard.*

M. Kœlle. *Murrhardensis.*
M. Geyer. *Schopflochensis.*
M. Weifs. *Nyffensis.*
M. Erhard. *Calvensis.*
M. Kœstlin. *Rœthenbèrg.*
M. Gerock. *Neidlingensis.*
M. Baumann. *Monach.*
M. Ulmer. *Waldstettens.*
M. Scholl. *Uracensis.*
M. Stængel. *Heubaccensis.*
M. Erhard. *Stnttgard.*
M. Kæuffelin. *Herbrecht.*
M. Laichinger. *Gæpping.*

rec. 1707. ad Theol. prom. 1768.
Th. St. Osiander. *Tyf. Gönn.*

rec. 1767. ad Theol. prom. 1769.
Th. St. Bohm. *Binza-Durl.*
Th. St. Bernard. *St. J. M.*
Th. St. Parrot. M. *Mont.*

Magisterium X. 1769. pers. 26.
M. Müller. *Stuttgard.*
M. Hauff. *Bissinga-Tecc.*
M. Uhland. *Marpacens.*
M. Rheinwald. *Stuttg.*
M. Stængel. *Welzheim.*
M. Heyd. *Bissing. ad Enz.*
M. Ofsterdinger. *Gæpping.*
M. Puchner. *Gochsheim.*
M. Kehl. *Feuerbacensis.*
M. Bossert. *Nyffensis.*
M. Ruoff. *Stuttgard.*
M. Hosch. *Hornberg.*
M Mittler. *Canstadiensis.*
M. Kapff. *Ebhusanus.*
M. Scholl. *Leostadiensis.*
M. Gock. *Nordheimensis.*

M. Schœll-

M. Schœllkopf. *Kirch. Tec.*
M. Perrenon. *Bappenlav.*
M. Wagner. *Altenſtaig.*
M. Burk. *Nyffenſis.*

Magiſterium XI. 1770. pers. 30.

M. Schott. *Nürtingenſis.*
M. Abel. *Vayhingenſis.*
M. Kielmann. *Schornd.*
M. Oſiander. *Friolsheim.*
M. Naſt. *Stuttgard.*
M. Eſenwein. *Meg. Botw.*
M. Kling. *Rœthenb.*
M. Hainlin. *Canſtadiens.*
M. Rehm. *Nabernens.*
M. Jæger. *Canſtadiens.*
M. Neſtel. *Stuttgard.*
M. Robert. *Tubingens.*
M. Volz. *Stuttgard.*
M. Rümelin. *Marggrœn.*
M. Heller. *Nürtingens.*
M. Pregizer. *Stuttgard.*
M. Sigel. *Kircho-Teccens.*
M. Faber. *Stuttgard.*
M. Eidenbenz. *Münching.*
M. Eccard. *Dachtelens.*
M. Scholl. *Stuttgard.*
M. Schill. *Hochd. ad Vayh.*
M. Paret. *Stuttgard.*
M. Pommer. *Dürrwang.*
M. Brech. *Mundelshem.*
M. Winter. *Sieglingens.*
M. Seeger. *Onaſtettenſis.*

---

rec. 1769 ad Theol. prom. 1771.

Th. St. Krœber. *E Fano St. Mar.*

Magiſtri nondum examinati.

Magiſterium XII. 1771. pers. 31.

M. Plank. *Nürtingenſis.*
M. Lang. *Bebenhus.*
M. Geſs. *Stuttgard.*
M. Jæger. *Denkendorf.*
M. Franz. *Neoſtadienſis.*
M. Hirſt. *Willſpacenſis.*
M. Hauber. *Winnendens.*
M. Oſiander. *Tyf. Friolsh.*
M. Tafel. *Tubingenſis.*
M. Fiſcher. *Bietigheim.*
M. Imendœrfer. *Herimont.*
M. Schœll. *Uracenſis.*
M. Lang. *Luſtnavienſis.*
M. Hintrager. *Stuttgard.*
M. Moſer. *Pfullingenſis.*
M. Spæth. *Tuttlingenſis.*
M. Blech. *Stuttgard.*
M. Sigel. *Dettinga-Tecc.*
M. Gmelin. *Stuttgard.*
M. Daumüller. *Biſſinga-T.*
M. Haagen. *Mœnsheim.*
M. Honold. *Heumadenſis.*
M. Ettlinger. *Biſſing. ad Enz.*
M. Andraſi. *Güglingenſis.*
M. Ludwig. *Reutenſis.*
M. Seeger. *Waiblingenſis.*
M. Ganzenmüller. *Kirch. ad Nicrum.*
M. Jæger. *Waiblingenſis.*
M. Leibfried. *Holzelfing.*

---

rec. 1770. ad Theol. prom. 1771.

Th. St. Lucæ. *Mon. Als.* rec.

rec. 1770. ad Theol. prom. 1772.
Th. St. Binder. *Beblenh. Als.*

Th. St. Sahler. *M. Beutal.*
Th. St. Mequillet. *M. S. Hericourt.*
Th St. Morel. *M. Mont.*

Magisterium XIII. 1770. pers. 30.
M. Spittler. *Stuttgard.*
M. Hoffmann. *Stuttgard.*
M. Breunlin. *Hirrling.*
M. Schoder. *Ittlingenfis.*
M. Moser. *Stuttgard.*
M. Bilfinger. *Stuttgard.*
M. Weiss. *Grümbacens.*
M. Kleiner. *Bietigheim.*
M. Frauer. *Cheropol.*
M. Knaus *Waiblingenfis.*
M. Finkh. *Stuttgard.*
M Wagner. *Ebingens.*
M. Haulle. *Schorndorfens.*
M. Jenisch. *Bœblingenfis.*
M. Hechtlin. *Alpirspac.*
M. Weissenstein. *Dürrenz.*
M. Erhard. *Stuttgard.*
M. Leyrer. *Stuttgard.*
M. Mayer. *Nathrimenfis.*
M. Breunlin *Linsenhof.*
M. Keppler. *Seeburgenfis.*
M. Scholl *Loffenauenfis.*
M. Georgii. *Custerdingens.*
M Zeller. *Simezheimenfis.*
M. Renz. *Wildbergenfis.*
M. Kausler. *Tubingenfis.*
M. Christmann. *Ludovic.*
M. Mohl. *Gœpp. Wangh.*
M. Hœslin. *Suppingenfis.*
M. Hübler. *Güglinga-Wil.*

rec. 1771, ad Theol. prom. 1772.
Th. St. Titot. *M. Montiib.*

Magisterium XIV. 1773. pers. 24.
M. Hauff. *Botnangenfis.*
M. Georgii. *Montisbel.*
M. Thomas. *Pfullingenfis.*
M. Mittenmajer. *Birkenf.*
M. Plieninger. *Kaltenwest.*
M. Zügel. *Stuttgard.*
M. Binder. *Kaltenwest.*
M Ergenzinger. *Stuttg.*
M Kieser *Stuttgard.*
M. Pfaff. *Uihingenfis.*
M. Beurlen. *Upfiugenfis.*
M Erhard. *Tubingenfis.*
M Wiedersheim. *Esling.*
M. Reuling. *Uracenfis.*
M. Fischer. *Ludovicopol.*
M Becher. *Cheropol.*
M. Flattich. *Metterzimm.*
M. Hailer. *Neostadienfis.*
M. Würtemberger. *Lud.*
M. Gamm. *Stuttgard.*
M. Wüst. *St Georg.*
M. Bayha. *Laichingenfis.*
M. Renz. *Pfullingenfis.*

Philos. Studiosi. rec. 1771.
Weiss. *Thermifer.*

rec. 1772.
Brastberger. *Gussenstad.*
Majer. *Stammhrimenfis.*
Schmid. *Stuttgard.*

Rie-

Rieger. *Ludovicopolit.*
Obrecht. *Münklingenfis.*
Kraz. *Stuttgard.*
Wagemann. *Stuttgard.*
Winter. *Blabyrenfis.*
Jenifch. *Kayhenfis.*
Keller. *Beffighemenfis.*
Reinhard. *Gochshemenfis.*
Burk. *Hedelfingenfis.*
Muth. *Lombacenfis.*
Kœnig. *Bifchoffshemenfis.*
Richt. *Kircho-Teccenfis.*
Enslen. *Stuttgard.*
Pregizer. *Nehrenfis.*
Hellwag. *Calvenfis.*
Hellwag. *Canftadienfis.*
Kohler. *Stuttgard.*
Bronner. *Münfingenfis.*
Steinheil. *Teuffringenfis.*
Dreher. *Nürtingenfis.*
Schuler. *Schorndorfenfis.*
Leibius. *Bietighemenfis.*
Brecht. *Nagoldenfis.*
Bilfinger. *Vayhingenfis.*
Krais. *Marggræningenfis.*
Zeller. *Oswilenfis.*
Jæger. *Pfeffingenfis.*
Bifchoff. *Bernhufanus.*
Dœrner. *Aichelbergenfis.*
Arnold. *Bonlandeufis.*

Philol. Studiofi. rec. *1773.*
Gmelin. *Tubingenfis.*

Rieger. *Ludovicopol.*
Hermann. *Stuttgard.*
Ofiander. *Steinhemenfis.*

Engel. *Stuttgard.*
Drück. *Marpacenfis.*
Schall. *Ludovicopol.*
Hutten. *Kircho-Teccens.*
Kaipf. *Stuttgard.*
Zügel. *Bæbling. Ening.*
Schott. *Tubingenfis.*
Baur. *Tubingenfis.*
Luithlen. *Winzerhus.*
Haas. *Kilchbergenfis.*
Hettler. *Stuttgard.*
Ofiander. *Kircho-Teccens.*
Klemm. *Leobergenfis.*
Brand. *Stuttgard.*
Reichenbach. *Stuttgard.*
Pichler. *Hirfnvienfis.*
Rœder. *Stuttgard.*
Oetinger. *Vinimontan.*
Rœmer. *Mæckmühl.*
Bührer. *Mættlingens.*
Schwarz. *Winnendens.*
Schmid. *Uraco - Mezing.*
Henninger. *inf. Oewish.*
Klaiber. *Grabenftein.*
Kilbel. *Marpacenfis.*
Krais. *Oberftfeldens.*
Haldenwang. *Ganslofens.*
Beck. *Megalo-Bottwar.*
Oetinger. *Uracens.*
Bilhuber. *Uracens.*
Hebfacker. *Gomading.*
Seeger. *Burgftall.*
Majer. *Nagoltenfis.*

Hofpites. rec. *1770.*
Jur. St. Sutor. *Sonthem.*
rec.

rec. 1771.
Jur. St. Reuſs. *Horrhem.*
Th. St. Conz. *Haiterbac.*
Jur. St. Spittler. *Stuttg.*

rec. 1772.
Th. St. Kern. *Eberſpac.*
Th. St. Kornacher. *Mannh.*
Jur. St. Seeſels. *Thalhem.*
M. Heim. *Rommelshuf.*
M. Wagner. *Tubingenſis.*
Jur. St. Müller. *Stuttg.*

rec. 1773.
Jur. St. Kurrer. *Bebenhus.*

Hungari & Tranſylvani.
rec. 1771.
Th. St. Binder. *Schæib.-Tr.*
Th. St. Sztraka. *Trench-Zlat. Hung.*
Th. St. Sigmondi. *Cremnic. Hung.*

rec. 1772.
Th. St. Wolmuth. *Sopr. H.*

rec. 1773.
Th. St. Fabini. *Med. Tranſ.*
Th. St. Janek. *Zolio Lihethau. Hung.*
Th. St. Oweſzky. *Mihalyo - Sopron - Hung.*

Famuli.

Koch. *Tubingenſis.*
Wunderlich. *Gügling. W.*
Beck. *Tubingenſis.*
Schweikhardt. *Gæpping.*
Hœcklen. *Ebingenſis.*
Dettinger. *infer. Enſingens.*
Gaus. *Uracenſis.*
Nædelen. *Nürtingenſis.*
Frank. *Thermiſer.*
Recker. *Tubingenſis.*
Cammerer. *Stuttgard.*
Hausleuthner. *Neoſtad.*
Bæhrenſtecher. *inf. Enſing.*
Braun. *Canſtadienſis.*

www.ingramcontent.com/pod-product-compliance
Lightning Source LLC
Chambersburg PA
CBHW032019220426
43664CB00006B/303